普通高等学校土木工程专业新编系列教材

桥 渡 设 计

(第二版)

张玉娥◎主编
白宝鸿◎主审

中国铁道出版社有限公司

2022年·北 京

内 容 简 介

本书共九章，其中第一～三章主要介绍河流河床演变基础知识和水文统计基本原理，为后续桥渡水文设计做理论铺垫；第四～八章主要介绍桥涵水文勘测设计内容，包括设计流量的计算、设计水位推求、孔径及桥面标高确定、冲刷及墩台基础埋深、特殊情况的桥渡设计简介、桥位选择等；第九章主要介绍小桥涵的勘测设计。各章内容具有一定独立性，不同教学要求可选读不同的章节。

本书为普通高等学校土木工程专业的桥渡设计课程教材，可供相关专业的技术人员参考。

图书在版编目(CIP)数据

桥渡设计/张玉娥主编．—2版．—北京：中国铁道出版社有限公司，2022.8

普通高等学校土木工程专业新编系列教材

ISBN 978-7-113-29205-8

Ⅰ.①桥… Ⅱ.①张… Ⅲ.①桥涵工程-设计-高等学校-教材 Ⅳ.①U442.5

中国版本图书馆CIP数据核字(2022)第095723号

书　　名：桥渡设计
作　　者：张玉娥

责任编辑：李露露　　**电话**：(010)51873240　　**电子邮箱**：790970739@qq.com
封面设计：王镜夷　高博越
责任校对：焦桂荣
责任印制：高春晓

出版发行：中国铁道出版社有限公司(100054，北京市西城区右安门西街8号)
印　　刷：三河市兴达印务有限公司
版　　次：2008年7月第1版　2022年8月第2版　2022年8月第1次印刷
开　　本：787 mm×1 092 mm 1/16　**印张**：11　**字数**：274千
书　　号：ISBN 978-7-113-29205-8
定　　价：36.00元

第二版前言

本书是在2008年出版的《桥渡设计》基础上，根据我国交通建设快速发展情况，依据《铁路工程水文勘测设计规范》(TB 10017—2021) 和《公路工程水文勘测设计规范》(JTG C30—2015)修订而成。

(1)对桥梁水害类型及原因进行了文字及图片补充，增加了我国桥渡设计发展概况介绍；

(2)依据《铁路工程水文勘测设计规范》(TB 10017—2021)，补充了高速铁路、城际铁路、重载铁路、市域(郊)铁路、Ⅳ级铁路、铁路专用线的桥涵设计洪水频率，修正了“洪痕可靠程度评定标准”等内容；

(3)根据《铁路工程水文勘测设计规范》(TB 10017—2021) 利用流量频率计算推算设计流量时，应选择在桥址或其上下游，不宜小于30年的实测流量资料，且应有历史洪水调查和考证成果的要求，对第四章例题及第六章复习题进行了补充修改；

(4)补充了桥头河滩路堤的水文计算；

(5)新增了海湾地区桥渡设计简介。

根据桥梁所处地区的水文环境，应用水文学、水力学基本原理进行分析和计算，以确定桥位、桥梁孔径、桥面高程、墩台基础埋深、导流及防护工程的设置等方面是桥渡设计教材的核心内容，通过本次修订，进一步突出了教学核心内容，使之既与现行铁(公)路工程水文勘测设计规范要求相一致，又保持了学科体系的完整性。

全书由石家庄铁道大学张玉娥主编，白宝鸿主审。参加本书编写的人员有：张玉娥(第一章、第三章)，荣学亮(第二章)，王兴珍(第四章、第五章)，王国安(第六章)，李玉学(第七章)，赵曼(第八章、第九章)。

编者水平有限，书中不当之处在所难免，恳请读者指正。

编　者

2022年5月

第一版前言

本书根据《公路工程水文勘测设计规范》(JTG C30—2002)和《铁路工程水文勘测设计规范》(TB 10017—99)编写,是土木工程专业新编系列教材之一,内容与该课程模块设置相配套。

本书共九章,其中第一～三章主要介绍河流河床演变基础知识和水文统计基本原理,为后续桥渡水文设计做理论铺垫;第四～八章主要介绍桥涵水文勘测设计内容,内容包括:设计流量的计算、设计水位推求、孔径及桥面标高确定、冲刷及墩台基础埋深、特殊情况的桥渡设计简介、桥位选择等;第九章主要介绍小桥涵的勘测设计。各章内容具有一定独立性,不同教学要求可选读不同的章节内容。

本书内容既着重基本理论知识的叙述,又重视实际应用,较多地选用了有关工程水文计算的范例。在充分阐述铁路与公路桥梁水文勘测设计共性的基础上,既保持了铁路桥梁水文勘测设计的特色,又兼顾了公路桥梁水文勘测设计的特点,力求体现专业面广,讲实用的风格。

本书由石家庄铁道学院张玉娥主编,白宝鸿主审,参加本书编写的人员有:张玉娥(编写第一～四章),王国安(编写第五～六章),王兴珍(编写第七～八章),牛润明(编写第九章)。

尽管编者努力工作,希望尽量减少错误,但限于编者水平有限,书中不当之处在所难免,恳请读者指正。

编　者

2008 年 3 月

目 录

第一章 绪论

交通线路以桥梁的方式跨越河流、湖泊、海湾等水域即所谓“桥渡”。桥位河段的水文特征是桥渡设计工作的基础，其研究方法属于工程水文学的研究范畴，桥渡设计工作贯穿于桥涵工程的规划、设计、施工、养护全寿命周期中。

第一节 水文学的发展及其研究方法

一、水文学的发展概述

水文学的发展与人类对水的认识和需求密切相关。人类对水的认识不断加深，以及对水的需求方式的不断拓展，使得水文学的研究领域不断延伸与丰富，经历了起源、不断发展、再到成熟等阶段。

1. 萌芽时期（ —1400 年）

(1)开始了原始的水文观测。约公元前 22 世纪，中国传说中的“大禹治水”，已经有“随山刊木”（立木于河中），观测河水涨落。此后，战国时李冰设于都江堰的“石人”，隋代的石刻水则，宋代的水则碑等，表明水位观测不断进步。公元 5 世纪，中国开始用“流浮竹”测量河道流速。明代刘天和治理黄河，采用“手制乘沙采样等器”测定河水中泥沙的数量。

(2)开始积累原始水文知识。中国古籍《吕氏春秋》中写道：“云气西行云云然，冬夏不辍；水泉东流，日夜不休，上不竭，下不满，小为大，重为轻，圜道也。”提出了朴素的水文循环概念。成书于公元约 6 世纪初的《水经注》中，记述了当时中国境内1 252条河流的概况，成为水文地理考察的先驱。

2. 奠基时期（约 1400 年—1900 年）

(1)近代水文仪器开始出现，使水文观测进入科学定量阶段。国外学者相继发明了翻斗式自记雨量计、测量水面蒸发量的蒸发器、旋杯式流速仪、旋桨式流速仪等水文仪器。随之，各种水文站开始出现。

(2)近代水文科学理论逐步形成。这一时期国外学者先后提出了水量平衡概念，建立了水流能量方程、明槽均匀流公式、计算水面蒸发的道尔顿公式；给出了汇流和汇流系数概念及计算最大流量的著名推理公式；发表了描述均匀介质中地下水运动的达西定律。随之，水文学专门著作开始出现，为水文学作为一门近代科学奠定了基础。

3. 工程水文学兴起时期（约 1900 年—1950 年）

进入 20 世纪，特别是第一次世界大战以后，大量兴起的防洪、灌溉、交通工程和农业、林业乃至城市建设向水文科学提出越来越多的新课题，解决这些课题的方法也由经验的、零碎的逐渐转向理论化和系统化，水文科学的应用特色逐渐表现出来。从 1914 年到 1924 年，国外学者将概率论、数理统计的理论和方法系统地引入到了水文科学，使水文变量（如洪峰和洪量）和它出现的概率联系起来，为预估工程未来运行时期内可能出现的水文情势开辟了道路。1932 年到 1938 年,产流和汇流计算方面取得开拓性进展,为根据降雨推算洪水开辟了道路。随后,单位线、多个水文变量联合分析和径流调节的理论及方法等方面也得到发展,水文站也逐渐在世界范围内发展成规模宏大的水文站网系统,这些成就为应用水文学的兴起在理论上、方法上和资料条件方面奠定了基础,并率先形成了它最重要的分支学科——工程水文学。随后,农业水文学、森林水文学、都市水文学也相继兴起。

桥渡设计课程中涉及的水文学知识即属于工程水文学研究范畴。

4. 现代水文学时期(1950 年—)

当人类社会进入 20 世纪 70 年代以后,由于经济迅猛发展和人口快速增长,各种自然资源出现了不同程度的紧张局面,水资源的供需矛盾显得更加突出,于是一个专事水资源供需预测、合理开发、优化配置和有效管理的水资源水文研究方向迅速发展起来。与此同时,由于经济发展模式上的不合理,出现了严重的环境污染问题,水环境污染首当其冲。这不仅进一步加深了水资源的紧缺程度,而且危及经济社会的可持续发展。在此背景下,旨在为水环境保护和修复寻找良策的环境水文研究方向应运而生。水文学的分支学科"水资源水文学"和"环境水文学"几乎在 20 世纪 70 年代同时形成。

长期以来,水污染和水资源紧缺,已越来越明显地影响到一些地方的生态系统和安全,保护生态系统安全和生物多样性已成为人类面临的重要任务,与之相应,近 10 年来生态水文学得到较快发展,并成为水文学新的分支学科。

另外,现代科学技术使获取水文信息的手段和分析水文信息的方法有了长足的进步。例如,遥感技术的应用使同时观测大范围内的宏观水文现象成为可能;核技术的应用使人们能够获得微观水文信息;水文模拟方法、水文随机分析方法、水文系统分析方法,使人们研究水文现象的能力发展到新的水平。

由于客观世界的复杂性、广泛存在的不确定性以及人类认识上的局限性,水文学中仍有许多难点问题(如不确定性问题、非线性问题、水文尺度问题等)在理论和实际应用上未能很好解决。水文学像其他发展中的学科一样,一直在不断发展之中。特别是,随着现代科学技术的发展,以前没有发现的问题,现在发现了,以前没有解决的问题,现在正在逐步解决,使得水文学不断发展、不断壮大。

二、水文现象的特征

河流和海洋水文现象受气候因素、地理条件、河流流域特征和人类活动等的综合影响,情况非常复杂,其变化规律具有一定的特殊性。根据对多年水文观测资料的分析,发现水文现象具有下列特性:

1. 周期性

气候因素明显以年为周期而变化,一年春、夏、秋、冬四季,气候条件各不相同,直接受气候因素影响的水文现象,也同样具有以年为周期随季节不同而循环变化的性质,这种性质称为周期性。例如每条河流每年都与气候条件相对应,存在着洪水期、平水期和枯水期。在长期资料的观测中,发现水文现象不仅具有年周期性变化规律,还存在多年变化周期性,例如在长久年代中,河流存在着丰水年、平水年和枯水年的年际周期性变化规律。说明水文现象与其影响因素之间存在着确定性的物理关系。

2. 地区性

人们将地形、地貌及地理位置相近的地方划为同一个地区,其气候条件、流域特征有着相同的特性，因此反映在水文现象上必然有着明显的地区性，水文现象随地区不同而变化的性质，就是水文现象的地区性。例如我国南方河流比北方河流汛期早、水量大，山区河流的洪水暴涨暴落而平原河流涨落平缓，都是明显的地区性表现。

3. 不重复性(随机性)

影响水文现象的因素很多，而且各种因素相互之间的关系错综复杂。因此，水文现象在总体上虽然存在着周期性的变化规律，但是具体出现时间和数量大小每年都不完全相同，并带有一定的偶然性，称为水文现象的不重复性(随机性)。例如河流的流量(或水位)过程线，每年都不会相同。

三、工程水文的研究方法

水文现象的数值变化及其变化过程因受到许多复杂因素的影响，难以用简单的数学模型来描述各种物理关系，因此，工程水文计算只能从大量实测记录中透过现象看本质，寻找其发生的统计规律或地区性规律，以预估工程修建后可能遭遇的水文情势。为工程设计提供决策依据，其研究方法有三种：

1. 成因分析法

既然水文现象具有周期性，说明水文现象与影响它的因素之间存在着某种确定性的关系，这样就可以用数学物理方程研究它们之间的相互关系，建立概念明确、推理分析清楚的计算关系式。这种方法称为成因分析法。但因水文现象的复杂性，很难在成因机理上找到十分合理的概括。

2. 地理综合法

根据水文现象的地区性特点，搜集水文资料，进行综合归纳分析，寻求水文现象、水文因素区域性分布规律，建立地区性经验公式、图表或等值线图，供生产使用，或用水文比拟法去推估该地区，或相似地区缺乏资料时的水文现象和规律(决不可不加分析地引用其他地区的经验公式或图表)，这种方法在水文分析中称为地理综合法。此法的应用较为简易，对缺乏实测资料的地区很有实用意义。

3. 数理统计法

由于水文现象具有随机性 (偶然性、不重复性)的特点，因而可以以随机理论为基础，根据长期水文观测资料，运用数理统计方法，寻求水文现象、水文因素之间的统计规律，事先估计未来水文现象可能发生的结果，这种方法称为数理统计法。该方法是有水文观测资料的条件下工程水文计算普遍采用的计算方法。

以上分析方法相辅相成，为工程建设提供设计依据并能预示未来的水文情势，对于某一水文现象的分析可以相互印证，决不可以相互排斥。

第二节 桥渡设计主要研究内容

一、我国桥渡设计发展概况

在我国，汇水面积100 km^2以上的河流就有五千多条，总长度约420 000 km，它们是修建公路、铁路必须要克服的天然障碍，采用架设桥梁的方式跨越这些障碍即所谓“桥渡”。

旧中国桥梁建设大多不进行水文计算，通常情况下只调查一个高水位，凭经验确定桥孔，20 世纪 50 年代初期苏联逐渐形成了研究及处理桥梁与河流环境相互关系的学科，苏联的有关桥渡勘测设计规范被介绍到中国,由于我国水文现象十分复杂,加之当时观测实验资料不足,苏联的一些方法不能完全适合我国的自然条件和水文特征,1956 年修建的京广线下行线桥被冲毁,水文、水工工作薄弱是重要原因之一,1957 年我国铁路系统与公路、水利、林业部门及高校进行合作,开展水文观测和水工试验科研工作,1961 年起陆续绘制了许多适合我国特点的水文图表,制定了分析方法、计算公式和桥涵勘测细则等,1965 年中国土木工程学会全国桥渡冲刷学术会议,在全国科研成果的基础上制订了我国建桥河段分类、桥墩冲刷公式等,直到 20 世纪末,通过总结 40 多年来我国公路、铁路桥梁的桥渡勘测设计技术成果,对河段分类、冲刷公式、桥孔设计、防护工程等成果进行修订和完善,我国的桥渡设计体系逐步形成。进入 21 世纪,随着我国交通建设事业和环境科学的迅速发展,跨海桥渡设计得到发展,同时桥渡设计被赋予了更为广泛的桥梁与环境的相关内容,桥梁工程从传统的结构工程实体,逐渐地扩展为桥梁结构物与环境的共同系统,桥梁建设者不仅要设计好桥梁工程实体,还必须处理好桥梁与河、海、高原、山岭等自然环境的关系,桥渡设计是桥位环境设计的重要组成部分,桥梁设计理念的新飞跃将使桥渡设计环节得到重视与发展。

二、桥渡设计主要研究内容

"桥渡设计"服务于涉水桥涵的规划、设计、施工及养护。规划、设计阶段需搜集水文资料,现场踏勘,进行桥位、桥式方案研究,从宏观上论证项目建设的必要性,为编制项目建议书提供必要的水文基础资料,设计阶段需补充定测水文资料编制,进行水文设计验算;在施工阶段,必须对施工期间的水文情况有所了解,施工期限较短的桥梁及涵洞工程,一般尽量安排在枯水期间施工,对施工期限较长的大桥和特大桥工程,必须预先估计整个施工期间的天然来水情况,提供施工期的设计洪水,以便确定诸如围堰之类的临时性建筑物的规模及安排施工的日常工作;在桥涵(及线路)的运营养护期间特别是在汛期,为了保证桥涵的畅通,要掌握根据水文分析计算得到的未来长期内的水文平均情况,并结合水文预报提供的较短期内的具体情况,估计该汛期内洪水的大小及沿线分布,以便结合所管辖的桥涵过水能力的大小及早采取措施,使洪水能够安全地从桥涵内宣泄。

桥渡设计的具体研究内容主要有:

(1)根据周围环境及线路走向等,合理确定桥梁的位置。

(2)根据现行铁路(公路)工程水文勘测设计规范规定的设计洪水标准,计算桥位断面处设计洪水流量。

(3)计算桥梁孔径并进行合理的分跨布设。

(4)确定桥下净空、桥面高度。

(5)预估桥梁在全寿命期间水流冲刷深度和河床变形,确定桥梁墩台基础最小埋置深度。

(6)依据"顺应水势,因势利导"的原则,在桥位上下游合理布设导治建筑物,提出环境设计。

三、桥渡设计不当导致的事故

桥梁的修建,往往影响天然水域水流,引起水流状态变化,导致河床变形,变形的河床又影响着水流,因此桥梁和桥位周围的河流、海洋及湖泊等水域、山涧峡谷等自然环境形成了一个相互影响、相互制约的系统。在建桥过程中应力求做到桥梁与桥位环境和谐共存,使桥梁免遭或减轻自然灾害的侵袭,同时,也不会因桥梁的修建而引起自然环境发生不利的变化,从而达到可持续发展的目的。

目前，由于气象灾害的突发性，桥渡设计理论和设计人员所能掌握的原始水文资料一般难于对水害进行非常准确的预测；而从经济考虑，也不容许设计人员更加提高桥梁对水害的保证率，所以，在既有桥的事故统计中，水害所占的比例最大。

桥梁水害主要原因有：

(1)由于洪水主流直冲桥墩(台)或基础埋深过浅，致使桥墩(台)基底冲空而倾斜或基础裸露(图 1-1 和图 1-2)。

图 1-1 桥墩基底冲空而倾斜

图 1-2 基础裸露

(2)由于漂浮物或冰凌堵塞桥孔危及桥梁安全(图 1-3)。

(3)因桥上、下游水位差过大及砂石或漂流物冲击而剪断桥墩，冲走桥梁(图 1-4)。

图 1-3 漂浮物堵塞桥孔

图 1-4 桥上、下游水位差过大

(4)桥孔压缩过大，河滩路堤阻水过多，或者由于桥头路堤伸入主槽，导致路堤被冲断，或桥头锥体护坡被冲塌，有的甚至冲空台底、导致桥台倾倒(图 1-5 和图 1-6)。

(5)桥位布设不当，斜交角度过大，洪水时水流有趋直现象、顶冲桥头路堤，而使锥体和桥头路堤遭到破坏(图 1-5 和图 1-6)。

图 1-5 台后路堤被冲空

图 1-6 桥台锥体护坡冲毁

(6)设计流量偏小，桥孔宣泄能力不足，造成上游壅水过高，淹没农田、房舍、工厂，使人民生命财产蒙受巨大损失。

还有一些特殊情况如由于河流发生天然改道或泥石流突然爆发,使既有桥梁报废或冲毁等等。

下面以典型水害实例说明桥渡设计环节的重要性。

1. 正定滹沱河桥(下行线)(图1-7和图1-8)

该桥位于京广铁路下行线上,为单线铁路桥,跨越河北省正定站以南的滹沱河。1954年12月提出的初步设计方案为:上部结构采用18孔32 m上承钢板梁,圆端形桥墩,基础用9 m×5.7 m巨型沉井,埋深25 m,置于细砂层上,在桥头两岸做导流堤,并对导流堤做了水工模型试验。1955年4月苏联专家认为:沉井基础入土25 m埋置太深,施工会有困难,上游修建水库后可减少洪峰流量,导流堤修建又能改善河流,采用苏联冲刷公式计算,沉井埋深10.5 m即可满足要求。最后根据苏联专家的建议,沉井埋深一律为13 m。1955年4月该桥导流堤先期开工,11月桥墩基础开工,1956年6月导流堤和正桥桥墩全部完工,仅待架梁,8月4日滹沱河出现洪峰,桥址处流量12 100 m^3/s(设计7 240 m^3/s),当日16时左右,水势奔腾,压顶而来,将该桥6号、8号、9号墩冲倒,5号墩向上游倾斜,事后发现被冲倒的三个桥墩被埋入河床深达10 m,上游南岸导流堤也多处被冲毁。该桥被冲垮的教训是:①苏联的冲刷公式是否适合中国的河流特征,缺乏可靠性论证,且对历史水害资料掌握研究不足。②对水工试验及导流堤的作用,认识上有片面性,认为导流堤建成后,水流均衡过桥,可避免集中冲刷;但实践证明,上游没有做好整治河道的水利措施,洪水来临,导流堤先被冲坏,起不到匀流作用。③只注意了浅沉井可以加快工程进度,降低造价,轻视了它的不利方面。此外,在上游水库建成前,际逢特大洪水,也是始料未及。

1956年10月,该桥重新进行设计,废弃原下行线桥址,在上行线下游34 m处,重建下行线新桥,设计流量13 700 m^3,上部结构为14孔32 m钢板梁,桥墩基础为4根直径为1.55 m、长27 m斜管柱。桥台基础为14根直径40 cm、长20 m钢筋混凝土管桩,这是我国首次采用斜管柱基础的桥梁,1958年7月竣工。至今运行情况良好。

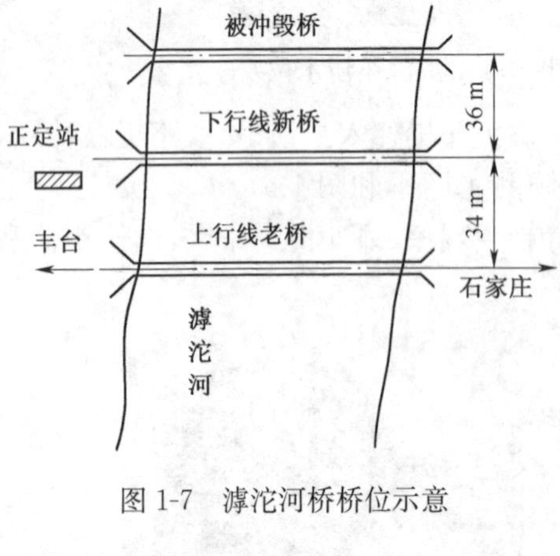

图1-7 滹沱河桥桥位示意

图1-8 滹沱河桥实景

2. 成昆线利子依达桥

该桥位于成昆线上,跨越利子依达沟,全桥共3孔,边孔为31.7 m预应力混凝土梁,中孔为44 m结合梁,桥高17 m,中间2号、3号墩为混凝土圆形桥墩,分别高12 m及15 m,沉井基础深14 m,基底置于漂卵石土层上。1981年7月利子依达沟爆发极强泥石流,强大泥石流挟带着直径7~8 m的巨石奔腾而下,将2号墩拦腰截断,结合梁和混凝土梁掉入大渡河,毁桥不久,雨夜中驶来的442次旅客列车出隧道后制动不及时,颠覆于桥下,酿成重大灾害事故。该桥被冲垮的教训是:①桥位处流向不正,主流顶冲成都端;②不宜在主流位置设墩,应采用长跨度梁部结构;③泥石流数量多、稠度大、速度快有趋直性,河道防护疏导工程不能发挥作用。

鉴于该处泥石流活动频繁,原线设桥已不能防御大型泥石流危害,因此采用该线内移,修建长约 1.5 km 隧道穿越泥石流沟底,绕避泥石流病害,如图 1-9 所示。

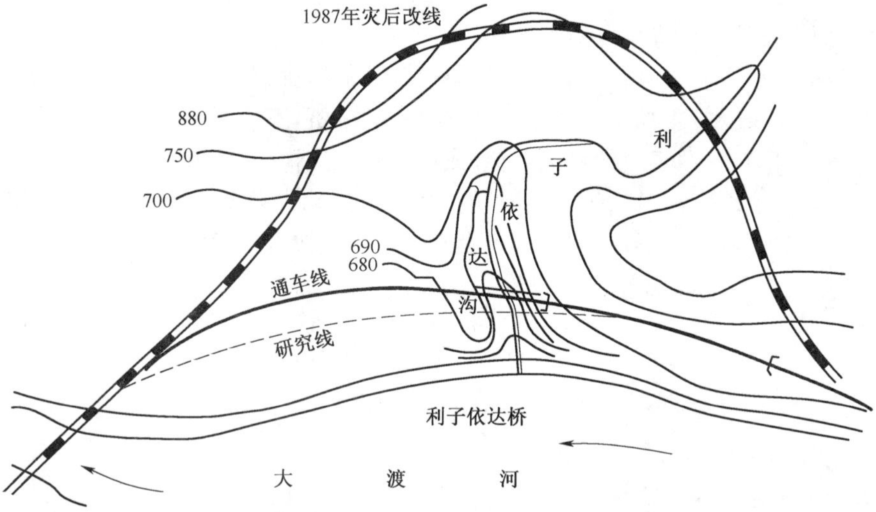

图 1-9 成昆线利子依达大桥

3. 上鹰线柳河 8 号桥(图 1-10)

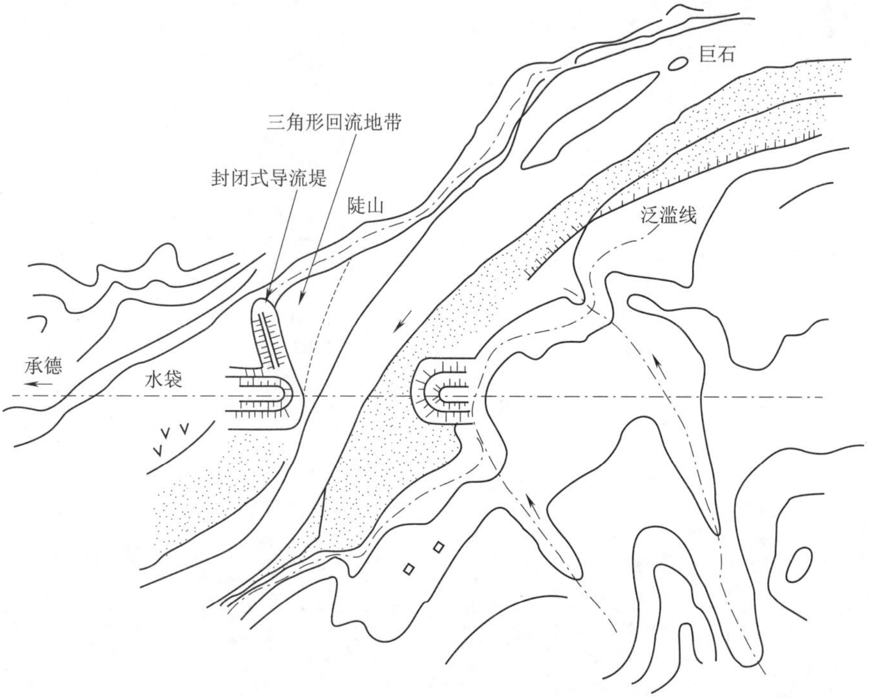

图 1-10 柳河 8 号桥桥址平面示意图

该桥为 6 孔 20 m 上承式板梁,桥头水袋处作了封闭式导流堤,于 1956 年建成通车,1958 年洪水冲断右岸上游封闭式导流堤和桥头路堤,左岸上游锥体遭到破坏,后经修复加强,

1962 年桥下游右岸回流淘刷上下游锥体,桥头路堤又遭破坏,左岸上游锥体也被淘刷,台后路堤也遭破坏。

水害发生时,流量并未超过设计流量。该桥水害主要原因为:①从桥位布设上看,斜交角度过大,右岸线路又折向下游形成水袋。同时上游有河湾,洪水时水流有趋直现象、顶冲右岸桥头路堤。②下游为向右的急转弯,再加上桥孔压缩过大,桥头路堤伸入河槽,下游形成旋涡,淘刷力甚强,而使锥体和桥头路堤遭到破坏。

水害事故的发生,不仅使桥渡本身遭受到直接的损失,而且由于道路中断停运,使国家在政治经济等方面所蒙受巨大损失。对这些水害事故的分析,不难看出,若能充分重视并处理好桥渡设计的各个环节,一些事故便可以避免,或可以减轻灾情。

因此,从事道路及桥梁设计、施工、养护的技术人员,都应具备有关桥渡设计的基本知识,在设计、施工、养护过程中,充分重视河流及洪水的变化规律,做到精心设计、精心施工、精心养护维修,使桥梁始终在正常状态下工作。

复 习 题

1. 水文现象有哪些特征? 其研究方法有哪些?
2. 桥渡设计的主要研究内容是什么?
3. 桥梁水灾发生的主要原因有哪些?

第二章

河川径流及河床演变

河川径流研究河流的水流形成、运行规律，是水文学的重要组成部分，河流水情、河床变形与道路、桥梁等工程建设紧密相关。

第一节　河流和流域

一、水 循 环

海洋里有占地球总水量97%左右的水。由于太阳的辐射作用，水被蒸发为水蒸气，并被气团的流动带向大陆。在适宜的条件下水蒸气凝结，成云或雨（雪、冰雹）降落到地面上。降落到地面上的水，有的经蒸发和植物散发返回大气中；有的渗入地下，在含水层中流动形成地下径流；有的沿地面流动形成地面径流。地下及地面径流最终又流入海洋，海洋中的水又被蒸发，周而复始，这就是水循环。

二、河　　流

1. 河流的形成

降落到地面的雨水，除部分被植物截留和蒸发以外，在重力作用下，一部分渗入地下，在含水层中流动形成地下径流，一部分沿地面流动形成地面径流，在地面径流长期侵蚀下，地表冲成沟壑，形成小溪，最后汇集而成河流。河流流经的谷地称为河谷，河谷底部（谷底）有水流的部分称为河床。

河流由干流及其支流组成，其中直接流入海洋及内陆湖泊的河流为干流，汇入干流的河流称为一级支流，汇入一级支流的称为二级支流，干流与支流构成了脉络相通的河流系统，称为“水系”，水系用干流的名称称呼，例如，长江水系、黄河水系。

一条发育完整的河流，按照河段不同特征，可以划分为河源、上游、中游、下游和河口。

河流开始具有表面水流的地方称为河源，它可能是冰川、溪涧、沼泽等。上游紧接河源，多处深山峡谷，坡陡流急，常有急滩和瀑布，两岸陡峻，多为V形峡谷地形。中游两岸多为丘陵区，比降逐渐缓和，岸边出现沙滩，冲淤变化不明显。下游多处于平原区，坡度缓、流速小，淤积作用明显，多浅滩和河湾，河床宽阔，水量较大，河床横断面多为由河槽和河滩形成的复式断面。河口是河流注入海洋、湖泊的地方，河口段的水流和河床受上游水流和下游海洋、湖泊两方面的影响。例如黄河，青铜峡以上为上游，郑州花园口以下为下游，利津以下为河口段。

2. 河流的基本特征

河流的基本特征，一般用河流断面、河流长度及河流比降来表示。

(1)河流断面

河流断面有横断面和纵断面。垂直水流方向的断面称为河流的横断面，如图2-1所示。

洪水位以下的河床，一般由河槽和河滩两部分组成。河槽是河流宣泄洪水和输送泥沙的主要通道，植被不易生长，洪水期有底沙运动；河槽两侧洪水漫溢的滩地称为河滩(河漫滩)，河滩上通常长有草类、树木或农作物，被洪水淹没的次数较少，无底沙运动。河槽中较高的可移动的泥沙堆称为边滩，其余部分称为主槽。只有河槽而无河滩的断面称为单式断面，有河槽又有河滩的断面称为复式断面。

河流中沿水流方向各断面最大水深点的连线，称为深泓线。沿河流深泓线的断面称为河流的纵断面，如图 2-2 所示，反映河流纵断面沿程的变化。

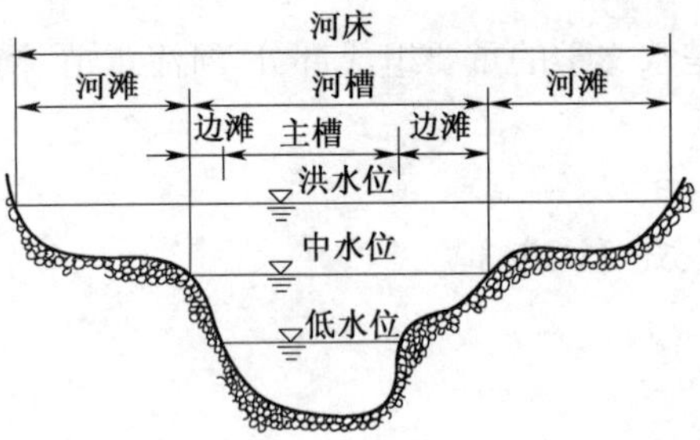

图 2-1　河流断面一般形状

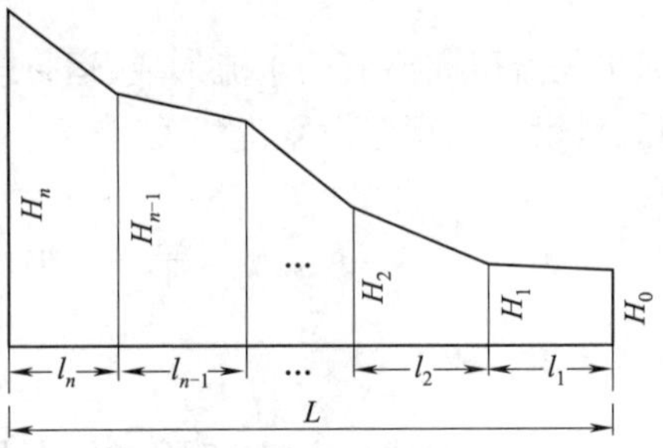

图 2-2　河流纵断面图

河流断面由于受水流与河床的相互作用，断面形状随时间总在不断地发生着变化。

(2)河流长度

从河源到河口的距离称为河流长度。近似的河流长度，可用曲线计、两脚规或其他方法直接在地形图上沿河流的深泓线量得，但图上量出的长度往往因误差比实际长度偏小，需要进行修正。

(3)河流比降

河段两端(水面或河底)的高差称为落差，深泓线上单位长度内的平均落差称为比降，河流比降有水面比降及河底比降。某一河段的比降可按式(2-1)计算。

$$i=\frac{H_1-H_2}{L}=\frac{\Delta H}{L} \tag{2-1}$$

式中　i——水面或河底比降，可用小数、百分数(%)或千分数(‰)表示；

H_1，H_2——分别为河段始端和终端的水面或河底高程(m)；

ΔH——水面或河底的落差(m)；

L——河段长度(m)。

河流比降由于受各种因素的影响，变化很大。河底比降相对水面比降较稳定，水面比降随不同水位而有较大变化。河口受海洋潮汐倒灌的影响，水面比降变化更大。

河流比降一般自河源向河口逐渐减小，沿程各河段的比降都不相同。河底比降的沿程变化见河流纵断面(图 2-2)，其平均比降 $\bar{i}$(‰)可按式(2-2)计算。

$$\bar{i}=\frac{1}{L^2}[(H_n+H_{n-1})l_n+\cdots+(H_1+H_0)l_1-2H_0L] \tag{2-2}$$

式中　$H_1,H_2,\cdots,H_n$——自河口起沿程各特征点的河底高程(m)；

$l_1,l_2,\cdots,l_n$——各特征点之间沿深泓线的距离(km)；

L——河流长度(km)，$L=l_1+l_2+\cdots+l_n$。

三、河段分类

在桥渡设计时，选定桥位、确定桥长、布设桥梁孔径、确定墩台基础埋深、设置调治构造物以及水文计算等，都应根据桥位河段的水力、水文和河床变形等因素来综合处理。

- 河段分类
  - 按地区划分
    - 山区河流
    - 平原河流
      - 顺直微弯型河段
      - 蜿蜒型河段
      - 分汊型河段
      - 游荡型河段
  - 按河床演变划分
    - 峡谷性河段
    - 稳定性河段
    - 次稳定性河段
    - 变迁性河段
    - 游荡性河段
    - 宽滩性河段
    - 冲积漫流性河段

1. 按地区划分

河流按地区划分一般分为山区河流和平原河流两大类。在山区和平原区之间的过渡段称为山前区或半山区河流。

(1)山区河流

山区河流流经地势高峻、地形复杂的山区。河谷断面多呈“V”字形或“U”字形(图2-3)。

山区河流的特点是，流域内坡面陡峻，岩石裸露，汇流时间短，而且降雨强度大，以致洪水暴涨暴落，水位和流量的变幅极大，往往一昼夜间水位可上涨 10 m 之巨，但洪水持续时间不长。

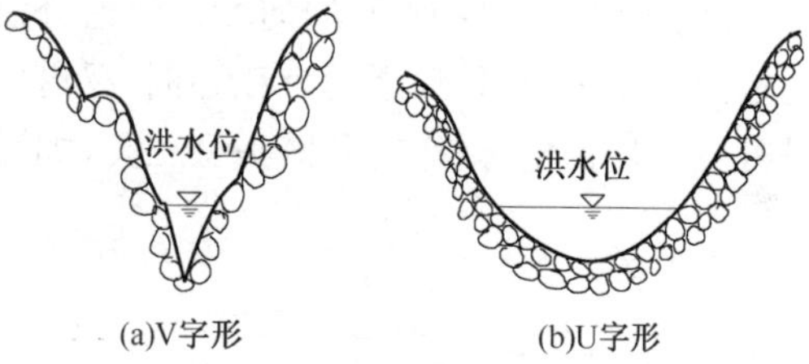

图 2-3　山区河流河谷示意图

山区河流的比降大，多在 1‰以上，而且沿程变化较大，但落差多集中在局部河段。流速也很大，某些河段可高达 6～8 m/s。水流流态紊乱，存在回流、旋涡、跌水和水跃。

山区河流的河床多为基岩、乱石或卵石组成，冲刷变形缓慢，河床比较稳定，但易受地震、山崩、滑坡、泥石流等的影响，造成河道突然堵塞而剧烈变化。

(2)平原河流

平原河流流经地势平坦的平原地区。其冲积层较深厚，深达数十米至数百米。冲积层最深处多为卵石，其上为砂夹卵石，再上为粗砂、中砂以至细砂。枯水位以上的河滩表层，则为黏土、黏壤土。这些泥沙组成的分层现象，与河流形成的发育过程有关。

平原河流的河谷多为发育完全的形态，如图2-4所示。其特点是具有广阔的河滩，洪水时河滩被淹没，中、枯水时则露出水面以上。洪水漫滩后，在河滩与河槽联结的部分，因断面突然扩大，流速骤然降低，泥沙集中在河滩边缘落淤，往往在靠近河槽处形成地势较高的自然堤，在远离河槽的滩地上则形成洼地、湖泊，而且河滩具有明显的横比降。并在水流的作用下不断变化，因而整个河床也处于不断地发展变化之中。

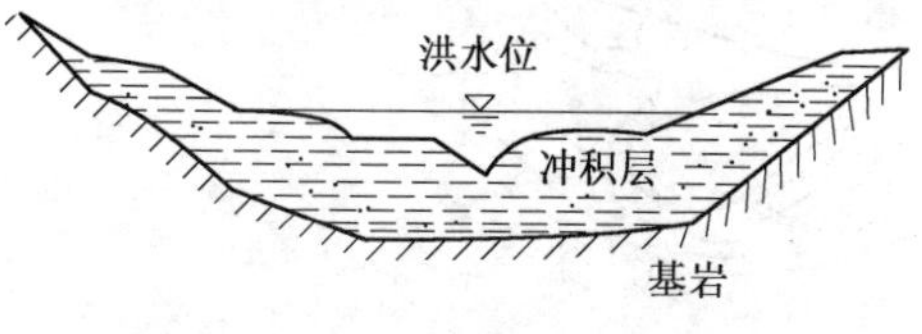

图 2-4　平原河流河谷示意图

平原河流的流域面积一般较大，而流域平均坡度较为平坦，汇流时间长，河床开阔，调蓄作用大，洪水涨落较山区河流缓慢,洪水持续时间较长。水面与河床比降都较小,多在 0.1‰至 1‰之间,流速也较小,一般为 2~3 m/s,水流较为平顺。

平原河流按平面形状分为四种类型的河段:

①顺直微弯型河段。河槽顺直,边滩呈犬牙交错分布,并在洪水期向下游缓缓移动;深槽与边滩相对;上、下深槽之间存在沙脊,在通航河段称为浅滩,浅滩洪水淤积,枯水冲刷,深槽则相反,洪水冲刷,枯水淤积,如图 2-5 所示。

②弯曲型(蜿蜒型)河段。河槽具有弯曲外形,深槽紧靠凹岸,边滩依附凸岸,凹岸冲蚀,凸岸淤积,河槽向下游蜿蜒蛇行,如图 2-6 所示。

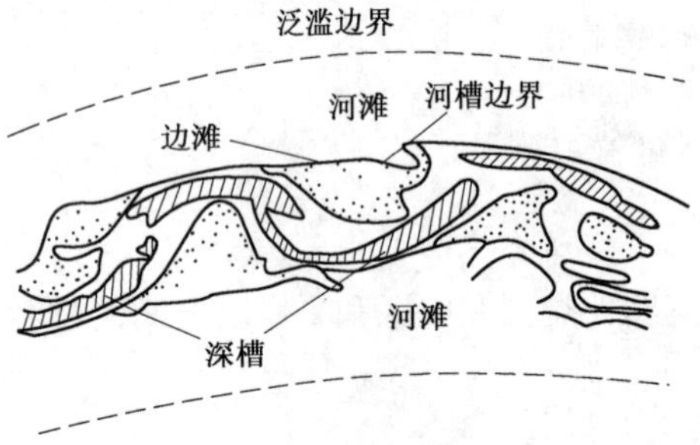

图 2-5　顺直微弯型河段

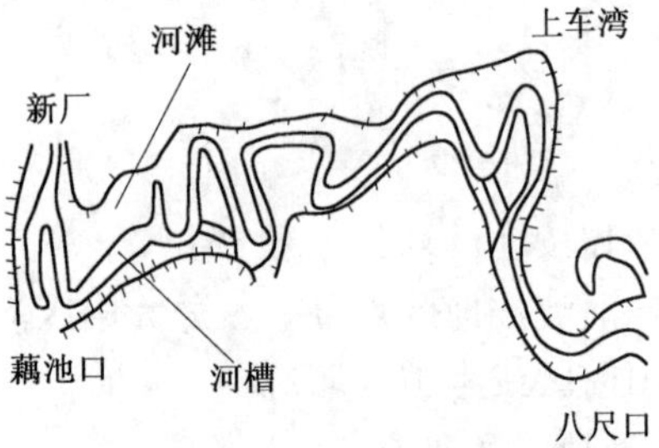

图 2-6　蜿蜒型河段

③分汊型(交替消长型)河段。河槽分汊,平面形态一般上、下两端窄而中间宽,中间段可能是两汊或多汊,各汊之间为江心洲,汊道周期性地交替消长。按平面形态的不同,分汊型河段可分为顺直型、微弯型和鹅头型三类,如图 2-7 所示。

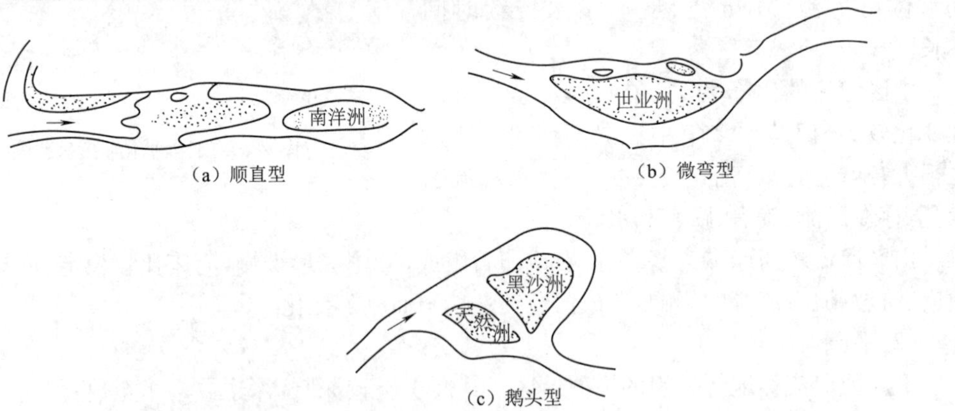

(a) 顺直型　(b) 微弯型　(c) 鹅头型

图 2-7　分汊型河段

④散乱型(游荡型)河段。河槽宽浅,沙滩密布,河床变化急剧,主流摆动频繁,如图 2-8 所示。

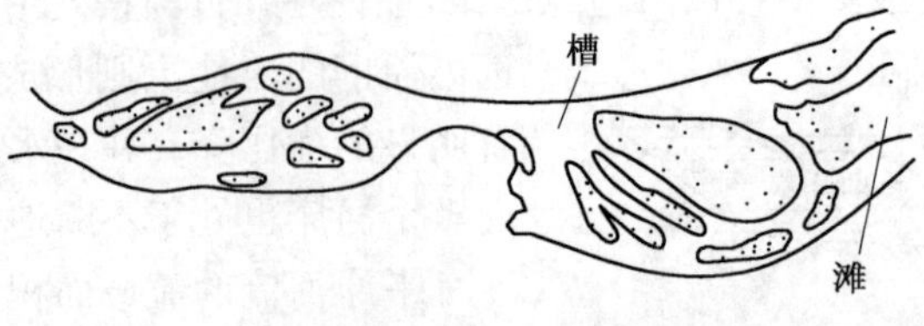

图 2-8　黄河花园口游荡型河段

2. 按河床演变分

按河床演变特征把河段分为七类，见表 2-1。

表 2-1　河段分类表

名称	特性				
	稳定性及变形特点	河段平面外形	断面及地质特点	水文特点	河段区别要点
峡谷性河段	1. 岸线不变，河槽固定 2. 河槽天然冲淤微弱，多呈下切加深的趋势	1. 河段多数有急弯卡口 2. 水流单股无汊	1. 河槽窄深，断面呈"V"字形或"U"字形 2. 两岸为基岩或紧密的砂砾石 3. 河底岩石外露或浅层漂卵石覆盖	1. 河床坡陡，水流湍急 2. 水位变幅大，而水面宽度变幅小。洪水容纳于槽内	河床窄深，床面岩基裸露或为大块漂石覆盖，或为胶结沉积层；河床纵坡大、多急弯卡口
稳定性河段	1. 岸线基本稳定，变形速度缓慢，河槽固定 2. 河槽天然冲淤不大 3. 主流在河槽内很少摆动	1. 河段基本顺直，河岸比较整齐 2. 一般无汊流，如有分汊，汊道及江心洲稳定 3. 滩槽分明，有时有不发达的边滩	1. 河槽较深，断面多呈"U"形 2. 河岸为抗冲能力较强的土壤组成。如硬黏土、紧密的砂加卵石及风化岩石等 3. 河床多为粒径较小的卵砾石及砂质组成，在下游河段常以砂黏土组成	1. 中高水位流向基本一致 2. 洪水期两岸漫溢流量不大	岸线整齐，河槽稳定，断面多呈"U"形，滩槽分明，各级洪水流向基本一致
次稳定性河段	1. 岸线不太稳定，洪水期有塌岸现象 2. 河槽天然冲淤比较明显，主流在河槽内摆动 3. 边滩、沙洲不稳定，洪水期变形或下移	1. 河段微弯或弯曲 2. 如河流分汊，则沙洲不稳定，汊道有变化 3. 滩槽分明，一般边滩较发达	1. 河槽较宽浅，断面以复式为多 2. 河岸抗冲能力较差，多为砂质黏土或砂砾石 3. 河床多为中等的卵砾石或砂质组成	1. 高低水位流向差别很大 2. 洪水期漫滩流量较大	稳定性河段与次稳定性河段的区别：前者岸线、河槽与洪水主流均基本稳定，变形缓慢；后者河湾发展、下移，主流在河槽内摆动
变迁性河段	1. 岸线不稳多变，洪水期塌岸严重 2. 冲淤变化大，床面有淤高之势 3. 洪水股流摆动不定，常产生严重的集中冲刷	1. 河段弯曲或微弯 2. 水流分汊，沙洲较多 3. 有的不易划分河槽和河滩	1. 河床开阔，河槽多呈锯齿形，有的中间高两边低 2. 河床质常与河岸质相似，抗冲能力差，以砂加砂砾石为主	1. 大小洪水流向不一致 2. 水面宽度变幅大 3. 水面常呈横比降 4. 同一断面上水面很不平，有自然壅高	变迁性河段与次稳定性河段的区别：前者主流在整个河床内摆动，变幅大，变化快，河床有可能拓宽；后者主流在河槽内摆动，变幅小
游荡性河段	1. 岸线很不稳定，历年变化无常 2. 主流游荡不定，沙洲、沙滩推移快，变形大 3. 冲淤变化强烈，集中冲刷严重，床面淤积抬高，河床容易改道	1. 河段大体顺直或微弯 2. 河身宽浅，沙滩密布，汊道交织 3. 通常不易划分河槽和河滩	1. 河床平坦开阔，有时呈地上河 2. 河床与河岸组成接近，粒径小，多为细砂及粉砂	1. 洪水流向不定多变，水流散乱 2. 洪水含沙量大	游荡性河段与变迁性河段的区别：前者土质颗粒细、冲刷深、回淤快，主流不仅在整个河床内摆动，甚至造成整个河槽改道；后者土质颗粒粗、冲刷浅，由于河床淤高、扩宽和主流摆动，造成主槽变迁，河岸旁切扩宽变幅小

续上表

名称	特性				
	稳定性及变形特点	河段平面外形	断面及地质特点	水文特点	河段区别要点
宽滩性河段	1. 岸线不稳，洪水期易塌岸 2. 河槽平面常发生变形，摆动幅度较大 3. 河槽经多年冲淤交替作用，出现裁弯取直，老河槽淤死，成为月牙泡等	1. 河槽蜿蜒或微弯 2. 在不稳定的河段上，有明显的曲率增大、河湾下移和产生汊流等情况 3. 滩槽易划分	1. 河槽较窄，河滩宽阔，地势平坦，河床与河槽宽度比大于 5 2. 河床与河岸组成接近，多为砂黏土或粉砂土	1. 高低水位流向不一致 2. 水面宽度变幅大 3. 河滩流量占总流量 40%以上	宽滩性河段地势平坦，洪水泛滥宽度可达几千米至几十千米，滩槽宽度比可达 5 倍以上，河滩流速小，河槽流速大，河滩流量占总流量 40%以上
冲积漫流性河段	1. 两岸不受约束，岸线极不稳定 2. 河槽形态、位置极不稳定，主流在洪水漫溢范围内摆动不定 3. 自然冲淤严重，床面逐年淤高 4. 集中冲刷明显，冲深值并不大	1. 河段呈冲积、扩散状，大体顺直或微弯 2. 河床极宽浅，汊道交织，多呈网羽状 3. 通常分不出河滩和河槽	1. 断面呈锯齿形，中间高两边低 2. 岸槽高差甚小 3. 河床与河岸组成接近，多为卵砾石	1. 洪水流向常与河段总方向一致，水流散乱漫流 2. 水面宽度变幅大 3. 同一断面上水面很不平，自然壅高很大	冲积漫流河段地貌大致具有冲积扇体特征，床面逐年淤高，较游荡性河段明显。洪水股流按总趋势在较高的沟槽中通过

判断河段类属，应在桥位上游不小于 3～4 倍河床宽度，下游不小于 2 倍河床宽度的范围内进行观察分析，可从河槽平面外形、断面及地质特点、水文特点、稳定性及变形特点等方面进行现场观察分析确定。对于变迁性及游荡性河段，在桥位上游至少还要包括一个河湾，判定河段的稳定性及变形大小，通常以 50 年左右为衡量标准。

四、流　域

每条河道都汇集着与其毗连区域的降水，这个积水区域称为流域。流域四周地面最高点的连线称为分水线(或分水岭)。流域的分水线所包围的面积称为流域面积，单位为 km^2。流域面积与其出口断面一一对应，如图 2-9(a)所示，流域面积 A 对应着出口断面 1，流域面积 B 对应着出口断面 2，流域是河水补给的源地，流域的特征直接影响河川径流的形成和变化过程。流域的特征一般可分为以下两类：

1. 几何特征

几何特征主要指流域面积的大小和形状。在相同的自然地理条件下，流域面积越大，径流量就越大，对洪水涨落的调节作用也越大；反之，径流量的变化幅度较大，洪水涨落就较急剧。

流域的形状和坡度决定着径流过程历时的长短。若流域形状宽阔，如图 2-9(a)所示，则径流过程历时较短，出口断面流量较大；若流域形状狭长，如图 2-9(b)所示，则径流过程历时较长，出口断面流量较小。

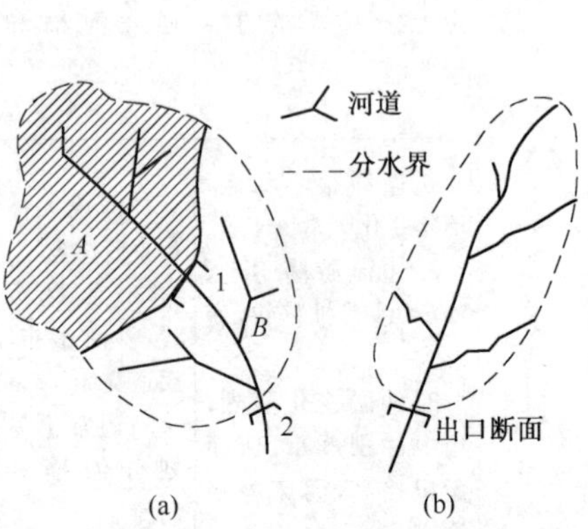

图 2-9　流域示意图

2. 自然地理特征

主要是流域的地理位置和地形。地理位置以流域的中心或流域的边界所在的经纬度来表示。流域内的降雨、蒸发、土壤、植被等水文因素都与地理位置有密切的关系。流域的地形主要以平均高程和平均坡度表示。平均高程对降雨量、降雨分布、蒸发均有影响。平均坡度是决定汇流速度和汇流时间长短的主要因素。

第二节　河川径流的形成

径流是由降水产生的由流域内汇集到河网沿河槽下泄的水流的总称。流域内的降水经损耗(植物截留、蒸发和填洼)后，一部分沿地面流动形成地面径流，一部分渗入地表土壤，在含水层内形成地下径流，地面径流和地下径流汇集到河槽中而成河川径流。暴雨洪水主要来源于地面径流，而大河枯水期的水量补给多来自地下径流。

一、径流形成过程

流域内，自降水开始到水流流过出口断面为止的整个物理过程，称为径流形成过程，图 2-10 为径流形成过程的示意图。径流形成是大气降水和流域自然地理条件综合作用的过程，十分复杂。为了便于研究，可将径流形成的物理模型概括为四个阶段。

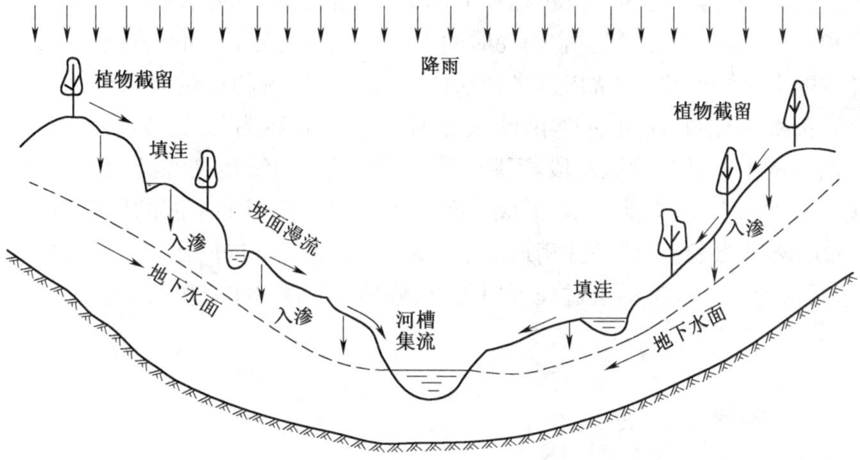

图 2-10　径流形成过程示意图

1. 降雨过程

降雨是形成地面径流的主要因素，降雨的多少决定径流量的大小。降雨量以降雨深度(mm)表示，单位时间内的降雨量称为降雨强度(mm/min 或 mm/h)。每次降雨，降雨量及其在空间和时间上的变化都各不相同。降雨可能笼罩全流域，也可能只降落在流域的局部地区；流域内的降雨强度也有时均匀，有时不均匀，还有时在局部地区形成暴雨中心，并向某一方向移动。降雨的变化过程直接决定径流过程的趋势，降雨过程是径流形成过程的重要环节。

2. 流域蓄渗过程

降雨开始时并不立即形成径流。首先，雨水被流域内的树木、杂草，以及农作物的茎叶截留一部分，不能落到地面上，称为植物截留。然后，落到地面上的雨水，部分渗入土壤，称为入渗;单位时间内的入渗量称为入渗强度(mm/min 或 mm/h)。降雨开始时入渗较快,随着降雨量的不断增加,土壤中水分逐渐趋于饱和,入渗强度减缓,达到一个稳定值,称为稳定入渗。另外,还有一部分雨水被蓄留在坡面的坑洼里,称为填洼。植物截留、入渗和填洼的整个过程,称为流域蓄渗过程;这部分雨水不产生地面径流,对降雨径流而言,称为损失,扣除损失后剩余的雨量,称为净雨。

3.坡面漫流过程

流域蓄渗过程完成以后,剩余雨水沿着坡面流动,称为坡面漫流。流域内各处坡面漫流开始的时间是不一致的,某些区域可能最先完成蓄渗过程而出现坡面漫流(也只是局部区域的坡面漫流)然后,完成蓄渗过程的区域逐渐增多,出现坡面漫流的范围也随之扩大,最后才能形成全流域的坡面漫流。

4.河槽集流过程

坡面漫流的雨水汇入河槽后,顺着河道由小沟到支流,由支流到干流,最后到达流域出口断面,这个过程称为河槽集流。汇入河槽的水流,一方面继续沿河槽迅速向下游流动,另一方面也使河槽内的水量增大,水位也随之上升;河槽容蓄的这部分水量,在降雨结束后才缓慢地流向下游,最后才通过流域出口,使流域出口断面的流量增长过程变得平缓,历时延长,从而起到河床对洪水的调蓄作用。

降雨、蓄渗、坡面漫流和河槽集流,是从降雨开始到出口断面产生径流所经历的全过程,就其水体的运动性质来看,可分为产流过程和汇流过程,就其发生的区域来看,则分为流域面上进行的过程和河槽内进行的过程。它们在时间上并无截然的分界,而是同时交错进行的。

河川径流的大小和变化,通常用流量和水位来表示。河流的流量和水位都是随时间而不断变化的,流量和水位随时间而变化的关系曲线,分别称为流量过程线和水位过程线(图 2-11)。曲线的上升部分为涨水段,下降部分为退水段,曲线最高峰处的流量和水位,分别称为洪峰流量和洪峰水位;一涨一落,形成一次洪水过程。由于洪水波的影响,在河流的同一断面上,同一次洪峰的最高水位往往稍迟于最大流量,二者并非同时出现。一年内的最大洪峰流量,称为年最大流量。一次洪水过程可用历时、峰值(流量、水位)和径流量三个水文因素反映其特征。

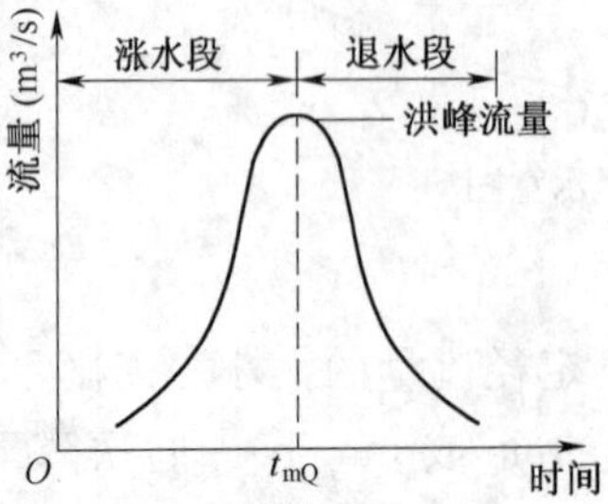

(a) 流量过程线

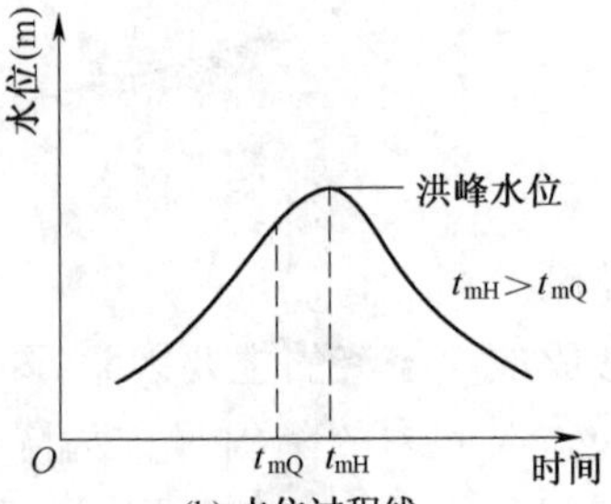

(b) 水位过程线

图 2-11 一次洪水过程线示意图

二、影响径流的主要因素

从径流形成过程来看,影响径流变化的自然因素,可分为气候因素和下垫面因素两类。人类活动对河川径流也有重要影响。

1. 气候因素

(1)降雨:降雨是径流形成的主要因素,降雨强度、降雨历时和降雨面积对径流量及其变化过程都有很大影响。例如降雨强度大,雨水来不及入渗而流走,使径流量增大;降雨强度小,则雨水大部分渗入土壤而使径流量减小。降雨历时长,降雨面积又大,产生的径流量必然也大,反之则小。

(2)蒸发:流域内的蒸发是指水面蒸发、陆面蒸发、植物散发等各种蒸发的总和,在一次降雨过程中对径流影响不大,但对降雨前期的流域蓄水量却影响很大。如蒸发强度大,则雨前土壤含水量就小,降雨的入渗损失量就增大,而径流量减小。因此,蒸发也是影响径流变化的重要因素。

降雨和蒸发在地区分布上呈现一定的规律性,因而径流变化也具有一定的地区性规律。

2. 下垫面因素

流域的地形、土壤、地质、植被、湖泊等自然地理因素,相对于气候因素而言,称为下垫面因素。流域的地理位置直接影响降雨量的多少,流域的地形对降雨、蒸发以及蓄渗和汇流过程都有影响,流域面积的大小、形状又与径流量有直接关系。土壤和地质因素决定着入渗和地下径流的状况。植物茎叶截留部分降雨,植物根系又能贮藏大量水分,可改造土壤和气候。湖泊也有贮存水量、调节径流的作用。

3. 人类活动对河川径流的影响

封山育林和水土保持,将增加降雨的截留和入渗,减少汛期水量和洪峰流量,同时增大地下径流,能补充枯水期的水量。修建水库对河流能起蓄洪调节作用,并使流域内的蒸发面积增大,从而加大蒸发量。

三、我国河流的水量补给

流入海洋的河流,称为外流河;流入内陆湖泊或消失于沙漠之中的河流,称为内流河。我国河流除西北地区的内流河靠高山积雪为水源以外,其他地区的河流主要靠雨水补给。水量补给的来源基本可分为雨源、雨雪源和冰雪源三类。

1. 雨源类

秦岭、淮河以南直到台湾、海南岛、云南广大地区的河流,都属于雨源类。其特点是,一年内径流量的变化与降雨变化完全一致;夏天雨季来临,河水开始上涨,入秋以后,雨季结束,河水开始退落,汛期较长,水量充沛。

西部和北部地区的河流以秋汛为主,东南沿海地区常因台风影响而发生大洪水,多出现夏汛,年流量过程线呈双峰或多峰形。图 2-12 是长江中游某观测站年流量过程线,图中两条流量过程线是多峰肥胖型的曲线,表明汛期长,水量大,但水情变化平缓,这是由于该水文站上游的长江流域面积十分广阔,对水情变化有很大的调节作用而形成的。

2. 雨雪源类

华北、东北、西北地区的河流,每年有两次汛期,年流量过程线呈双峰形。图 2-13 是黄河花园口站流量过程线,三四月间由于融雪形成春汛,水量虽然不大,但下游常出现冰塞,对沿河桥梁和水工建筑物威胁很大。春汛以后有一段枯水期,入夏以后随着降雨的增多,在六至九月间形成夏汛或秋汛。

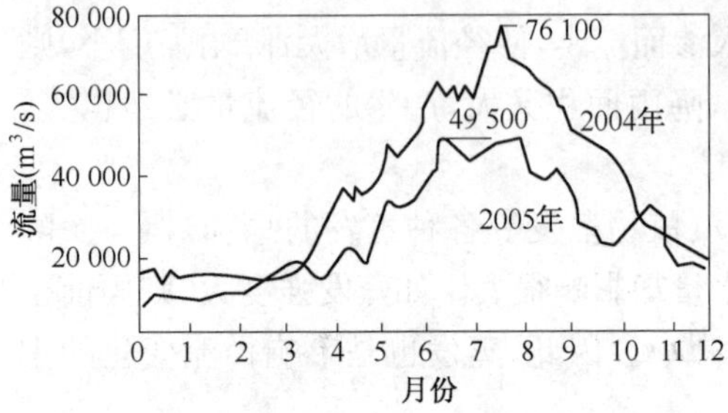

图 2-12　雨源类河流的流量过程线

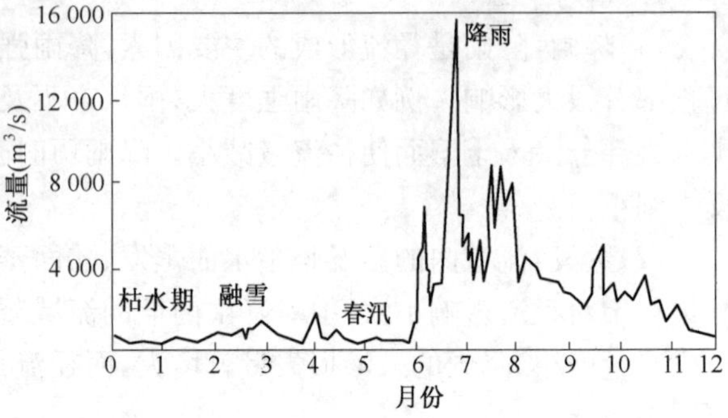

图 2-13　雨雪源河流的流量过程线

3. 冰雪源类

西北地区新疆、青海等地的河流，水量补给以融雪和冰川融水为主。每年四五月间气温上升，河水开始上涨，六七月间达到最高峰，以后气温下降，河水也随着退落。年流量过程线呈单峰形，如图 2-14 所示。此外，有的地区如天山北部，夏季降雨可达 50～350 mm，也能补给一部分水量，但仍以融冰雪为主。

我国幅员辽阔，江河众多，各地区的自然条件相差很大，因而各地区的河流也具有不同特性。秦岭以北的河流水量适中，但年内分布不均匀，随季节的变化很大，夏季水量充沛，冬季水量较少，有冰期，输沙量较大，上游冲刷，下游淤积。秦岭、淮河以南的河流，水量充沛，支流众多，常年不冻，表土冲刷较轻，泥沙较少。西南横断山脉地区的河流，发源于青藏高原，奔流于山岭峡谷之间，水量大，水流急，经冬不冻。北部和西北部的内流河，一般在高山融冰雪季节水量较大，而平时往往干涸无水。

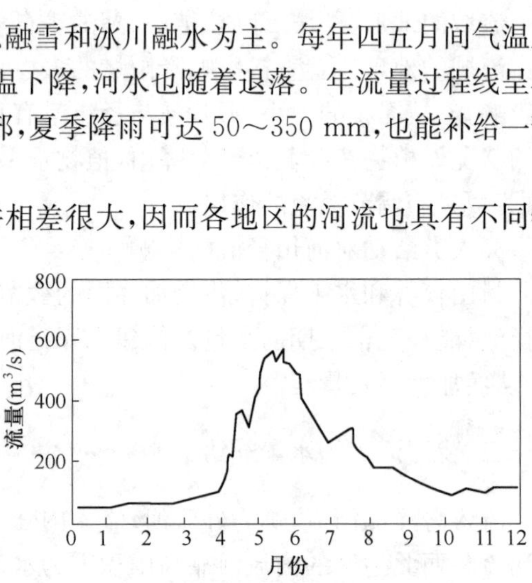

图 2-14　冰雪源河流的流量过程线

第三节　河 道 水 流

河流是由水、泥沙及河床边界共同组成的系统，三者相互制约，并受外部各种因素和人类活动的影响。

一、河道水流的运动结构

1. 层流和紊流

水力学中，将液流运动区划为紊流与层流两种形态，层流流层与紊流流层互相影响。

当我们仔细观测水流中某一点的水流运动时，可以发现，在一定方向上，流速是随时间而变化的；在不同方向上，流速也是不同的。任何一个水质点的运动轨迹均十分紊乱，随时随地均在变化着，但整体上看，水流还是稳定地流向出口。这一现象就称为水流的紊动现象。具有紊动现象的水流称为紊流。河流，即使是中小河流，不管在丰水还是枯水季节，其流态一般都为紊流。但是，河流和管流一样，在中等雷诺数情况下，在其平滑或粗糙的边界面上，总有一层流薄层依附于其上。在无扰动情况下，其流态是层流流态，虽然这个层流薄层厚度数量级只有零点几毫米，但它对河流水流和泥沙运动的影响却是巨大的，因为层流薄层并不总是稳定的，而不稳定的扰动将转化为大尺度紊动。这大尺度紊动不仅是河流泥沙运动的能源，而且还规定了河流泥沙运动的许多特点。

2. 主流和副流

主流（也称元生流）是河道水流中的主体部分，它的流向与河道纵向比降总的倾斜趋势相一致，这决定于河谷的地貌和地质条件。

副流（又称次生流）是在主流所决定的河道水流的总形势下，由纵比降以外的其他因素所促成，它可以与主流脱离，在一个区域内呈循环式的封闭流动，又称为旋涡流；与正流或其他副流结合在一起，呈螺旋式的非封闭式的复归性流动，称为环流或螺旋流，是造成横向输沙的主要原因。

副流的存在是河床冲淤变形的直接原因，对于河床中建筑物（桥梁、堤坝、涵闸等）引起的各种副流，必须密切注意。

（1）立轴副流（回流）

在桥台前缘、丁坝头部或河槽宽度突变的局部范围内，存在着与主流分离的回流（漩涡），如图 2-15 所示，水流在桥台、坝头等处绕障，产生边界层分离，在分离点靠近边界一侧不断地生成高速旋转的立轴旋涡，旋涡不停地向下游传播和扩展，形成下游回流区，在桥台前缘、丁坝头部等分离点附近形成很深的冲刷坑，旋涡把这里的床面泥沙挟带到下游回流区内沉积下来。

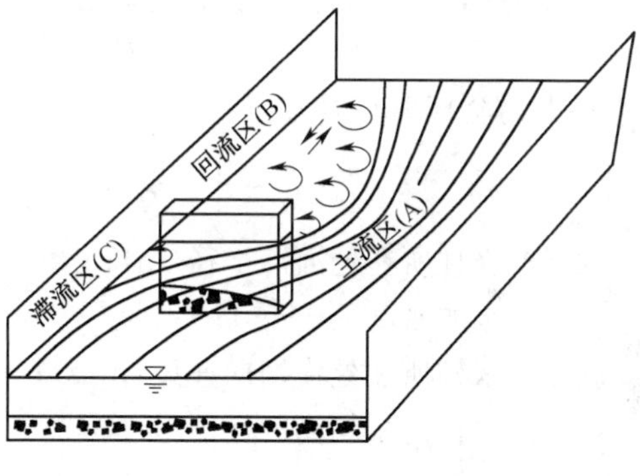

图 2-15　丁坝坝头或桥台附近的立轴副流

（2）平轴副流（滚流）

小桥、涵洞出口河槽中，流出的急流与天然状态的缓流衔接处出现水跃，其表面滚流部分就是平轴副流（图 2-16）；出口河槽铺砌末端的垂裙下游，出现底滚而引起垂裙冲刷，导致小桥涵水毁。底滚也是平轴副流。

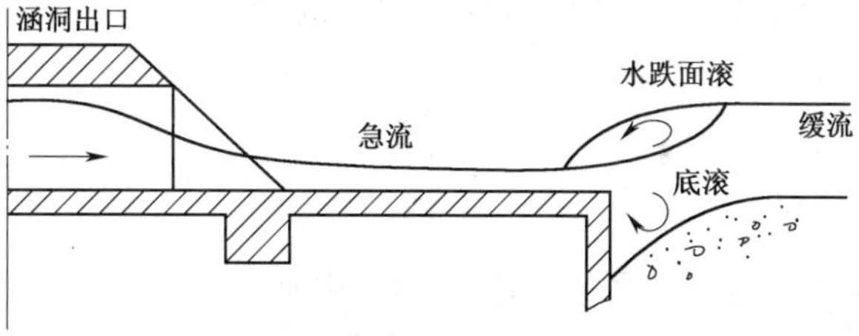

图 2-16　涵洞出口的平轴副流（立面图）

（3）顺轴副流（螺旋流）

当水流螺旋形向前运动且旋转轴方向与主流流向一致时，称为顺轴副流，又称螺旋流或环流。在弯道河流及流量急剧变化的河道中，螺旋流十分明显。

①河湾螺旋流

通过弯道的水流在重力和离心力的共同作用下，面流流向凹岸，底流流向凸岸，形成向前流动的螺旋流，水面出现横向比降，如图 2-17 所示。致使凹岸冲刷，凸岸淤积；河湾不断发展，凹岸冲刷最深出现在弯道出口断面附近。

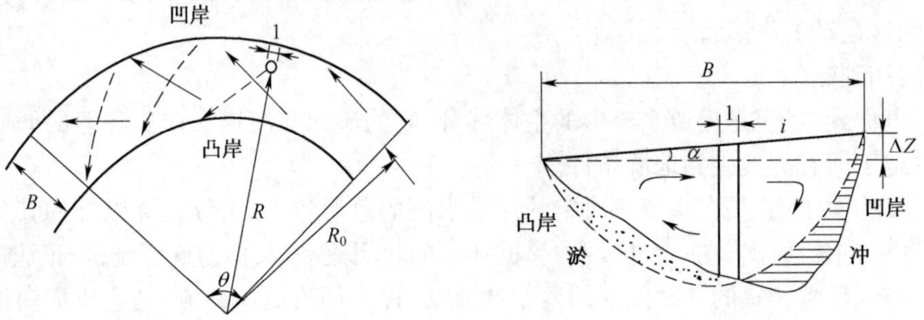

(a) 平面图　　(b) 横断图

图 2-17　弯道顺轴副流

在弯道水流的过水断面上,取一单位面积的水柱,受力情况如图 2-18 所示。P_1 、P_2 为水柱两侧水压力;T 为底部摩擦力;F 为离心力。假设此弯道水流为二元恒定流,故有

$$F + T + P_1 + P_2 = 0 \tag{2-3}$$

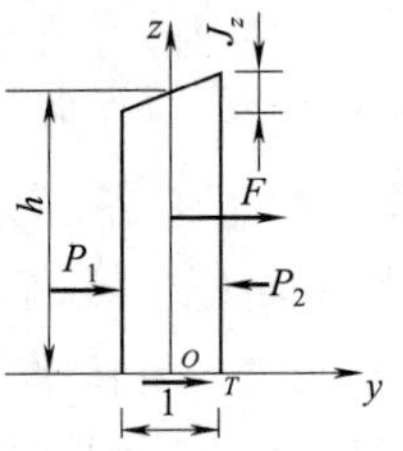

图 2-18　水柱受力示意

水柱上的全部离心力为

$$F = \int_0^h \rho \frac{v^2}{R} \mathrm{d}Z \tag{2-4}$$

式中　R——水柱所在处河湾半径(m);

ρ——水的密度(kg/m^3);

v——水柱所在处作切向速度(m/s);

h——水柱的平均高度(m),即水深。

$$P_1 = \frac{1}{2}\gamma\left(h - \frac{1}{2}J_z\right)^2 \tag{2-5}$$

$$P_2 = \frac{1}{2}\gamma\left(h + \frac{1}{2}J_z\right)^2 \tag{2-6}$$

$$\Delta P = P_2 - P_1 = \rho g h J_z \tag{2-7}$$

由于水柱底面积为单位面积,故摩擦力较小,可忽略不计。

设延垂线的流速分布系数 α 为

$$\alpha = \frac{\frac{1}{h}\int_0^h v^2 \mathrm{d}Z}{\overline{v}^2} \tag{2-8}$$

式中　$\overline{v}$——水柱所在垂线的垂线平均流速(m/s),则有

$$F = \frac{\rho \alpha h \overline{v}^2}{R} \tag{2-9}$$

根据弯道水流径向力(水平力)平衡条件有

$$\frac{\rho \alpha h \overline{v}^2}{R} = \rho g h J_z \tag{2-10}$$

所以

$$J_z = \alpha \frac{\overline{v}^2}{gR} \tag{2-11}$$

又 $J_z=\dfrac{dz}{dB}$，其中，J_z 称为水面横向比降。则积分可得水面高程为

$$Z=Z_{\min}+\int_{R_1}^{R_i}\alpha\frac{\overline{v}^2}{gR}dB \tag{2-12}$$

式中　$Z_{\min}$——凸岸水面高程(m)；

R——水柱所在处河湾半径(m)；

R_1，R_i——凸岸河湾半径、所求点曲率半径(m)。

这样凹岸对凸岸超高 ΔZ 的计算公式：

$$\Delta Z=\frac{\alpha\overline{v}^2}{gR}B \tag{2-13}$$

对于 R 较 h 大得多时，流速延垂线的近似均匀分布 $\alpha=1$，河湾超高 ΔZ 近似地按下式计算：

$$\Delta Z=B\frac{v^2}{Rg} \tag{2-14}$$

位于河湾段的桥梁应当计入凹岸冲刷对桥台冲刷的影响和凹岸水面超高对确定桥面高程的影响。

②洪水涨落引起的螺旋流

河道中流量急剧变化而产生的螺旋流如图 2-19 所示，河流涨水时，两岸水位低于断面中间水位，产生向河底聚集的两个环流，此时两岸发生冲刷，中间淤积。当河流退水时形成河底水流向两岸分散的两个环流，此时河底冲刷，两岸淤积。

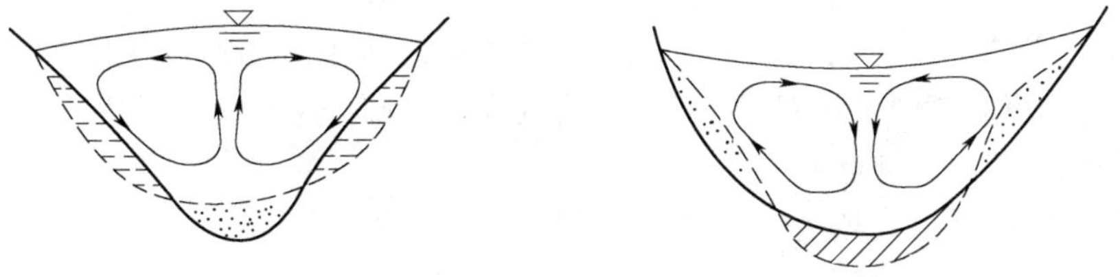

(a) 涨水　　(b) 落水

图 2-19　流量急剧变化引起的顺轴副流

(4)水流与固体周界分离产生的环流(图 2-20)

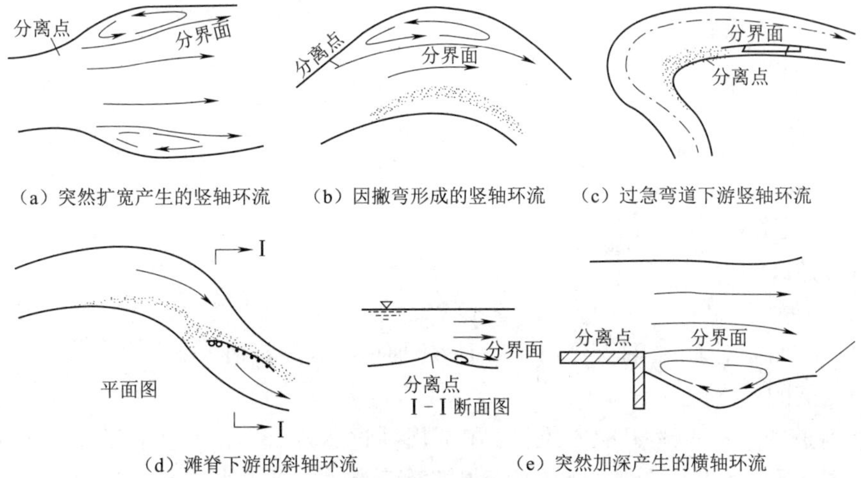

(a) 突然扩宽产生的竖轴环流　(b) 因撇弯形成的竖轴环流　(c) 过急弯道下游竖轴环流

(d) 滩脊下游的斜轴环流　(e) 突然加深产生的横轴环流

图 2-20　水流与固体周界分离产生的环流

二、河道水流的一般特性

河道水流是在河谷地质、地貌与水文条件的作用下而构成它的特性，人为因素也可能给予程度不同的影响。这种基本特性可以概括为以下几点：

1. 河道水流为二相流

河流是河道和水流两部分相互作用下的水流运动。不同的水流条件引起的泥沙运动形成不同的河床形态，河床形态的变化也改变了对水流的阻力，从而又影响到水流的运动。此外，由水流推动的泥沙也可能被掀起而扩散到水流中，在河道上形成水和沙(即液相与固相)相混合的挟沙水流(两相流)。这种混水的运动规律与清水运动不完全相同。

2. 河道水流的非恒定性

水力因素不随时间变化为恒定流，在我国，绝大多数河流的水沙来沙量及沙质均受降水的影响，一年内各季间及各年之间降水量变化是相当大的，它是河道水流不恒定的根本原因。水流塑造了河床，适应于河床，并不断改造着河床；河床改变水流，适应水流，受水流改造。二者相互依存，相互制约，相互促使变化发展。也就是说河道水位、流量、断面、比降等因素常常是随时而变，因此，河道水流具有明显不恒定性。

3. 河道水流的非均匀性

水力因素上下游不变化的水流为均匀流。由于河道的平面形态常常是弯曲蜿蜒的，断面的大小、形状沿程变化，河床纵剖面起伏不平，平均底坡也是沿程变化的，同时河流流量也不恒定，沿程多变，因此，河道水流中没有严格的均匀流存在。但对于一个比较顺直的河段，来水来沙情况基本稳定，河床基本处于不冲不淤的相对平衡状态，沿程过水断面变化不大，水面坡、床面坡能基本平直且相互平行，我们可以近似地视其为均匀流。这样，可将非均匀流的河流分割为近似均匀流河段来进行处理。

研究均匀流用谢才公式和满宁公式计算平均流速。

(1)谢才公式

$$v=C\sqrt{RJ} \tag{2-15}$$

式中 R——水力半径(m)，$R=\omega/x$，其中 ω 为过水断面面积，x 为湿周，即水流与固体边界接触长度；

J——水力坡度；

C——谢才系数。

(2)满宁公式

$$v=\frac{1}{n}R^{\frac{2}{3}}J^{\frac{1}{2}} \tag{2-16}$$

式中 n——粗糙系数，可查表获得。

其余符号意义同上。

河道断面流量：

$$Q=v\omega \tag{2-17}$$

若是复式断面需对河滩河槽分开计算而后相加得到其流量值。

4. 河道水流的三维性

在天然河道中不存在理想的二维流，在不规则过水断面处，河道水流除沿河道的纵向流动外，在横断面上还有横向和垂向的运动，具有三维性，河湾水流是河道中常见的三元流动现象。

5.河道水流水沙不平衡性

由于河道水流具有二相性、不恒定性，若想找到河床上的各个部位基本上保持不冲不淤，没有粗化或细化现象的河道水流的水沙平衡状态，几乎是不可能的。偶尔可能出现短时段的平衡也是很稀有的，河道水流水沙不平衡是绝对的，而相对平衡状态和自我调整趋势是值得我们充分认识和掌控的。

第四节　河道泥沙

天然河床是由大小不同、形状各异的泥沙颗粒组成的。根据泥沙在河槽内运动的状态，分为悬移质和推移质两类。在一定的水力条件下，泥沙处于运动状态，颗粒较细的泥沙被水流中的紊流旋涡带起，悬浮于水中向下游运动，这种泥沙称为悬移质；颗粒稍大的泥沙，则在床面上滚动、滑动或跳跃着间歇性地向下游移动，前进的速度远小于水流的流速，这些泥沙称为推移质。推移质群体的运动形态，呈现为床面上的沙波运动。比推移质颗粒更大的泥沙，则下沉到河床床面静止不动，称为床沙。悬移质、推移质和床沙之间颗粒大小的分界是相对的，是随水流流速大小而变化的。

对于桥梁上下游，因水流急剧变化，引起河床变形和墩台附近的冲刷，起主要作用的是推移质和床沙，颗粒很细的悬移质泥沙，对长河段的河床演变才起主要作用，例如黄河中游黄土高原很细的黄土颗粒，对黄河下游河南、山东河段的河床淤积起决定性作用。

一、泥沙主要特性

1.几何特性

河床泥沙是由大小不同、形状各异的泥沙颗粒组成的集合。泥沙的几何特性一般用泥沙颗粒的直径（粒径）、粒径级配曲线（粒配曲线）、平均粒径（$\overline{d}$）或中值粒径（d_{50}）来表示。

（1）粒径（d）

泥沙颗粒形状极不规则，一般采用与泥沙颗粒同体积的球体直径，即等容直径 d 来表示颗粒的大小，以 m 或 mm 计。

粒径大于 0.05 mm 的泥沙，可用筛析法量测；粒径小于 0.05 mm 的泥沙，则用水析法，即根据泥沙在静水中沉降速度与粒径大小的关系，来确定粒径的大小。对大粒径的圆石，孤石可直接量其长、短轴直径。

（2）平均粒径（$\overline{d}$）和中值粒径（d_{50}）

平均粒径和中值粒径都可以作为沙样的代表粒径。桥梁冲刷计算中多采用平均粒径（$\overline{d}$）。筛分法可得到沙样的各筛径之间的几组泥沙，各组平均粒径为上下两级筛孔的均值，即 $d_i=(d_{大}+d_{小})/2$，每组泥沙的质量（或重量）为 p_i，则该沙样的平均粒径（$\overline{d}$）为

$$\overline{d}=\frac{\sum_{i=1}^{n}d_ip_i}{\sum_{i=1}^{n}p_i} \tag{2-18}$$

中值粒径 d_{50} 表示大于和小于这种粒径的泥沙各占沙样总质量的一半，可从沙样的粒配曲线上查得。

(3)粒径级配曲线(粒配曲线)

粒径级配曲线一般画在半对数坐标纸上,横坐标表示粒径大小,纵坐标表示小于某粒径的颗粒在整个沙样中所占质量百分数(图 2-21)。

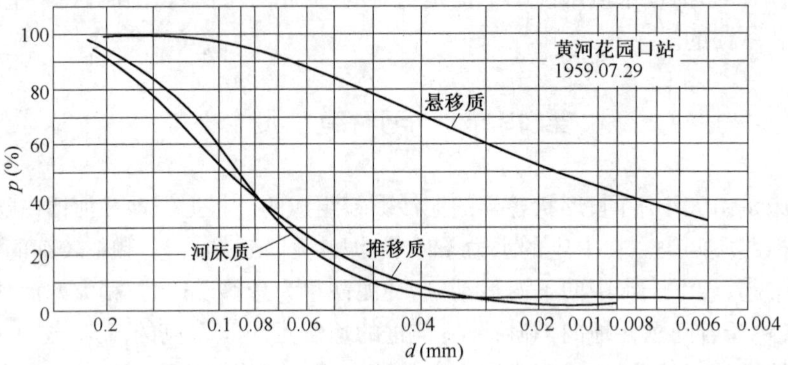

图 2-21 悬移质、推移质、河床质的级配曲线

粒径级配曲线清楚地表明沙样颗粒的大小和均匀程度。图 2-21 表明黄河花园口河段河床质和推移质粒径大小和比例组成情况,其中值粒径 d_{50} 大约为 0.09 mm,而悬移质的 d_{50} 大约为 0.018 mm。

2. 重力特性

泥沙重力特性用泥沙颗粒实体的单位体积的重力来表示,称为容重 γ_s。另外,干容重 γ' 也表示沙样的重力特性,用单位体积的原状土样中颗粒的重力来表示,γ' 越大,泥沙越密实。

3. 水力特性

泥沙水力特性由泥沙颗粒在静止的清水中均匀下沉的速度来表示,称为沉速,符号为 w(cm/s)。它是反映泥沙运动和河床淤积及冲刷可能性的重要参数。

二、泥沙的起动

在水流推动下,床面泥沙颗粒失去平衡,由静止开始运动,称为泥沙的起动。泥沙起动是泥沙运动和河床变形开始的临界状态。此时水流的垂线平均流速(m/s)(或断面平均流速)称为起动流速,一般用 v_0 表示,如图 2-22 所示。

泥沙颗粒的起动,是床面泥沙颗粒受到的驱动力和抗拒力以及这些力产生的力矩失去平衡的结果。泥沙颗粒周围的水流和受力状态如图 2-23 所示。

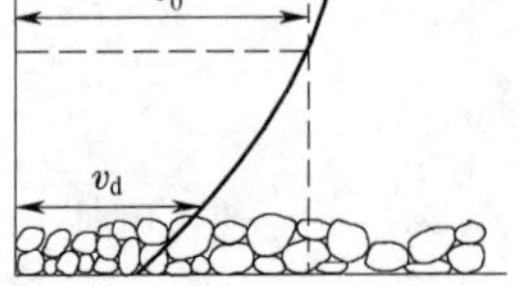

图 2-22 垂线流速分布

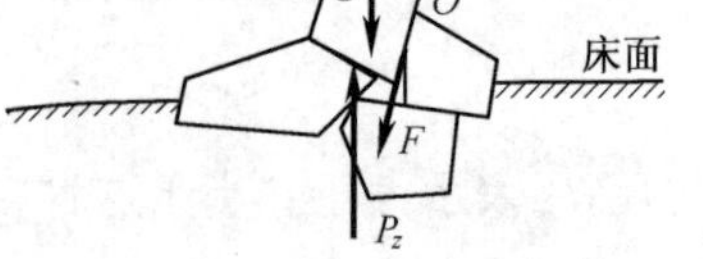

图 2-23 床面泥沙颗粒受力状态

接近床面的水流受到泥沙颗粒的阻挡，在颗粒的迎水面产生向前的冲压力；同时，泥沙附近水流绕流，颗粒上方流速加快，压力减小；颗粒下方水流受阻，压力加大；颗粒背水面，因绕流旋涡的存在，使颗粒表面产生向前的负压力。上述水流作用合成为向前的推移力 P_x 和上举力 P_z，它们驱使泥沙颗粒运动。另一方面，泥沙颗粒还受重力 G 和颗粒摩擦力 F 的作用，对于细颗粒还存在颗粒间的黏结力，这些力形成了抗拒泥沙颗粒运动的阻力。

国内外学者因各自采用的试验数据和对黏性项表达形式不同，根据颗粒受力平衡条件，建立了不同的起动流速公式。

1. 张瑞瑾起动流速公式

张瑞瑾认为细颗粒之间的黏结力主要是因为存在于颗粒之间的薄膜水（吸附水膜）不传递静水压力所引起，黏结力与下列因素有关：①与沙粒间的空隙厚度关系很大，空隙越小，黏结力越大；②与颗粒之间水膜的有效接触面积成正比；③与沙粒所受的铅直下压力成正比。根据泥沙颗粒临界起动条件，用垂线平均流速表示的起动流速公式为

$$v_0=\underbrace{\left(\frac{h}{\bar{d}}\right)^{0.14}}_{\text{流速换算项}}\left(\underbrace{17.6\,\frac{\gamma_s-\gamma}{\gamma}\bar{d}}_{\text{重力项}}+\underbrace{6.05\times10^{-7}\,\frac{10+h}{\bar{d}^{0.72}}}_{\text{黏性项}}\right)^{0.5} \tag{2-19}$$

式中　v_0——起动流速（m/s）；

h——水深（m）；

γ_s——泥沙容重；

γ——水流容重；

$\bar{d}$——平均粒径（m）。

2. 沙玉清公式

沙玉清根据泥沙颗粒起动时，推动力和阻力相等的条件，建立了起动流速公式，对于天然沙公式简化为

$$v_0=\left[\underbrace{0.43d^{0.75}}_{\text{重力项}}+\underbrace{1.1\,\frac{(0.7-\varepsilon)^4}{d}}_{\text{黏性项}}\right]^{0.5}\underbrace{h^{0.2}}_{\text{流速换算项}} \tag{2-20}$$

式中　v_0——起动流速（m/s）；

ε——孔隙率，自然淤积稳定孔隙率为 0.4。

其他符号意义同前，但 d 的单位为 mm。

起动流速公式表达形式虽然不同。但是，公式的构成是类似的。例如式(2-19)和式(2-20)中，括号内的第一项反映重力对起动的抗拒，第二项反映黏结力对起动的抗拒。此外，还有将床面流速或 1 m 深处流速化为垂线平均流速的系数 $(h/d)^{0.14}$ 或 $(h/l)^{0.2}$。

对于大颗粒泥沙以第一项重力作用为主，对于细颗粒则以第二项黏结力为主。当 $d\geqslant$ 2 mm时，黏结力可忽略不计。则式(2-19)简化为

$$v_0=5.39h^{0.14}d^{0.36} \tag{2-21}$$

当水深为 1 m 时，绘制起动流速 v_0 与粒径 d 的关系曲线（图 2-24），两条曲线形状基本相同，在 $d=0.15$ mm 附近，起动流速有个最小值。该值右侧，起动以克服重力为主，起动流速随粒径增大而增大；该值左侧，起动以克服黏结力为主，起动流速随粒径减小而增大。

我国桥梁冲刷计算中，采用张瑞瑾导出的起动流速公式。

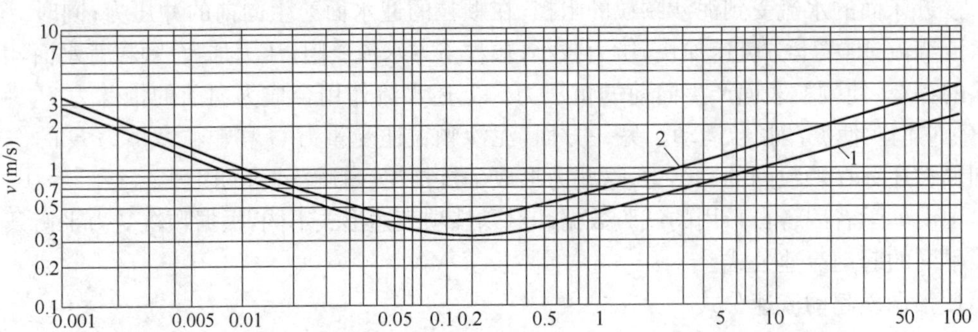

图 2-24　起动流速与粒径 d 的关系曲线

1—张瑞瑾公式(h=1.0 m);2—沙玉清公式(h=1.0 m,ε=0.4)

三、沙波运动

沙质河床的床面泥沙,当水流强度达到一定程度,推移质运动达到一定的规模时,河床表面形成波状起伏的各种形态且不断运动和变化着的泥沙堆积体称为沙波,尺度较小的称为"沙纹",尺度较大的称为"沙垄",其运动和变化对河流水力阻力、输沙能力和河床冲淤演变有重要影响。

沙波运动是推移质集体输移的表现形式。沙波是在水流作用下形成的,与水流强度息息相关,沙波纵剖面如图 2-25 所示。

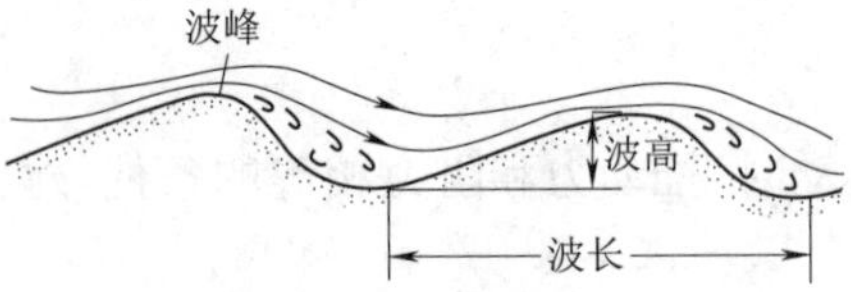

图 2-25　沙波纵剖面示意

沙波迎水面坡度较缓,背水面坡度较陡;沙波表面水流流速分布不均,波峰处流速最大,波谷处流速最小,波峰后水流分离,形成横轴环流。迎水坡面受水流冲刷而逐渐向下游移动,水流越过坡顶后开始扩散,泥沙在背水面淤积。

沙波迎水面冲刷、背水面淤积的综合结果使整个沙波缓缓向下游移动,其推进速度远小于水流速度。

沙质河床随着水流强度的增加,泥沙运动及床面形态要经过静平床、沙纹、沙垄、沙垄消失、动平整、沙浪等几个不同的发展阶段。

在实验室中可以观察到下述情况,如图 2-26 所示。

当弗汝德数 F_r<1.0 时,即缓流状态,流速不大时,泥沙不能被掀起,河底平顺,没有沙波,处于静平床状态;随着流速的加大,可以看到泥沙掀起,少量颗粒在床面某些部位集聚,形成小丘,向前运动,同时增高、加长,最后连接成规则的沙纹,F_r 再加大,沙纹成长为沙垄;沙垄随水流强度增大而成长,在沙槽内形成结构状泥沙堆,例如平原顺直微弯河段河槽内两岸交错分布的边滩。若水流继续增强,则波峰处水流将较多泥沙悬浮起来,成为悬移质。峰顶后的平轴环流区与水流方向所占的空间越来越大。此时卷入环流区的泥沙不一定落淤在沙垄的背水坡上,而会沉积在距沙垄坡脚稍远的地方。并且后者的泥沙数量也越来越多。这些因素将导致沙垄的波长加大,波高减小。沙垄逐渐趋于衰微,终至河床再次恢复平整,称为动平整。

当弗汝德数 $F_r>1.0$ 时，即急流状态，如果 F_r 加大，将由河底水平、水面水平而发展成水面发生立波、河底开始出现起伏的沙浪；F_r 再大，水面仍有立波，但河床发生向上游运动的反向沙浪。

随着水流强度增加，沙波从产生、消失到再产生的全过程，在天然河流中并非一个接一个地依次产生。而往往同时存在着好几种不同的床面形态，并各自经历不同的发展过程，这是由天然河流、水力、泥沙因素的空间分布不均匀性所决定。

推移质输沙率与水流强度却并不是线性相关的变化规律。现有的多数研究成果仅能描述沙波随水流强度增大而增加的变化，很少能全面反映其先增后减的全部变化过程。

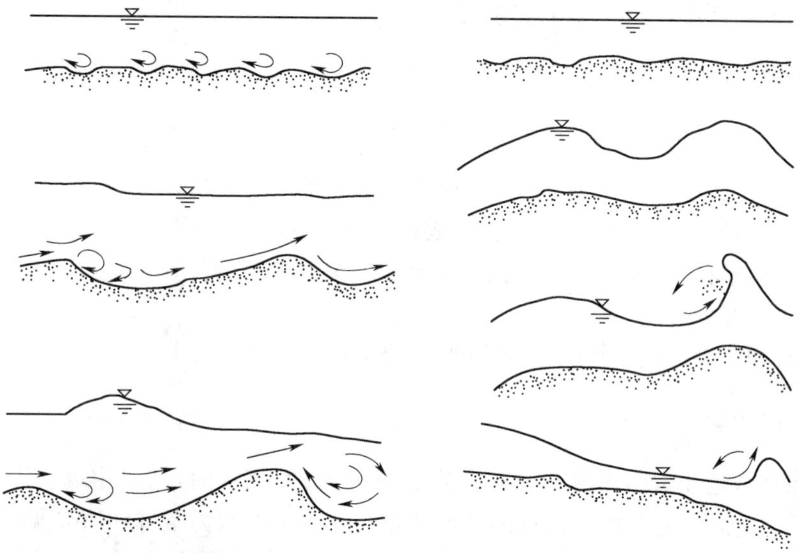

(a) 缓流　　(b) 急流

图 2-26　沙波与流速关系

桥梁墩台处的河床随沙波运动而变化，直接影响墩台的冲刷深度，沙波运动的规模越大，冲刷深度的变幅也越大。桥梁墩台及其他河道建筑物基础的埋置深度，应计入沙波波谷移到建筑附近时床面下降的深度。

四、推移质输沙率

起动流速是推移质运动产生的条件，沙波运动是推移质运动的主要形成，而推移质运动的强烈程度，则用推移质输沙率表示。

推移质输沙率是单位时间内，在河槽单位宽度过水断面上通过的推移质的数量，单位是 kg/s・m。推移质输沙率根据研究途径的不同而有不同的计算方法，我国桥下河槽一般冲刷计算中，采用了以流速为主要参数的推移质输沙率公式。这种方法认为影响推移质输沙率的主要因素是水的流速。流速越大，则推移质输沙率越大。

如图 2-27 所示，水流垂线平均流速为 v，推移质前进速度为 v_s，推移质滑动、滚动或跳跃前进的床面厚度为 h_s，动密实系数是 m_s（也即是床面层中运动着的泥沙体积占整个床面层体积的分数），容量为 γ_s，重力加速度为 g，则推移质输沙率 g_s 为

$$g_s=\gamma_s v_s m_s h_s/g \tag{2-22}$$

实验资料表明,推移质前进速度 v_s 与水流垂线平均流速 v 之间存在如下关系:

$$v_s = A(v - v_0)$$

式中 v_0——起动流速(m/s);

A——系数,由实验资料推求,其值变化于 0.9~1.0 之间。

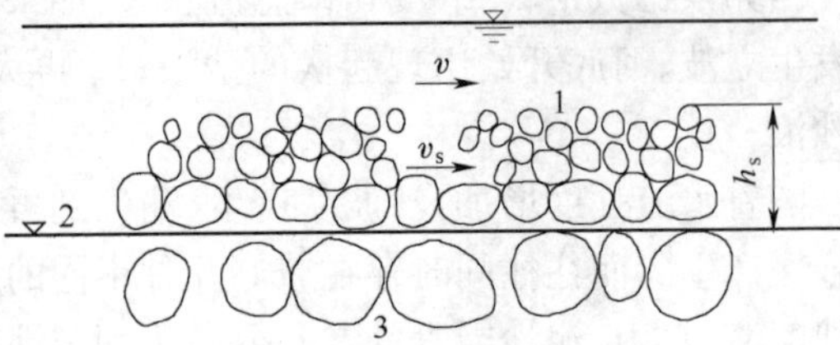

图 2-27 推移质运动示意图

1—推移质;2—床面;3—床沙

在输沙率公式中,推移质厚度 h_s 与泥沙粒径 d 有关,$h_s = Kd$,动密实系数 $m_s = \eta\left(\frac{v}{v_0}\right)^n$,将以上关系代入式(2-22),推移质输沙率公式可写成:

$$g_s = A \cdot K \cdot \eta \cdot \gamma_s \cdot d(v - v_0)\left(\frac{v}{v_0}\right)^n / g \tag{2-23}$$

式中,系数 A、K、η 及指数 n,均可由实验资料推求。很多学者根据实测资料建立了不同的计算公式,但都表明推移质 g_s 与流速 4 次方成正比,表明推移质输沙率对流速十分敏感。因此,大多数推移质集中在流速最大的主流区内,而且几次大洪水的推移质输沙量往往占全年推移质输沙量的很大部分。

桥梁墩台和丁坝等建筑物附近的冲刷,主要与推移质运动有关。

五、水流挟沙能力

天然河流中,运动着的水流总含有一定数量的泥沙,涨水时,河水中因含有泥沙而浑浊。水流夹带泥沙的多少,直接影响河床的冲淤变形。在一定的水力条件和边界条件下,单位体积的水流能够挟带泥沙的最大数量,称为水流的挟沙能力,单位是 kg/m^3。它是一个临界值,包括推移质和悬移质的全部泥沙数量,并且随着水流和边界条件的不同而时刻变化。在平原河流中,水流所夹带的泥沙中悬移质占绝大部分,推移质一般可忽略不计,水流挟沙能力可只考虑悬移质的数量,可近似地用最大含沙量来表示。含沙量(ρ)是单位体积内水流中所含悬移质的数量,单位是 kg/m^3。

国内外研究者根据不同研究资料推导出不同形式的挟沙能力计算公式,武汉水电学院在分析了长江、黄河、永定河、人民胜利渠及青铜峡灌区等河流渠道的资料后,得到垂线平均含沙量 S_{vm} 计算公式如下:

$$S_{vm} = k\left(\frac{v^3}{gh\omega}\right)^m \tag{2-24}$$

式中 v——垂线平均速度;

k,m——系数、指数,可查有关图表获得。

对于任何一河段,若上游的来沙量大于本河段水流挟沙能力,多余的泥沙会沉积下来,使河床发生淤积;若上游的来沙量小于水流挟沙能力,则将由本河段补偿不足的泥沙,因而造成河床冲刷。在冲刷河段内,床沙中的细颗粒泥沙被水流冲走,上游来沙中的粗颗粒泥沙慢慢沉下来,这样,河床表面层的泥沙粒径逐渐增大,形成自然铺砌的现象,称为河床床面的粗化。水库下游、桥梁上下游等冲刷河段的床面都有床面粗化现象。

第五节　河床演变和河相关系

一、河床演变的基本概念

在天然状况下或人类活动的干扰后，河床形态逐渐发生的变化，称为河床演变。水流输沙不平衡是河床演变的根本原因，水流中副流的存在，往往是河床冲淤的直接原因。任一河段或河段的局部河床，如果上游的来沙量恰好与水流挟沙能力相适应，则形成输沙平衡，河床不冲不淤，处于稳定状态；如果上游来沙量小于或大于水流挟沙能力，则形成输沙不平衡，河床将发生冲刷或淤积。河床出现冲刷后，过水断面逐渐增大，同时床面粗化，粗糙程度增加，流速随之减小，水流挟沙能力降低，使冲刷过程减缓，趋向输沙平衡。对于淤积河段也有这种促使变形逐渐减缓而趋于停止的情况，冲积河流的这种现象，称为冲积河流的自动调整作用。自动调整作用促使河床变形趋于停止，使输沙不平衡趋向输沙平衡，由于河段的水流条件和来沙条件总是随时间而不断地变化，同时，河床的冲淤变形又会引起水流和来沙条件的相应变化，因而输沙平衡使河床处于稳定状态，是暂时的、相对的，而输沙不平衡仍是经常的、绝对的。

河床演变从演变形式上看，可分为纵向变形和横向变形两种，而这两者往往是交织在一起进行的。

1. 河床纵向变形

河流纵向输沙不平衡引起河床沿水流方向高程的变化，亦即河流纵断面的变化，称为纵向变形。它可能因来沙量的因时变化和沿程变化，或河流比降、河谷宽度的沿程变化等自然因素所引起，也可能是由于水工建筑构的兴建所引起的。

例如桥梁的修建，会引起桥轴上游河床淤积，桥轴或桥轴下游处发生冲刷。

2. 河床横向变形

河流横向输沙不平衡导致河湾发展，河槽拓宽、分汊、改道、裁弯等河床平面形状的变化，称为横向变形。例如河湾螺旋流使凹岸冲刷而成深槽，凸岸淤积形成沙滩。河湾逐年发展，曲率不断增大，以至河湾相互靠近，河流自然裁弯取直，然后又开始了新的河湾发展过程。

影响河床演变的主要因素有以下几方面：

(1)上游来水条件，即流量的大小和变化。水流为泥沙运动提供动力，水流流量大、流速大，挟沙能力就强，河床变形就大。流量随季节周期变化，河床形态也相应呈现周期变化。

(2)上游来沙条件，即上游来沙量及其粒径组成。上游来沙为泥沙运动提供物质来源，来沙量及其粒径组成、季节变化，对河床变形有直接影响。

(3)河床地质、土质条件、河床比降为河床演变提供了边界条件。上游来水、来沙条件总在不断地变化着，河床演变也是永不停息的。

(4)人类活动修建水利工程、各种防护工程以及流域植被变化等对河床演变的影响是十分显著的。

二、河相关系

水流作用下，床面泥沙能够自由地运动，床面形态随着冲刷和淤积在不断地演变，这种河床称为冲积河床。例如天然条件下平原区细颗粒床沙构成的河床，可视为冲积河床。冲积河床在水沙长期相互作用下，逐渐形成与所在具体条件相适应的某种均衡状态。这种河床均衡形态的几何因素(河宽 B、平均水深 h、比降 i、弯道半径 R 等)与来水、来沙条件(Q、d 等)存在着某种近似的函数关系,这种关系称为河相关系,又称均衡关系。显然,来水来沙总是处于变化之中,“均衡”也只是指在一定时间内、一定河段上的平均状况而言。

河床形态是在无数次洪水过程中,水沙相互作用下连续演变的结果。为研究河相关系,人们引用一个与多年连续造床作用相当的某流量作为代表流量,称为造床流量。造床流量应是一个较大流量值,对河床形态的塑造作用最大。桥梁工程中,常取平滩水位时的河槽流量作为造床流量。对于河滩河槽难以划分的变迁性、游荡性河段,可用多年年最大流量的平均值作为造床流量。

存在两种河相关系,一种是相应于某一特征流量(如前述造床流量)对于某一断面,只能确定唯一的河宽、水深及比降。这样的河相关系,适用于一个河段的不同断面,同一河流的不同河段,甚至不同河流。它只涉及断面的宏观形态,而不涉及其细节,这种河相关系称为沿程河相关系。另一种是同一断面相应于不同流量的河相关系,它能确定断面形态随流量变化的细节,一般称为断面河相关系。通常所说的河相关系,常指沿程河相关系,在用沿程河相关系确定断面的总体轮廓之后,再用断面河相关系确定其变化细节。

既然河相关系所描述的是与来水来沙条件及河床地质条件相适应的均衡形态,它就应该是冲积河流水力计算和河道整治的依据。正因为如此,河相关系是河床演变研究的重要课题之一,研究解决这一问题具有重大的理论和实际意义。

我国公路桥孔长度的确定和桥墩冲刷计算,都应用了河相关系式,河相关系式的研究基本上属经验性质的。

1. 基本河宽公式

根据我国西北、内蒙古、东北、华北等地滩槽难分的变迁性河段和游荡性河段的现场资料,分析得到基本河宽 B_0 和造床流量 Q、床沙粒径 d 之间的关系为

$$B_0=16.07\frac{Q^{0.24}}{d^{0.30}} \tag{2-25}$$

上式是拟定滩槽难分的变迁性、游荡性河段桥孔长度的主要依据。

2. 河槽宽度和水深的关系

$$\eta=\frac{\sqrt{B}}{H} \tag{2-26}$$

式中 B——平滩水位(造床流量)时的河槽宽度(m);

H——平滩水位(造床流量)时的河槽平均水深(m);

η——断面河相系数。

η 值愈大,河槽愈宽浅,河槽稳定性愈差,水流的摆动愈大,股流集中产生的冲刷也愈严重。黄河在河南境内 $\eta=19\sim32$;长江在湖北境内 $\eta=2.23\sim4.45$。

复 习 题

1. 影响径流的主要因素是什么?
2. 河道水流有哪些特征?
3. 河床演变的基本原理是什么?
4. 什么是河相关系?什么是造床流量?为什么要研究它?

第三章 水文统计原理

跨越河流、沟渠的桥梁和涵洞，必须能够安全顺畅地通过设计洪水，这是选定桥位、确定桥孔长度、桥面高程和墩台基础冲刷深度的基本要求。确定设计洪水流量是在分析河流长期水文资料的基础上，应用数理统计来完成的。

水文现象特征值(流量、水位等)均可视为随机变量，利用概率论和数理统计的理论和方法，计算各特征值出现的频率，再根据相关规范所规定的容许破坏率或要求达到的安全率来确定合适的设计值，以满足工程规划、设计、施工以及运营期间的需要。

第一节 概率统计基本概念

水文现象具有随机性，实践表明，随机事件具有一定的规律性，这种规律性只能利用大量同类的随机事件统计而得，称为统计规律，概率论与数理统计正是研究这种统计规律的数学工具。统计规律只能说明大量随机事件的平均情况，例如长期观测河流的年最大流量，便会发现年最大流量的多年平均值趋于稳定，接近某一定值，这就是年最大流量的统计规律，据此可以预估该河流今后每年最大洪峰流量的平均情况，预估的精确程度与观测统计资料有直接关系，观测统计资料越准确、越多，精确程度就越高。必须强调的是：光靠数理统计法是不可能解决复杂的水文问题的，它必须与成因分析法和地理综合法密切结合起来才能有更好的效果。

一、事　件

事件是指随机试验的结果。它可分为三类：

1. 必然事件

在一定条件下，必然发生的结果，称为必然事件。如河流每年汛期都必然会出现一次最大的洪峰流量，年年如此，这就是一种必然性的现象，称为必然事件。

2. 不可能事件

在一定条件下，必然不发生的试验结果，称为不可能事件。如在流域内下了一场暴雨后，河水流量增加，而水位、流速不变化，这是不可能的。

3. 随机事件

在一定条件下，某种事件可能发生也可能不发生，这种事件就称为随机事件，如长江每年都发生洪水，这一事件是必然事件，而年最大洪峰流量数值是多大，这一事件却是具有偶然性的，是随机事件。

二、概率与频率

表示某随机事件发生可能性大小的数值称为概率。对简单随机事件，其概率可用古典概率公式计算：

$$p(A)=\frac{m}{n}\times 100\% \tag{3-1}$$

式中 $p(A)$——一定条件下,随机事件 A 发生的概率;

n——试验结果的总数;

m——随机事件 A 出现的总数。

概率又分为事先概率和经验概率。

1.事先概率

对于抛掷一枚硬币的试验,其可能的结果只有两个,即出现“正面向上”或“反面向上”,出现其中任何一种结果的可能性是相等的,其概率为 1/2。这种概率事先可以计算出来,称为事先概率。

再例如,在一个口袋里有同样大小、质量相同的白球 4 个,红球 6 个,若问从袋中任意摸出一个白球的概率是多少?这也是事先概率问题,其概率为 2/5。

2.经验概率——频率

概率事先无法计算出来,只能通过多次试验来求得其概率的称为经验概率,经验概率也称频率。水文现象中如某大小的洪峰流量的发生率,其概率事先是无法知道的,我们只能借助于已有实测资料,应用数理统计方法来估得它的频率。

频率与概率不同,概率是随机事件在客观上出现的可能程度,是事件固有的客观性质,不随人们试验的情况和次数而变动,是一个常数,是理论值;频率是利用有限的试验结果推算而得的,是一个经验值,将随试验次数的多少而变动,只有试验次数达到无限多时,才稳定在一个常数并等于理论值——概率。这也可从掷硬币试验中得到证明,表 3-1 是掷硬币的试验记录。

表 3-1 浦丰和皮尔逊的掷币试验

试验者	投币次数 n	出现正面次数 m	频 率
浦丰(Buffon)	4 040	2 048	0.508 0
皮尔逊(K. Pearson)	12 000	6 019	0.501 6
	24 000	12 012	0.500 5

由表 3-1 中可见,试验次数 n 愈大,其频率也愈接近概率值 0.5。

水文现象中的流量是极复杂的随机事件,无法定出它的事先概率,人们只能借助观测到的资料计算其频率作为概率的近似值,因此,搜集的观测资料越多,计算结果越准确。

三、累积频率与重现期

1.累积频率

频率只能预示某单个水文现象出现的可能性,在桥渡设计中,设计流量的选取是以大于或等于某设计频率流量为度量的。分析这种大于及等于某值的频率问题就是累积频率的计算问题,工程应用简称为频率计算,以百分数(%)或以多少分之一表示。

累积频率等于等量和超量值的累计频数 $m(x\geqslant x_i)$ 与总观测次数 n 之比,由此有

$$p(x\geqslant x_i)=\frac{m}{n}\times 100\% \tag{3-2}$$

式中 m——等于或大于某量值出现的次数(即累积出现次数);

n——总观测次数。

在水文分析中，通常提到的某洪水频率均指累积频率。

2. 重现期

累积频率这一名词比较抽象，工程界常用重现期来代替它，同样用来表示水文现象发生的可能性大小。

重现期是指很长时期内某事件平均多少年出现一次，可用下列公式表达：

当频率 $p \leqslant 50\%$时：

$$\text{重现期 } T=\frac{1}{p} \tag{3-3}$$

当频率 $p>50\%$时：

$$\text{重现期 } T=\frac{1}{1-p} \tag{3-4}$$

例如，有两个量级的水流，频率分别是 $p=1\%$，$p=99\%$，据式(3-3)和式(3-4)计算，两者重现期均是 100 年，前者是百年一遇的大洪水，因为其流量量级较大，所以大于它的流量较少，累积频率就小；而后者是百年一遇的枯水，其流量量级较小，所以大于它的流量较多，累积频率就大，而大流量的洪水和小流量的枯水都较少出现，所以其频率不同但重现期相同，这说明了累积频率与重现期数值及含义上的联系。

重现期是指很长时期内的平均情况。这里指的百年一遇或重现期为一百年，是指在很长时间年段里，该量级的水流平均一百年出现一次。但绝不是指每一百年必然出现一次、或只出现一次。例如在四百年中，头两百年一次也没出现，在第三百年中出现了 4 次，第四百年中也不出现。

四、概率定理

1. 概率相加公式

A、B 是两随机事件，由事件 A 与事件 B 至少有一个发生而构成的事件称为事件 A 与 B 之和，记作 $A+B$，其概率记作 $p(A+B)$，当 A、B 为互斥事件时，即事件 A、B 不能同时出现时：

$$p(A+B)=p(A)+p(B) \tag{3-5}$$

当 A、B 为相容事件时，则

$$p(A+B)=p(A)+p(B)-p(AB) \tag{3-6}$$

2. 概率乘法公式——条件概率

当一个事件的出现不影响其他事件的出现，同时其他事件的出现也不影响本事件的出现时，则它们被称为独立事件，或称互相独立。对于两独立事件同时发生的概率为

$$p(AB)=p(A)p(B) \tag{3-7}$$

对于不独立事件，同时发生的概率为

$$p(AB)=p(A)p(B/A) \tag{3-8}$$

或

$$p(AB)=p(B)p(A/B) \tag{3-9}$$

式中，$p(B/A)$或 $p(A/B)$为事件 B(或 A)在事件 A(或 B)已发生的情况下的概率，简称为 B(或 A)的条件概率。

【例 3-1】 某镇位于甲河与乙河汇合处。任一河发生大于某一定值流量时，该镇均可能被淹。若甲河泛滥的概率为 0.1，乙河泛滥的概率为 0.2，又有甲河泛滥时，乙河泛滥的概率为

0.3。求①该地的被淹概率;②乙河泛滥时,甲河泛滥的概率。

【解】 $p(A+B)=p(A)+p(B)-p(AB)$

$$=p(A)+p(B)-p(B/A)p(A)=0.1+0.2-0.3\times0.1=0.27$$

又因 $$p(AB)=p(A)p(B/A)=p(B)p(A/B)$$

所以 $$p(A/B)=\frac{p(B/A)p(A)}{p(B)}=\frac{0.3\times0.1}{0.2}=0.15$$

3.二项概率公式

将独立事件进行众多次重复试验,每次试验中只有“发生”与“不发生”两种结果。若令事件 A 发生的概率为 p,则其不发生的概率为 $1-p$。

在 n 次试验中,事件 A 发生 m 次而在其余的 $n-m$ 次试验中不发生的概率应该为 $p^m(1-p)^{n-m}$。因为只考虑事件 A 在 n 次试验中出现 m 次,而不论在哪 m 次出现,所以按组合计算法可知应有 $\frac{n!}{m!\,(n-m)!}$ 或 C_n^m 种组合。由此可得到在 n 次试验中事件 A 发生 m 次的概率为

$$B(m)=C_n^m p^m(1-p)^{n-m} \tag{3-10}$$

由于 $C_n^m p^m(1-p)^{n-m}(m=0,1,2,\cdots,n)$ 恰好是 $[(1-p)+p]^n$ 按二项公式展开式的各项,所以上述公式称为二项概率公式。

如果要问 n 次重复试验后至少有 m 次发生的概率(也就是发生 $m,m+1,\cdots$,或 n 次都可),则应用概率相加公式得所求概率 p 为

$$p=C_n^m p^m(1-p)^{n-m}+C_n^{m+1}p^{m+1}(1-p)^{n-m-1}+\cdots+C_n^{n-1}p^{n-1}(1-p)+p^n$$

$$=\sum_{r=m}^{n}C_n^r p^r(1-p)^{n-r}=1-\sum_{r=0}^{m-1}C_n^r p^r(1-p)^{n-r} \tag{3-11}$$

【例 3-2】 200 年一遇的特大洪水,在 100 年中恰好出现 2 次的概率是多少?

【解】 依据式(3-10)所求为:

$$p=C_{100}^2\left(\frac{1}{200}\right)^2\left(1-\frac{1}{200}\right)^{100-2}=4\,950\times2.5\times10^{-5}\times0.62=7.67\%$$

五、失事概率

水工结构物在与洪水无关的使用年限内(如某矿山专用线,因矿藏量预计可开采 30 年,专用线使用期为 $N=30$),遇到超过设计流量而造成水害的可能性,称为失事率。

失事率的估算可以这样进行:若某桥设计流量为 Q_p,下角 p 表示每年出现超过(包括等于)Q_p 的概率。则每年出现不超过 Q_p 的概率为 $1-p$。河道每年出现什么量值的洪水,对其他年份洪水的出现没有影响,互相独立,因此,在 n 年中连续出现不超过 Q_p 的概率为:$(1-p)^n$。其互补事件为在 n 年内出现超过 Q_p 的概率 U,故有

$$U=1-(1-p)^n \tag{3-12}$$

现用重现期表示,设结构使用年限为 N,则

$$U=1-\left(1-\frac{1}{T}\right)^N \tag{3-13}$$

【例 3-3】 某桥的洪水设计频率为 $p=0.01$(即百年一遇),问在该桥使用期 100 年中,遇到大于或等于设计流量洪水的可能性是多少?

【解】 $N=100$,$p=0.01$,则每年出现不超过设计频率流量 Q_p 的概率为 0.99。在 100 年

中连续出现不超过 Q_p 的概率为

$$B(0)=0.99^{100}=0.366=36.6\%$$

则出现大于设计频率流量的可能性为

$$p=1-B(0)=1-0.366=63.4\%$$

这就是说，对于使用期为一百年的水工结构物，其设计频率取 $p=1\%$ 时，其失事概率是比较大的。说明其设计标准并不高。

第二节　随机变量及其概率分布

一、随机变量

随机现象的每次试验结果，可用一数值 x 表示。x 随试验结果不同而有不同的数值，且有对应出现的概率，这种带有随机性的变量 x，称为随机变量。如水文现象中的流量、水位等都是随机变量。随机变量所组成的一列数值，如 $x_1, x_2, \cdots, x_n$，称为随机变量系列 X。

系列的范围可以是有限的，也可以是无限的。水文资料一般都是无限系列。例如某河流的年最大流量值所组成的随机变量系列（年最大流量系列），应该包括该河流过去和未来无限长久年代中所有的每年最大洪峰流量值，这就是一个无限系列。

随机变量可以分为离散型随机变量和连续型随机变量。如果在相邻两个随机变量之间并不存在中间值，如掷硬币，出现不是“正面向上”就是“反面向上”，没有中间情况，这种随机变量称为离散型随机变量。如果随机变量在一个有限区间内可以取得任何值，则称为连续型随机变量。如某河流的流量，可以在零与极限流量之间变化，在此区间内可以取得任何实数值，属连续型随机变量。

二、总体和样本

数理统计中，总体是指统计研究对象全部个体的总和。从总体中抽出一部分随机变量系列，这部分系列称为一个样本。一个总体可以抽取许多样本，样本必须是随机抽取的（不带有主观性），故称为随机样本。总体或样本中随机变量的项数，分别称为总体或样本的容量。

样本是总体的一部分，在一定程度上反映了总体的特征，故可以借助样本具有的规律性来推断总体的规律。推断结果的可靠性是由样本对总体的代表性决定的。水文现象的总体都是无限的，实际上是无法取得的，只能利用已有的实测水文资料（数据）组成有限的随机变量系列，作为无限总体中的一个随机样本，以样本的规律推断总体的规律，来解决工程中的水文计算问题，所以要求使用的水文观测、调查资料，必须具有足够的代表性。

根据样本推断的规律性，不是总体的客观真实情况，与客观存在着一定的误差。这种由抽样而引起的误差，在数理统计中称为抽样误差。

三、随机变量的频率分布

随机变量系列中，每个大小不同的随机变量，都对应着一定的出现频率。这种随机变量和它出现频率之间的对应关系，称为随机变量的频率分布。常用频率分布函数 $F(x)$ 和频率密度函数 $f(x)$ 来描述随机变量与其对应频率之间的统计分布规律。

为了说明随机变量的频率分布规律，现以某水文站多年的年最大流量实测资料为例进行分析,见表 3-2。

为了反映系列中随机变量大小的连续性,按其数值由大到小排列,等间距分为若干组,组距 Δx 取 100(m^3/s)。区间频率 Δp 是各组出现次数与总次数的比值,表示每组所在区间的流量值出现的可能程度;$\Delta p/\Delta x$ 为频率密度,是某一组距的频率在组距 Δx 内的平均值,累积频率 p 是各组累积出现次数与总次数的比值,表示等于和大于该组所在区间的流量值出现的可能程度,均以百分数计。

表 3-2 某水文站多年最大流量实测资料表

流量(m^3/s)($\Delta x=100$)	出现次数(年)	频率 Δp(%)	频率密度$\frac{\Delta p}{\Delta x}$(%)	累积出现次数(年)	累积频率 p(%)
1 400~1 300	1	1.3	0.013	1	1.3
1 300~1 200	1	1.3	0.013	2	2.6
1 200~1 100	2	2.7	0.027	4	5.3
1 100~1 000	3	4.0	0.040	7	9.3
1 000~900	5	6.7	0.067	12	16.0
900~800	8	10.7	0.107	20	26.7
800~700	14	18.6	0.186	34	45.3
700~600	20	26.7	0.267	54	72.0
600~500	11	14.7	0.147	65	86.7
500~400	6	8.0	0.080	71	94.7
400~300	3	4.0	0.040	74	98.7
300~200	1	1.3	0.013	75	100.0
总 计	75	100.0			

注:各组区间均不包括其上限数值。

根据表 3-2 的计算结果,以流量(x)为横坐标,频率密度 $\Delta p/\Delta x$ 为纵坐标,绘成频率密度直方图,如图 3-1 所示。频率密度直方图表示各组随机变量频率的平均分布,图中各矩形面积表示各组距间的频率,且各长方形面积之和为 1。

若流量资料的实测次数(年数)趋于无穷大,组距趋于无穷小,则图 3-1 将形成一条中间高两侧低的偏斜铃形曲线,如图中虚线所示,称为频率密度曲线;即当 $\Delta x \to 0$ 时,$\lim\limits_{\Delta x \to 0} \frac{\Delta p}{\Delta x} = f(x)$,$f(x)$即为密度曲线的函数,称为频率密度函数(表示点 x 处的频率密度)。

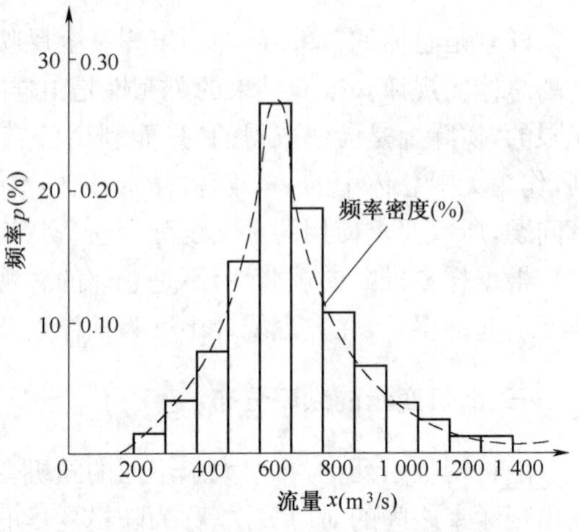

图 3-1 流量与频率关系的直方图

图 3-1 中的密度曲线显示出年最大流量的统计规律,即特别大的和特别小的流量出现次数都很少,接近平均值的流量出现次数较多;而且经验证明,绝大多数的水文资料系列,都具有这样的规律性。因此,密度曲线和密度函数可以描述连续型随机变量的统计规律。

若以流量(x)为纵坐标,累积频率为横坐标,则可绘出流量与累积频率关系的阶梯形折线图(图 3-2),表示年最大流量的累积频率分布。流量的实测次数趋于无穷大,组距趋于无穷小时,图 3-2 将形成一条中间平缓两侧陡峭的横置 S 形曲线,如图中虚线所示,称为频率分布曲线(简称为分布曲线);若令 $F(x)$ 为分布曲线的函数,称为频率分布函数,由累积频率的定义可知 $F(x)=p(x\geqslant x_p)=\int_{x_p}^{\infty}f(x)\mathrm{d}x$,所以分布函数可由密度函数积分而得。图 3-2 中的分布曲线同样显示出年最大流量的统计规律,因而频率分布曲线和频率分布函数也可以描述连续型随机变量的统计规律。

频率分布曲线与频率密度曲线的关系如图 3-3 所示,图中阴影部分的面积就是随机变量 x_p 所对应的累积频率 $p(x\geqslant x_p)$,其与频率密度函数的关系表达为

$$p(x\geqslant x_p)=F(x_p)=\int_{x_p}^{\infty}f(x)\mathrm{d}x \tag{3-14}$$

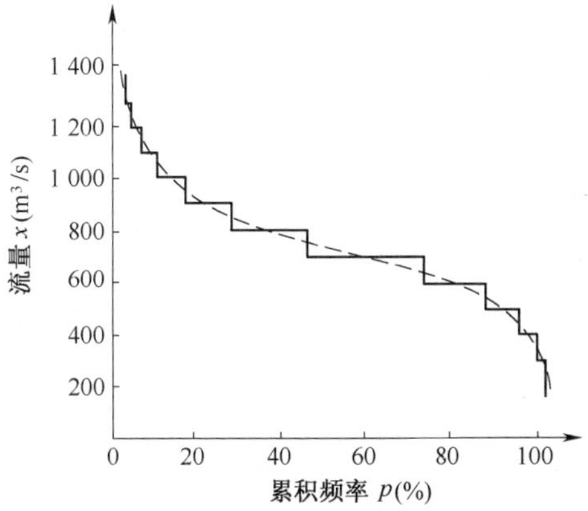

图 3-2 流量与累积频率关系的折线图

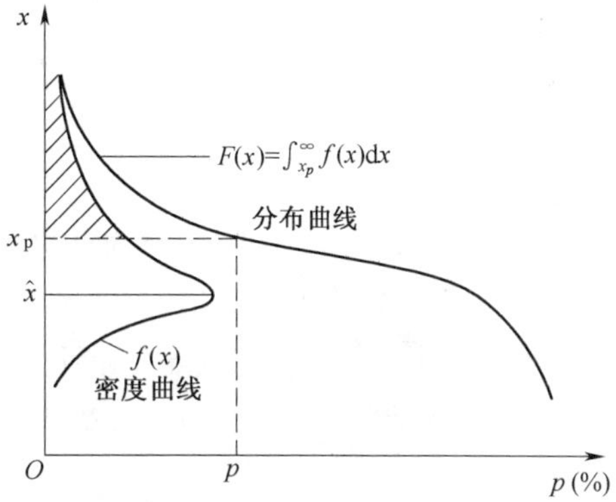

图 3-3 频率密度曲线和频率分布曲线

第三节 统计参数

随机变量系列的频率分布特征和频率密度及频率分布曲线形状,能够用该系列的几个特征值来确定。系列的数值特征值称为该系列的统计参数。

一般水文系列常用的统计参数有:均值 $\bar{x}$、变差系数 C_v、偏差系数 C_s,分别反映频率分布三个方面的特征:

(1)反映系列中随机变量数值大小的特征,大多采用系列中各随机变量的均值 $\bar{x}$ 作为统计参数;也有采用系列的中值或众值作为统计参数的;

(2)反映随机变量系列离均程度,大多采用均方差 σ 或变差系数 C_v 作为统计参数;

(3)反映各随机变量对均值的对称性,一般采用偏差系数 C_s 作为统计参数。

一、均值 $\bar{x}$、中值 $\check{x}$、众值 $\hat{x}$

均值、中值、众值都是代表系列数值大小平均情况的参数值,能反映其频率分布的高低位置特征。

1. 均值 $\bar{x}$

均值是系列中随机变量的算术平均数,以 $\bar{x}$ 表示;但随机变量的取值不是在试验前就能得知的,所以均值又不同于普通的平均数的概念,概率论中也称为数学期望值。

某一随机变量系列 $x_1,x_2,\cdots,x_n$,共有 n 项,其对应的频率分别为 $p_1,p_2,\cdots,p_n$,则该随机系列的均值为

$$\bar{x}=\frac{x_1p_1+x_2p_2+\cdots+x_np_n}{p_1+p_2+\cdots+p_n}=\frac{\sum_{i=1}^{n}x_ip_i}{\sum_{i=1}^{n}p_i} \tag{3-15}$$

因为 $$\sum_{i=1}^{n}p_i=1$$

所以 $$\bar{x}=\sum_{i=1}^{n}x_ip_i$$

若其中各变量的出现机会相同,即各变量占有同等比重(即等权)时:

$$\bar{x}=\frac{x_1+x_2+\cdots+x_n}{n}=\frac{1}{n}\sum_{i=1}^{n}x_i \tag{3-16}$$

对于连续型随机变量系列,均值则为

$$\bar{x}=\int_{-\infty}^{+\infty}xf(x)\mathrm{d}x \tag{3-17}$$

均值是系列中所有随机变量的平均数,与每个变量都有直接关系,是各个变量的共同代表,它反映了系列在数值上的大小(系列水平的高低),可作为不同系列间随机变量数值大小(水平高低)的比较标准。例如平均流量 $\bar{Q}$,能反映某河流的年最大流量偏大或偏小,可用以比较两条河流的流量大小或水量多少。因而在水文分析中,均值是描述水文现象特性的参数之一。

2. 中值 $\check{x}$

系列中的随机变量为等权时,按大小递减次序排列,位置居于正中间的那个变量,称为中值,以 $\check{x}$ 表示。中值仅与变量的位置(或项数)有关,而与其他各变量的数值无关,也称为中位数。系列中变量的项数为偶数时,则中值等于中间两项变量的平均数。例如系列:20,40,10,8,2 中,中值是 10,又如系列 20,14,12,10,8,2 中,中值是(10+12)/2=11。

对于连续型随机变量系列,中值的定义则为:系列中大于中值的和小于中值的随机变量、概率相同,各为 50%,即

$$\int_{\check{x}}^{+\infty}f(x)\mathrm{d}x=\int_{-\infty}^{\check{x}}f(x)\mathrm{d}x=\frac{1}{2} \tag{3-18}$$

中值是系列的中间项,中值的大小,能反映系列中间项和密度曲线的位置。

3. 众值 $\hat{x}$

系列中出现次数最多的那个变量,就称为众值,以 $\hat{x}$ 表示。众值与变量的项数以及其他各变量的数值都没有关系。对于连续型随机变量系列,密度函数 $f(x)$ 为极大值时的 x 值,就是众值。在密度曲线图(图 3-4)中,恰好是曲线峰顶处的横坐标值。众值的大小,能反映系列中最大频率项和密度曲线的位置。

4. 均值、中值、众值的位置关系

均值、中值、众值在密度曲线图中的相对位置,如图 3-4 所示。

曲线为对称形时(峰居中),表示系列的频率分布对称于均值(分布中心),称为正态分布,均值、中值、众值三者的位置重合,曲线不对称时(峰偏离中心),表示其频率分布偏离均值(分布中心)称为偏态分布,三者的位置分离,中值在其他两者的中间,峰偏左时称为正偏态,峰偏右时称为负偏态,均值、中值和众值的大小可以反映密度曲线的位置,而且三者的差值越大表

明曲线越偏，它们反映了频率分布的位置特征，但是，均值、中值和众值只能代表系列的平均情况，当系列中随机变量的取值比较集中（或频率分布比较集中）时，它们对系列的代表性就强，反之系列越分散，它们的代表性就越差，例如年最大流量系列中，若每年的流量值都接近于均值 $\overline{Q}$（对均值比较集中），则均值 $\overline{Q}$ 对该流量系列的代表性就强，若每年的流量值都与 $\overline{Q}$ 相差很远（对均值很分散），则只用一个均值 $\overline{Q}$ 就不足以代表该系列的特征，因此，除了频率分布的位置特征以外，还需要知道频率分布的分散（或集中）程度。

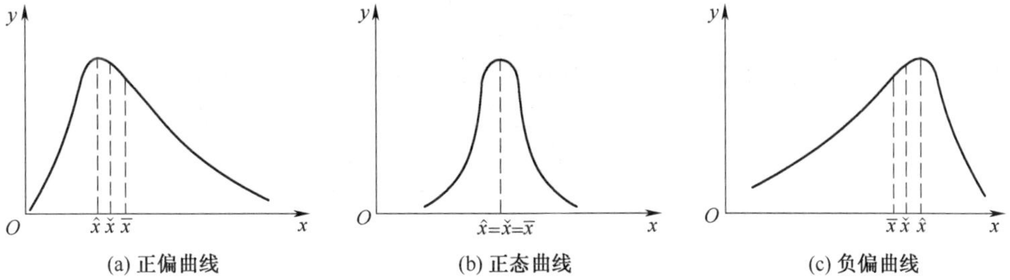

图 3-4　$\hat{x}$、$\check{x}$、$\overline{x}$ 在密度曲线上的位置

二、均方差 σ 和变差系数 C_v

均方差和变差系数都是代表系列离均分布情况的参数，表明系列分布对均值是比较分散还是比较集中，反映频率分布对均值的离散程度，可以进一步说明频率分布的特征。

系列中各变量 x_i 对均值 $\overline{x}$ 的差值 $(x_1-\overline{x})$，$(x_2-\overline{x})$，…，$(x_n-\overline{x})$ 等，称为离差，表示变量间变化幅度的大小。$(x_i-\overline{x})^2$ 即离差的平方，称为方差，方差平均数的平方根称为均方差，以 σ 表示，即

$$\sigma=\sqrt{\frac{\sum_{i=1}^{n}(x_i-\overline{x})^2}{n}} \tag{3-19}$$

式(3-19)仅适用于总体。当利用样本推算总体的均方差时，可按式(3-20)计算。

$$\sigma=\sqrt{\frac{\sum_{i=1}^{n}(x_i-\overline{x})^2}{n-1}} \tag{3-20}$$

σ 反映系列均值相等时，随机变量系列的离散程度。

均方差 σ 的量纲与变量 x_i 相同，σ 值较小时，表示系列的离均差较小，说明变量的变化幅度较小，分布比较集中，即系列的离散程度较小（对均值而言）；σ 值较大时，则说明变量的变化幅度较大，分布比较分散，即离散程度较大，同时，均方差 σ 还可以说明均值对系列的代表性，σ 值越小，均值的代表性越强。

例如，有甲乙两随机变量系列：

甲系列：150，125，100，75，50

乙系列：120，110，100，90，80

甲系列和乙系列的均值相等，$\overline{x}_{甲}=\overline{x}_{乙}=100$，其均方差分别为 $\sigma_{甲}=39.5$、$\sigma_{乙}=15.8$，$\sigma_{甲}$ 大于 $\sigma_{乙}$，说明甲系列的离散程度比乙系列大。

但是，对于均值大小不等的两个系列，由于均值的影响，均方差就不足以说明它们的离散程度大小。在数理统计中，通常采用均方差与均值的比值来反映系列的相对离散程度，称为变

差系数或离差系数，以 C_v 表示，C_v 为无量纲系数，对随机系列的总体其计算式为

$$C_v = \frac{\sigma}{\bar{x}} = \frac{1}{\bar{x}}\sqrt{\frac{\sum_{i=1}^{n}(x_i - \bar{x})^2}{n}} \tag{3-21}$$

利用样本推算总体的变差系数，可按式(3-22)计算。

$$C_v = \frac{\sigma}{\bar{x}} = \frac{1}{\bar{x}}\sqrt{\frac{\sum_{i=1}^{n}(x_i - \bar{x})^2}{n-1}} \tag{3-22}$$

若引入模比系数 K_i，系列中各个变量与均值的比值，对任一变量 x_i 则为

$$K_i = \frac{x_i}{\bar{x}} \tag{3-23}$$

则

$$C_v = \sqrt{\frac{\sum_{i=1}^{n}(K_i - 1)^2}{n-1}} \tag{3-24}$$

C_v 值较小时，表示系列的离散程度较小，即变量间的变化幅度较小，频率分布比较集中，C_v 值较大时，则表示系列的离散程度较大，频率分布比较分散。

对于年最大流量系列，C_v 值的大小反映河流中流量的年际变化幅度(流量的年际分配情况)，C_v 值越大，流量的变幅越大，年际分配越不均匀。我国暴雨径流的 C_v 值趋势，大致是狭长流域比扇形流域为大，小流域比大流域为大，山区河流比平原河流为大，北方河流比南方河流为大。一般情况下，融冰雪洪水的 C_v 值较为稳定，而暴雨洪水的 C_v 值不够稳定。

三、偏差系数 C_s

偏差系数是衡量一个系列在均值两侧对称程度的参数。以 C_s 表示，并可按式(3-25)计算。

$$C_s = \frac{\sum_{i=1}^{n}(x_i - \bar{x})^3}{n\sigma^3} \tag{3-25}$$

利用样本计算，当样本容量 n 较大时，近似采用式(3-26)：

$$C_s = \frac{\sum_{i=1}^{n}(x_i - \bar{x})^3}{(n-3)\sigma^3} \tag{3-26}$$

若引入模比系数 K_i，则

$$C_s = \frac{\sum_{i=1}^{n}(K_i - 1)^3}{(n-3)C_v^3} \tag{3-27}$$

系列中变量的分布对称于均值时，$\sum_{i=1}^{n}(x_i - \bar{x})^3 = 0$，则 $C_s=0$，其频率分布对称于均值，为正态分布，不对称时，则 $C_s \neq 0$，其频率分布偏离均值，为偏态分布。$C_s>0$ 时，为正偏态，表示系列中大于均值的变量比小于均值的变量出现机会少，均值对应的累积频率小于 50%。$C_s<0$ 时，C_s 为负偏态，表示系列中大于均值的变量比小于均值的变量出现机会多，均值对应的累积频率大于 50%。C_s 的绝对值愈大，频率分布偏离均值愈甚，如图 3-5 所示。

对年最大流量系列，C_s 一般不出现负值，多呈正偏态分布，反映了河流中年最大流量对均值的偏离情况，表明大于均值 $\overline{Q}$ 的流量出现机会少，而小于均值 $\overline{Q}$ 的流量出现机会多，平均流量 $\overline{Q}$ 的频率总是小于 50%。

根据上述公式，计算统计参数的方法在数理统计中习惯上称为矩法。

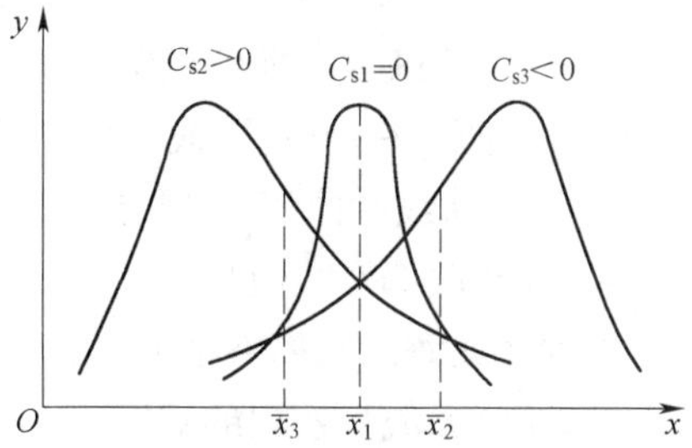

图 3-5　C_s 值变化情况

四、统计参数同密度曲线及频率曲线的关系

统计参数反映了频率分布的特点，同时，也反映了频率密度曲线和频率分布曲线形状的特点。

统计参数 $\overline{x}$、C_v、C_s 与频率密度曲线形状的关系，如图 3-6 所示。均值 $\overline{x}$ 反映密度曲线的位置变化[图 3-6(a)]，若 C_v 及 C_s 值不变，则曲线的形状基本不变，但曲线的位置将随 $\overline{x}$ 的变化而沿 x 轴移动。变差系数 C_v 反映密度曲线的高矮胖瘦情况[图 3-6(b)]，若 $\overline{x}$ 及 C_s 值不变，C_v 值愈大，表示频率分布愈分散，曲线就愈显得矮而胖，C_v 值愈小，表示频率分布愈集中，曲线就愈显得高而瘦；$C_v=0$ 时，将成为一条垂直线(横坐标 $x=\overline{x}$)，而且 C_v 无负值。偏差系数 C_s 反映密度曲线的偏斜程度［图 3-6(c)］，若 $\overline{x}$ 及 C_v 值不变，当 $C_s>0$ 时，曲线的峰偏左(为正偏态)，C_s 值愈大峰愈向左偏；当 $C_s=0$ 时，曲线的峰居中间，两侧对称(为正态)；当 $C_s<0$ 时，曲线的峰偏右(为负偏态)，C_s 值愈小峰愈向右偏(图3-5)。年最大流量系列的 C_s 无负值，密度曲线总是峰偏左而为正偏态。

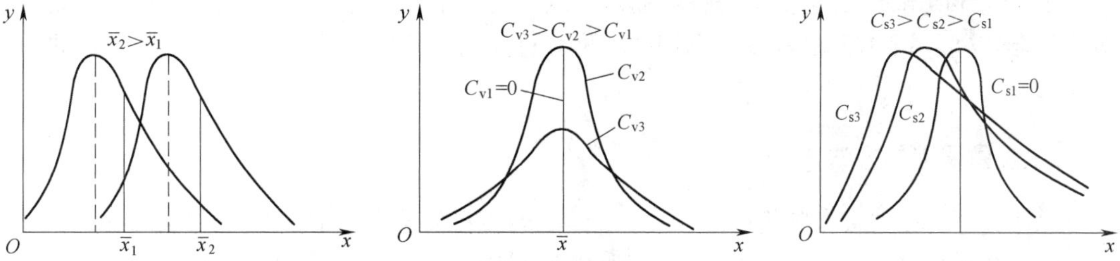

(a) 位置变化　(b) 曲线高低　(c) 曲线偏斜

图 3-6　$\overline{x}$、C_v、C_s 与密度曲线的关系

统计参数 $\overline{x}$、C_v、C_s 与频率分布曲线形状的关系，如图 3-7 所示。

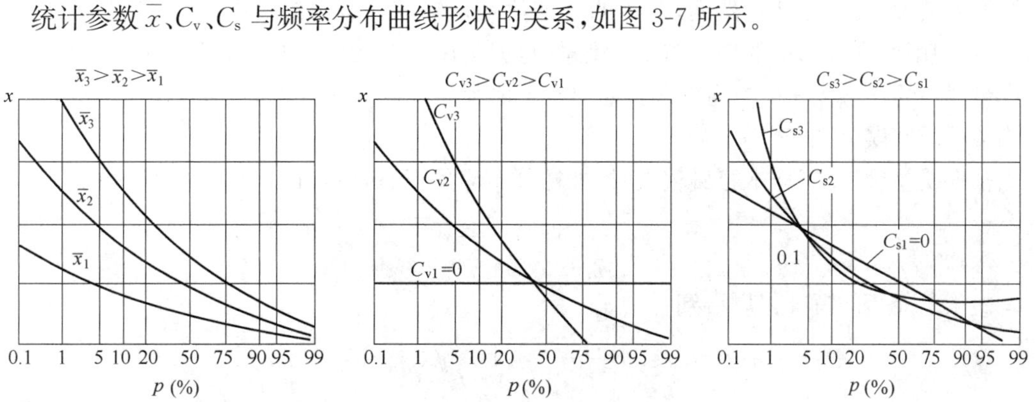

(a) 位置变化　(b) 陡坦变化　(c) 曲率变化

图 3-7　$\overline{x}$、C_v、C_s 与频率曲线的关系

均值 $\bar{x}$ 反映频率曲线的位置高低[图 3-7(a)],若 C_v 及 C_s 值不变,则 $\bar{x}$ 值愈大曲线愈高。变差系数 C_v 反映频率曲线的陡坦程度[图 3-7(b)],若 $\bar{x}$ 及 C_s 值不变,则 C_v 值愈大曲线愈陡;$C_v=0$ 时,将成为一条水平线(纵坐标 $x=\bar{x}$),而且 C_v 无负值,曲线总是左高右低。偏差系数 C_s 反映频率曲线的曲率大小[图 3-7(c)],若 $\bar{x}$ 及 C_v 值不变,则 $C_s>0$ 时,随 C_s 值的增大,曲线头部变陡,尾部变缓而趋平,$C_s>2\sim3$ 时,曲线尾部将趋向于水平线;$C_s=0$ 时,为正态分布,其频率曲线在海森几率格纸上将成为一条直线;$C_s<0$ 时,随 C_s 值的减小,曲线头部趋平而尾部变陡,年最大流量系列的 C_s 无负值,频率曲线总是头部较陡尾部平缓。

根据上述分析,对一个已知系列,可以用它的统计参数来描述频率分布和频率曲线的特征。同理,对一个未知系列,若能求得它的统计参数,就可以利用这些统计参数来确定它的频率分布和频率曲线。水文统计中,就是利用实测水文资料系列(样本)推求近似总体的统计参数,并用以确定总体的频率分布和频率密度曲线。

第四节　抽 样 误 差

一、误差来源

水文统计的误差,主要来源于两个方面:一是水文资料的观测、整编和计算过程中形成的误差,一是利用样本推算总体的参数值而引起的误差即抽样误差。前者将随着科学技术的不断发展,计算方法的改进,以及对资料的认真审查,可使它减小到最低程度;抽样误差是统计方法本身造成的,这种误差总是存在的,只能以增大样本的容量、增强样本的代表性等措施,来逐步减小。

水文统计所寻求的是总体的规律,而水文现象是一个无限总体,无论水文资料的观测年限多么长,终究是一个有限的样本。利用样本推算总体的参数值,计算结果总是存在一定的抽样误差。

二、度量误差的方法

总体包含着无限多个随机样本,每一个样本均可推算得到总体的统计参数 $\bar{x}$、C_v、C_s 值,这些统计参数又各自组成一个随机系列,如若有 n 个样本,则可计算出 n 个 $\bar{x}$($\bar{x}_1,\bar{x}_2,\cdots,\bar{x}_n$)、$n$ 个 C_v、n 个 C_s,它们各自可视为一随机系列,也有其概率分布,称抽样分布,抽样分布愈分散,抽样误差愈大,反之亦然。然而,总体的特征值是未知的,则该样本的抽样误差亦无法确定。因此,我们用抽样分布中的均方差 σ 来度量,也就是说只能在概率的意义上作出某种估计。用来度量误差的均方差 σ 称为均方误。如样本均值系列($\bar{x}_1,\bar{x}_2,\cdots,\bar{x}_n$)的均方差记作 $\sigma_{\bar{x}}$,称为样本均值的均方误。

根据误差理论,当样本容量较大时,抽样分布应呈正态分布,正态曲线的密度函数为

$$y=f(x)=\frac{1}{\sigma\sqrt{2\pi}}e^{-\frac{(x-\bar{x})^2}{2\sigma}} \tag{3-28}$$

由正态分布的特征可以得知:

1.
$$\left.\begin{aligned} P(\bar{x}-\sigma_{\bar{x}}\leqslant\bar{x}_m\leqslant\bar{x}+\sigma_{\bar{x}}) &= \int_{\bar{x}-\sigma_{\bar{x}}}^{\bar{x}+\sigma_{\bar{x}}} f(x)dx = 68.3\% \\ P(\bar{x}-3\sigma_{\bar{x}}\leqslant\bar{x}_m\leqslant\bar{x}+3\sigma_{\bar{x}}) &= \int_{\bar{x}-2\sigma_{\bar{x}}}^{\bar{x}+3\sigma_{\bar{x}}} f(x)dx = 99.7\% \end{aligned}\right\} \tag{3-29}$$

2. 定义机误为 E，由数学推导可得到 $E=0.674\ 5\sigma$，则存在：

$$\left.\begin{aligned}P(\bar{x}-E\leqslant\bar{x}\leqslant\bar{x}+E)=\int_{\bar{x}-E}^{\bar{x}+E}f(x)\mathrm{d}x=50\%\\P(\bar{x}-4E\leqslant\bar{x}\leqslant\bar{x}+4E)=\int_{\bar{x}-4E}^{\bar{x}+4E}f(x)\mathrm{d}x=99.3\%\end{aligned}\right\}\tag{3-30}$$

这就是说，如果抽取一个样本系列，用样本均值 $\bar{x}_{\mathrm{m}}$ 作为总体均值的估计值时，则 $\bar{x}_{\mathrm{m}}$ 落在总体均值左右一倍均方误范围内的可能性为 68.3%，落在总体均值左右 3 倍均方误范围内的可能性为 99.7%，抽样误差出现在 $\pm E$ 范围内的频率为 50%，抽样误差出现在 $\pm 4E$ 范围内的频率为 99.3%。通常称 $\pm\sigma_{\bar{x}}$ 为一般误差范围，$\pm 3\sigma_{\bar{x}}$、$\pm 4E$ 为最大误差范围。

均方误的意义是平均误差。进行水文计算时，频率分析中大多用均方误来估计；机误是或然误差，相关分析中大多用机误来估计。

三、估计误差的公式

当随机变量 x 总体符合皮尔逊Ⅲ型分布时，其样本统计参数，均值 $\bar{x}$、变差系数 C_{v} 和偏差系数 C_{s} 的均方误和相对均方误按下式计算（C_{s} 为 C_{v} 的任意倍数）。

1. 均方误的计算公式

$$\sigma_{\bar{x}}=\pm\frac{\sigma}{\sqrt{n}}\tag{3-31}$$

$$\sigma_{C_{\mathrm{v}}}=\pm\frac{C_{\mathrm{v}}}{\sqrt{2n}}\sqrt{1+2C_{\mathrm{v}}^2+\frac{3}{4}C_{\mathrm{s}}^2-2C_{\mathrm{v}}C_{\mathrm{s}}}\tag{3-32}$$

$$\sigma_{C_{\mathrm{s}}}=\pm\sqrt{\frac{6}{n}\left(1+\frac{3}{2}C_{\mathrm{s}}^2+\frac{5}{16}C_{\mathrm{s}}^4\right)}\tag{3-33}$$

2. 相对均方误（%）

$$\sigma'_{\bar{x}}=\pm\frac{\sigma_{\bar{x}}}{\bar{x}}\times100\%=\pm\frac{\sigma}{\bar{x}\sqrt{n}}\times100\%=\pm\frac{C_{\mathrm{v}}}{\sqrt{n}}\times100\%\tag{3-34}$$

$$\sigma'_{C_{\mathrm{v}}}=\pm\frac{\sigma_{C_{\mathrm{v}}}}{C_{\mathrm{v}}}\times100\%=\pm\frac{1}{\sqrt{2n}}\sqrt{1+2C_{\mathrm{v}}^2+\frac{3}{4}C_{\mathrm{s}}^2-2C_{\mathrm{v}}C_{\mathrm{s}}}\times100\%\tag{3-35}$$

$$\sigma'_{C_{\mathrm{s}}}=+\frac{\sigma_{C_{\mathrm{s}}}}{C_{\mathrm{s}}}\times100\%=\pm\frac{1}{C_{\mathrm{s}}}\sqrt{\frac{6}{n}\left(1+\frac{3}{2}C_{\mathrm{s}}^2+\frac{5}{16}C_{\mathrm{s}}^4\right)}\times100\%\tag{3-36}$$

【例 3-4】 某随机系列的 $C_{\mathrm{s}}=2C_{\mathrm{v}}$，试计算样本容量 n 不同时统计参数的相对均方误（%）。

【解】 按上述公式计算，将结果列于表 3-3。

表 3-3　统计参数的抽样误差（$C_{\mathrm{s}}=2C_{\mathrm{v}}$）

C_{v}	σ'_Q(%)				$\sigma'_{C_{\mathrm{v}}}$(%)				$\sigma'_{C_{\mathrm{s}}}$(%)			
	n											
	100	50	25	10	100	50	25	10	100	50	25	10
0.1	1	1	2	3	7	10	14	22	126	178	252	399
0.3	3	4	6	9	7	10	15	23	51	73	103	162
0.5	5	7	10	16	8	11	16	25	41	58	82	130
0.7	7	10	14	22	9	12	17	27	40	56	79	125
1.0	10	14	20	32	10	14	20	32	42	60	85	134

由计算结果可知,用样本推算总体的统计参数时,都存在一定的抽样误差,尤其 C_s 的误差特别大,而且系列容量 n 对误差的影响也很大,n 越大抽样误差越小。在水文统计法中,根据目前水文观测的实际情况,均值 $\overline{x}$ 和 C_v 尚可利用公式计算,但要求实测水文资料具有足够长的观测年限(即项数 n),而且代表性较好,数据可靠,否则仍会产生很大的误差;至于 C_s,则不宜直接利用公式计算,通常都是采用适线法选定 C_s 值。

第五节 频 率 曲 线

在工程实践中不仅需要了解已有系列期内的事件发生规律,往往还要推求远远超出系列年限的事件可能发生情况,这需要借助于频率曲线。

频率曲线分为两种:一种是经验频率曲线,它是根据水文统计样本的实测水文资料系列,计算各项随机变量的经验频率,点绘经验频率与其对应的随机变量数值大小的关系曲线;另一种是为了配合经验频率曲线频率点群外延而提供的一种用数学方程式表示的频率曲线,称为理论频率曲线。

一、经验频率曲线

1. 经验频率的计算

在统计系列的容量无穷大时,随机变量的经验频率可用概率的古典定义公式(3-1)来计算。实际工程中,搜集到的水文资料系列,大多年限较短,容量有限,直接应用式(3-1)计算样本中各项随机变量的经验频率将得到不合理的结果。例如,系列最小值由式(3-1)计算,其经验频率为 100%,表明小于该值的洪水不会出现。由于搜集到的样本容量 n 是很有限的,得到的上述结论,对于无限长的洪水年最大流量系列的总体来说,是不符合实际的。为了利用样本近似地推求各项随机变量的经验频率,各国学者都提出了很多计算公式。目前,各国应用最广的经验频率公式是韦布尔(Weibull)公式,又称均值公式、数学期望公式,即

$$p=\frac{m}{n+1}\times 100\% \tag{3-37}$$

式中 p——统计系列中第 m 项(以递减次序排列)随机变量的经验频率(%);

n——统计系列的容量;

m——计算随机变量的序号(递减次序)。

2. 经验频率曲线的绘制

为了表示多年水文观测系列中各项观测值的出现频率,以及观测值数值大小随频率数值的变化,以计算得到的经验频率为横坐标,水文观测值为纵坐标,在坐标纸上点绘各个观测值的点据分布图,然后根据各点据分布趋势,目估连出一条光滑曲线,这条曲线称为经验频率曲线。

3. 海森几率格纸

点绘在等分格纸上的经验频率曲线呈 S 形,且两端陡而中间平缓。求很小频率的设计流量时需要向左端上方外延,这样可能产生很大的误差。海森(A. Hazen,1914)设计了一种海森几率格纸,以频率 p(%)为横坐标,随机变量(流量、降雨量)为纵坐标,纵坐标均匀分格,横坐标分格是根据正态分布曲线在该坐标纸上呈一条直线的要求确定的,以 $p=50\%$ 为中心对称分格,中间格密而两边渐疏(见附录 1)。

由于水文现象很少为正态分布，点绘在海森几率格纸上的经验频率曲线仍为曲线，只是曲度要小得多，呈现较平顺曲线分布形式。

二、理论频率曲线

根据自然界大量实际资料的频率分布趋势，很多学者建立了一些频率曲线的线形，并选配了相应的数学函数式。这种具有一定数学函数式的频率曲线，习惯上称为理论频率曲线。理论频率曲线的建立，使频率曲线的绘制和外延以数学函数为依据，消除了曲线外延的任意性缺点。

理论频率曲线的线形很多，适合于水文现象的也不少。根据我国多年使用经验，认为皮尔逊Ⅲ型曲线（P-Ⅲ曲线）比较符合我国多数地区水文现象的实际情况。因此，我国水利、公路、铁路等工程有关规范，在水文统计中大多采用皮尔逊Ⅲ型曲线，作为近似于水文现象总体的频率曲线线型，在洪（枯）水流量、降雨径流以及波浪高度的频率分析中广泛应用。另外，耿贝尔（E. J. Gumbel）曲线（第Ⅰ型极值分布曲线）也适用我国洪水频率分析，特别在最高、最低潮水位的频率分析时普遍应用。

三、皮尔逊Ⅲ型曲线

1. 皮尔逊Ⅲ型曲线（P-Ⅲ曲线）的密度函数

英国生物学家皮尔逊（K. Pearson）于 1895 年为随机现象提供了 13 种密度曲线，其中第三种就是皮尔逊Ⅲ型曲线（P-Ⅲ曲线）基本符合水文现象的变化规律，在水文计算中被广泛采用。

P-Ⅲ曲线为一端有限，一端无限的偏态曲线，它反映的是水文现象总体的规律。

一般为研究方便，将坐标原点移至水文资料系列的实际零点（图 3-8），则皮尔逊Ⅲ型曲线的密度函数为

$$y=\frac{\beta^{\alpha}}{\Gamma(\alpha)}(x-a_0)^{\alpha-1}\mathrm{e}^{-\beta(x-a_0)} \tag{3-38}$$

式中　a_0——曲线左端起点到系列零点的距离；

α,β——曲线的参数，$\alpha=\frac{a}{d}+1,\beta=\frac{1}{d},a=\frac{C_{\mathrm{v}}(4-C_{\mathrm{s}}^2)}{2C_{\mathrm{s}}},d=\frac{C_{\mathrm{v}}C_{\mathrm{s}}}{2}\overline{x}$；

$\Gamma(\alpha)$——Γ 函数，$\Gamma(\alpha)=\int_0^{\infty}x^{\alpha-1}\mathrm{e}^{-x}\mathrm{d}x$。

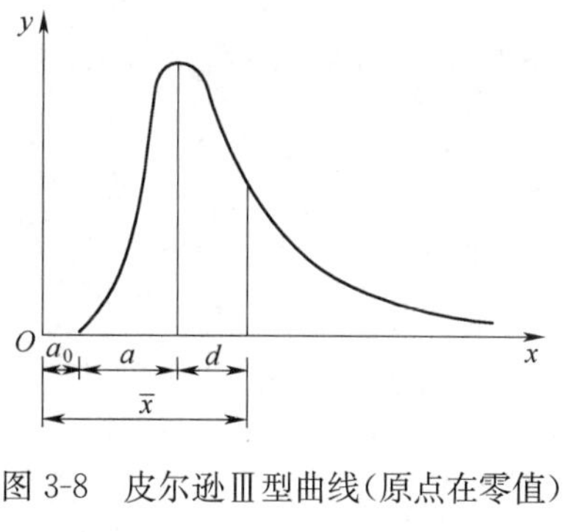

图 3-8　皮尔逊Ⅲ型曲线（原点在零值）

曲线的三个参数 α、β、a_0，经过换算可以用系列的三个统计参数 $\overline{x}$、C_{v} 和 C_{s} 来表示。其关系式为

$$\alpha=\frac{4}{C_{\mathrm{s}}^2} \tag{3-39}$$

$$\beta=\frac{2}{C_{\mathrm{v}}C_{\mathrm{s}}\overline{x}} \tag{3-40}$$

$$a_0=\frac{C_{\mathrm{s}}-2C_{\mathrm{v}}}{C_{\mathrm{s}}}\overline{x} \tag{3-41}$$

在一般水文资料中，如年最大洪峰流量、年降雨量均不可能为负值，所以 $a_0\geqslant0$，即

$$\frac{C_{\mathrm{s}}-2C_{\mathrm{v}}}{C_{\mathrm{s}}}\overline{x}\geqslant0$$

故可得
$$C_s \geqslant 2C_v \tag{3-42}$$

当 $C_s < 2C_v$ 时,则 a_0 为负值,这在水文资料中不常见。但有些情况如水位,当标高零点位置取得较高时,就会出负水位。

往往样本系列里的最小值 $a_{\min}$ 不一定是总体的最小值 a_0,一般有 $a_{\min} \geqslant a_0$,即 $\frac{a_{\min}}{\overline{x}} \geqslant \frac{a_0}{\overline{x}}$,用 $k_{\min}$ 代表 $a_{\min}$ 的变率,$k_{\min} = \frac{a_{\min}}{\overline{x}}$;则 $k_{\min} \geqslant 1 - \frac{2C_v}{C_s}$,所以

$$C_s \leqslant \frac{2C_v}{1-k_{\min}} \tag{3-43}$$

在工程水文中,一般满足 $2C_v \leqslant C_s \leqslant \frac{2C_v}{1-k_{\min}}$ 的条件,但也有实际关系可能不符合上述理论关系的情况,故应按实际情况进行分析。

已知三个统计参数 $\overline{x}$、C_v 和 C_s 后,则皮尔逊Ⅲ型曲线及其函数就可以确定,也就是确定了密度曲线及密度函数。

2. 皮尔逊Ⅲ型曲线的应用

水文统计中推求指定频率对应的变量或某一变量对应的频率时,需要频率分布曲线及相应的函数,因此,将皮尔逊Ⅲ型曲线的密度函数即式(3-38)进行一定的积分演算,就可以得到频率曲线的分布函数:

$$p = \int_{x_p}^{\infty} f(x)\mathrm{d}x = \int_{x_p}^{\infty} \frac{\beta^{\alpha}}{\Gamma(\alpha)}(x-a_0)^{\alpha-1}\mathrm{e}^{-\beta(x-a_0)}\mathrm{d}x \tag{3-44}$$

根据以上公式给定一个变量 x_p 即可算出其频率,但工程水文计算中常常给定频率 p 求其对应的变量 x_p,直接由积分式来计算是非常繁杂的,因此实际应用时,有关部门通过大量计算将反算上式的计算简化成下式,并把相应数值做成表格,供设计计算时查用。

$$x_p = (\phi_p C_v + 1)\overline{x} = k_p \overline{x} \tag{3-45}$$

式中 x_p——频率为 p 对应的随机变量;

k_p——模比系数,$k_p = \frac{x_p}{\overline{x}} = \phi_p C_v + 1$,可根据拟定的比值 C_s/C_v,预先制成模比系数 k_p 值表,以便查阅;

ϕ_p——离均系数,ϕ_p 是频率 p 和偏差系数 C_s 的函数,$\phi_p = f(p, C_s)$,为了便于应用,预先制成离均系数 ϕ_p 值表(表 3-4),可供查阅。

其他符号意义同前。

对于年最大流量系列,公式(3-45)可写成:

$$Q_p = (1 + C_v \phi_p)\overline{Q} \tag{3-46}$$

或
$$Q_p = k_p \overline{Q} \tag{3-47}$$

式中 Q_p——频率为 p 的洪峰流量(m^3/s);

$\overline{Q}$——平均流量(m^3/s);

k_p——模比系数,$k_p = Q_p/\overline{Q} = 1 + C_v \phi_p$;

ϕ_p——离均系数,可查表 3-4。

【例 3-5】 某水文站 $\overline{Q}$=1 000 m^3/s,C_v=0.5,C_s=1.0,试求 $Q_{1\%}$。

【解】 从表 3-4 查得 p=1%,C_s=1.0 时,$\phi_{1\%}$=3.02。由公式(3-46)得:

$$Q_{1\%} = (1+0.5\times3.02)\times1\,000 = 2\,510(m^3/s)$$

表 3-4 皮尔逊Ⅲ型曲线的离均系数 ϕ_p 值表

C_s	p(%)															C_s
	0.01	0.1	0.2	0.33	0.5	1	2	5	10	20	50	75	90	95	99	
0.0	3.72	3.09	2.88	2.71	2.58	2.33	2.05	1.64	1.28	0.84	0.00	−0.67	−1.28	−1.64	−2.33	0.0
0.1	3.94	3.23	3.00	2.82	2.67	2.40	2.11	1.67	1.29	0.84	−0.02	−0.68	−1.27	−1.62	−0.25	0.1
0.2	4.16	3.38	3.12	2.92	2.76	2.47	2.16	1.70	1.30	0.83	−0.03	−0.69	−1.26	−1.59	−2.18	0.2
0.3	4.38	3.52	3.24	3.03	2.86	2.54	2.21	1.73	1.31	0.82	−0.05	−0.70	−1.24	−1.55	−2.10	0.3
0.4	4.61	3.67	3.36	3.14	2.95	2.62	2.26	1.75	1.32	0.82	−0.07	−0.71	−1.23	−1.52	−2.03	0.4
0.5	4.83	3.81	3.48	3.25	3.04	2.68	2.31	1.77	1.32	0.81	−0.08	−0.71	−1.22	−1.49	−1.96	0.5
0.6	5.05	3.96	3.60	3.35	3.13	2.75	2.35	1.80	1.33	0.80	−0.10	−0.72	−1.20	−1.45	−1.88	0.6
0.7	5.28	4.10	3.72	3.45	3.22	2.82	2.40	1.82	1.33	0.79	−0.12	−0.72	−1.18	−1.42	−1.81	0.7
0.8	5.50	4.24	3.85	3.55	3.31	2.89	2.45	1.84	1.34	0.78	−0.13	−0.73	−1.17	−1.38	−1.74	0.8
0.9	5.73	4.39	3.97	3.65	3.40	2.96	2.50	1.86	1.34	0.77	−0.15	−0.73	−1.15	−1.35	−1.66	0.9
1.0	5.96	4.53	4.09	3.76	3.49	3.02	2.54	1.88	1.34	0.76	−0.16	−0.73	−1.13	−1.32	−1.59	1.0
1.1	6.18	4.67	4.20	3.86	3.58	3.09	2.58	1.89	1.34	0.74	−0.18	−0.74	−1.10	−1.28	−1.52	1.1
1.2	6.41	4.81	4.32	3.95	3.66	3.15	2.62	1.91	1.34	0.73	−0.19	−0.74	−1.08	−1.24	−1.45	1.2
1.3	6.64	4.95	4.44	4.05	3.74	3.21	2.67	1.92	1.34	0.72	−0.21	−0.74	−1.06	−1.20	−1.38	1.3
1.4	6.87	5.09	4.56	4.15	3.83	3.27	2.71	1.94	1.33	0.71	−0.22	−0.73	−1.04	−1.17	−1.32	1.4
1.5	7.09	5.23	4.68	4.24	3.91	3.33	2.74	1.95	1.33	0.69	−0.24	−0.73	−1.02	−1.13	−1.26	1.5
1.6	7.31	5.37	4.80	4.34	3.99	3.39	2.78	1.96	1.33	0.68	−0.25	−0.73	−0.99	−1.10	−1.20	1.6
1.7	7.54	5.50	4.91	4.43	4.07	3.44	2.82	1.97	1.32	0.66	−0.27	−0.72	−0.97	−1.06	−1.14	1.7
1.8	7.76	5.64	5.01	4.52	4.15	3.50	2.85	1.98	1.32	0.64	−0.28	−0.72	−0.94	−1.02	−1.09	1.8
1.9	7.98	5.77	5.12	4.61	4.23	3.55	2.88	1.99	1.31	0.63	−0.29	−0.72	−0.92	−0.98	−1.04	1.9
2.0	8.21	5.91	5.22	4.70	4.30	3.61	2.91	2.00	1.30	0.61	−0.31	−0.71	−0.895	−0.94	−0.989	2.0
2.1	8.43	6.04	5.33	4.79	4.37	3.66	2.93	2.00	1.29	0.59	−0.32	−0.71	−0.869	−0.91	−0.945	2.1
2.2	8.65	6.17	5.43	4.88	4.44	3.71	2.96	2.00	1.28	0.57	−0.33	−0.70	−0.844	−0.87	−0.905	2.2
2.3	8.87	6.30	5.53	4.97	4.51	3.76	2.99	2.00	1.27	0.55	−0.34	−0.69	−0.820	−0.84	−0.867	2.3
2.4	9.08	6.42	5.63	5.06	4.58	3.81	3.02	2.01	1.26	0.54	−0.35	−0.68	−0.795	−0.82	−0.831	2.4
2.5	9.30	6.55	5.73	5.13	4.65	3.85	3.04	2.01	1.25	0.52	−0.36	−0.67	−0.772	−0.79	−0.800	2.5
2.6	9.51	6.67	5.82	5.20	4.72	3.89	3.06	2.01	1.23	0.50	−0.37	−0.66	−0.748	−0.76	−0.769	2.6
2.7	9.72	6.79	5.92	5.28	4.78	3.93	3.09	2.01	1.22	0.48	−0.37	−0.65	−0.726	−0.73	−0.740	2.7
2.8	9.93	6.91	6.01	5.36	4.84	3.97	3.11	2.01	1.21	0.46	−0.38	−0.64	−0.702	−0.71	−0.714	2.8
2.9	10.14	7.03	6.10	5.44	4.90	4.01	3.13	2.01	1.20	0.44	−0.39	−0.63	−0.680	−0.68	−0.690	2.9
3.0	10.35	7.15	6.20	5.51	4.96	4.05	3.15	2.00	1.18	0.42	−0.39	−0.62	−0.658	−0.665	−0.667	3.0
3.1	10.56	7.26	6.30	5.59	5.02	4.08	3.17	2.00	1.16	0.40	−0.40	−0.60	−0.639	−0.664	−0.645	3.1
3.2	10.77	7.38	6.39	5.66	5.08	4.12	3.19	2.00	1.14	0.38	−0.40	−0.55	−0.621	−0.624	−0.625	3.2
3.3	10.97	7.49	6.48	5.74	5.14	4.15	3.21	1.99	1.12	0.36	−0.40	−0.58	−0.604	−0.606	−0.606	3.3
3.4	11.17	7.60	6.56	5.80	5.20	4.18	3.22	1.98	1.11	0.34	−0.41	−0.57	−0.587	−0.588	−0.588	3.4
3.5	11.37	7.72	6.65	5.86	5.25	4.22	3.23	1.97	1.09	0.32	−0.41	−0.55	−0.570	−0.571	−0.571	3.5
3.6	11.57	7.83	6.73	5.93	5.30	4.25	3.24	1.96	1.08	0.30	−0.41	−0.54	−0.555	−0.556	−0.556	3.6
3.7	11.77	7.94	6.81	5.99	5.35	4.28	3.25	1.95	1.06	0.28	−0.42	−0.53	−0.540	−0.541	−0.541	3.7
3.8	11.97	8.05	6.89	6.05	5.40	4.31	3.26	1.94	1.04	0.26	−0.42	−0.52	−0.526	−0.526	−0.526	3.8
3.9	12.16	8.15	6.97	6.11	5.45	4.34	3.27	1.93	1.02	0.24	−0.41	−0.506	−0.513	−0.513	−0.513	3.9
4.0	12.36	8.25	7.05	6.18	5.50	4.37	3.27	1.92	1.00	0.23	−0.41	−0.495	−0.500	−0.500	−0.500	4.0
4.1	12.55	8.35	7.13	6.24	5.54	4.39	3.28	1.91	0.98	0.21	−0.41	−0.484	−0.488	−0.488	−0.488	4.1
4.2	12.74	8.45	7.21	6.30	5.59	4.41	3.29	1.90	0.96	0.19	−0.41	−0.473	−0.476	−0.476	−0.476	4.2
4.3	12.93	8.55	7.29	6.36	5.63	4.44	3.29	1.88	0.94	0.17	−0.41	−0.462	−0.465	−0.465	−0.465	4.3
4.4	13.12	8.65	7.36	6.41	5.68	4.46	3.30	1.87	0.92	0.16	−0.40	−0.453	−0.455	−0.455	−0.455	4.4
4.5	13.30	8.75	7.43	6.46	5.72	4.48	3.30	1.85	0.90	0.14	−0.40	−0.444	−0.444	−0.444	−0.444	4.5
4.6	13.49	8.85	7.50	6.52	5.76	4.50	3.30	1.84	0.88	0.13	−0.40	−0.435	−0.435	−0.435	−0.435	4.6
4.7	13.67	8.95	7.57	6.57	5.80	4.52	3.30	1.82	0.86	0.11	−0.39	−0.426	−0.426	−0.426	−0.426	4.7
4.8	13.85	9.04	7.64	6.63	5.84	4.54	3.30	1.80	0.84	0.09	−0.39	−0.417	−0.417	−0.417	−0.417	4.8
4.9	14.04	9.13	7.70	6.68	5.88	4.55	3.30	1.78	0.82	0.08	−0.38	−0.408	−0.408	−0.408	−0.408	4.9
5.0	14.22	9.22	7.77	6.73	5.92	4.57	3.30	1.77	0.80	0.06	−0.379	−0.400	−0.400	−0.400	−0.400	5.0

续上表

C_s	p(%)															C_s
	0.01	0.1	0.2	0.33	0.5	1	2	5	10	20	50	75	90	95	99	
5.1	14.40	9.31	7.84	6.78	5.95	4.58	3.30	1.75	0.78	0.05	−0.374	−0.392	−0.392	−0.392	−0.392	5.1
5.2	14.57	9.40	7.90	6.83	5.99	4.59	3.30	1.73	0.76	0.03	−0.369	−0.385	−0.385	−0.385	−0.385	5.2
5.3	14.75	9.49	7.96	6.87	6.02	4.60	3.30	1.72	0.74	0.02	−0.363	−0.377	−0.377	−0.377	−0.377	5.3
5.4	14.92	9.57	8.02	6.91	6.05	4.62	3.29	1.70	0.72	0.00	−0.358	−0.370	−0.370	−0.370	−0.370	5.4
5.5	15.10	9.66	8.08	6.96	6.08	4.63	3.28	1.68	0.70	−0.01	−0.353	−0.364	−0.364	−0.364	−0.364	5.5
5.6	15.27	9.74	8.14	7.00	6.11	4.64	3.28	1.66	0.67	−0.03	−0.349	−0.357	−0.357	−0.357	−0.357	5.6
5.7	15.45	9.82	8.21	7.04	6.14	4.65	3.27	1.65	0.65	−0.04	−0.344	−0.351	−0.351	−0.351	−0.351	5.7
5.8	15.60	9.91	8.27	7.08	6.17	4.67	3.27	1.63	0.63	−0.05	−0.339	−0.345	−0.345	−0.345	−0.345	5.8
5.9	15.78	9.99	8.32	7.12	6.20	4.68	3.26	1.61	0.61	−0.06	−0.334	−0.339	−0.339	−0.339	−0.339	5.9
6.0	15.94	10.07	8.38	7.15	6.23	4.68	3.25	1.59	0.59	−0.07	−0.329	−0.333	−0.333	−0.333	−0.333	6.0
6.1	16.11	10.15	8.43	7.19	6.26	4.69	3.24	1.57	0.57	−0.08	−0.325	−0.328	−0.328	−0.328	−0.328	6.1
6.2	16.28	10.22	8.49	7.23	6.28	4.70	3.23	1.55	0.55	−0.09	−0.320	−0.323	−0.323	−0.323	−0.323	6.2
6.3	16.45	10.30	8.54	7.26	6.30	4.70	3.22	1.53	0.53	−0.10	−0.315	−0.317	−0.317	−0.317	−0.317	6.3
6.4	16.61	10.38	8.60	7.30	6.32	4.71	3.21	1.51	0.51	−0.11	−0.311	−0.313	−0.313	−0.312	−0.313	6.4

四、耿贝尔(E. J. Gumbel)频率分布曲线

耿贝尔频率分布曲线又称极值Ⅰ型分布曲线，广泛应用于水文分析特别是海洋潮汐最高、最低设计潮水位的频率分析中。

耿贝尔采用的原始分布 $G(x)$ 为指数型分布，其近似式为

$$G(x)=\frac{1}{K}e^{-y} \tag{3-48}$$

大于和等于某一随机变量 x_p 的累积频率为 $p(x\geqslant x_p)$，累积频率函数即频率分布函数为

$$p=1-e^{-e^{-y}} \tag{3-49}$$

给定频率 p 的随机变量 x_p 为

$$x_p=\bar{x}\pm\lambda_{pn}S_x \tag{3-50}$$

式中 x_p——给定频率 p(%)相应的随机变量，如潮位(m)、流量(m^3/s)等；

$\bar{x}$——随机变量系列的均值，如平均最高(低)潮水位(m)、流量(m^3/s)等，其值为

$$\bar{x}=\frac{1}{n}\sum x_i \tag{3-51}$$

S_x——随机变量系数的均方差，其值为

$$S_x=\left(\frac{1}{n}\sum x_i^2-\bar{x}^2\right)^{1/2} \tag{3-52}$$

λ_{pn}——与频率 p 和系列容量 n 有关的参数，由附表1查取。

式(3-50)中的符号，分析海洋年最高潮位系列时为正(+)，分析年最低潮位系列时为负(−)；洪水系列为正(+)。

计算最高潮水位系列和洪水系列的经验频率时，x_i 按递减次序排列；计算最低潮位系列的经验频率时，x_i 按递增次序排列。

五、适线法配频率曲线

频率曲线的适线方法很多，常用的有求矩适线和三点适线。适线中理论频率曲线大多采用皮尔逊Ⅲ型曲线，特殊情况经分析论证也可采用耿贝尔频率分布曲线。

1. 求矩适线

利用矩法求出统计参数初试值，并假定 C_s，确定理论频率曲线，视其与经验频率曲线的吻合程度，反复调整直到两曲线达到最佳适配情况。

其主要做法是：先将资料系列从大到小排序，求出随机变量所对应的经验频率，并点绘在频率格纸上，绘出经验频率曲线；理论频率曲线采用 P-Ⅲ 曲线，用矩法计算出 $\bar{x}$、C_v，以 C_v 的某一倍数定出 C_s，由这三个参数确定一条频率曲线绘于海森几率格纸上，视其与该系列的经验频率点据是否符合。若有较大差异则修改 C_s，必要时可在 $\pm\sigma_{C_v}$ 范围内修改 C_v，直至配出一条与经验频率点相适应（适应较好）的曲线为止。

2. 三点适线

三点法是在经验频率曲线上取三个点，建立三个联立方程式，解出它们的数值，最后配出合适的频率曲线。具体做法是：先绘制经验频率曲线，在曲线上选三个点（p_1，Q_1）、（p_2，Q_2）、（p_3，Q_3），则有：$Q_1=(1+C_v\phi_{p1})\bar{Q}$；$Q_2=(1+C_v\phi_{p2})\bar{Q}$；$Q_3=(1+C_v\phi_{p3})\bar{Q}$。以上三式联解得

$$s=\frac{Q_1+Q_3-2Q_2}{Q_1-Q_3}=\frac{\phi_{p1}+\phi_{p3}-2\phi_{p2}}{\phi_{p1}-\phi_{p3}} \tag{3-53}$$

$$\bar{Q}=\frac{Q_3\phi_{p1}-Q_1\phi_{p3}}{\phi_{p1}-\phi_{p3}} \tag{3-54}$$

$$C_v=\frac{Q_1-Q_3}{Q_3\phi_{p1}-Q_1\phi_{p3}} \tag{3-55}$$

式中，ϕ_{p1}、ϕ_{p2}、ϕ_{p3} 是与 P_1、P_2、P_3 对应的离均系数。

根据已知的三个流量值按式(3-53)计算出 S，由 S 查附表 2 得出 C_s，再据此 C_s 查附表 3 或表 3-4 得到 p_1、p_2、p_3 对应的 ϕ_{p1}、ϕ_{p2}、ϕ_{p3}。用式(3-54)、式(3-55)算出 $\bar{x}$ 及 C_v，把此三数作为初试值作理论频率曲线，并检查与经验曲线的吻合程度，反复调整参考值，直到吻合为止。

三点选取时，其间距要尽量大，一般选取 $p_{1-2-3}=1\%$，50%，99%；$p_{1-2-3}=3\%$，50%，97%；$p_{1-2-3}=5\%$，50%，95%；$p_{1-2-3}=10\%$，50%，90%。但不能超出实测范围太远。

三点法计算简便，但受工作者的主观影响，定线因人有异。另外当 C_v 较小（$C_v<0.5$ 或大于 0.5 不多时）时，三点法所得曲线与经验点子配合较好。当 C_v 较大时，三点法往往会使曲线远离经验频率点，故三点法只能用在 C_v 较小时。

第六节　相 关 分 析

自然界的许多现象都不是孤立的，都和周围的其他现象相互联系相互制约，彼此之间存在着一定的关系，并表现出某种规律性。如果两种现象之间存在着因果关系，或具有相同的成因，则它们的数量（或变量）之间也必然会表现出某种关系。在数理统计中，把这种变量之间的关系称为相关关系，把研究这种关系的方法称为相关分析。

变量之间的相关关系，按其密切程度，可分为三种情况：

(1)完全相关

变量之间的关系非常密切，相互成严格的函数关系，如图 3-9 所示。

(2)零相关

如果变量各自独立，互不影响，彼此之间没有关系，就称它们为零相关，如图 3-10 所示。

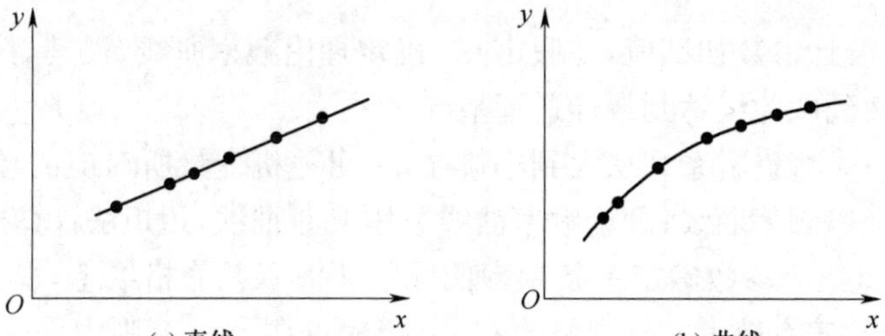

(a) 直线　　(b) 曲线

图 3-9　完全相关

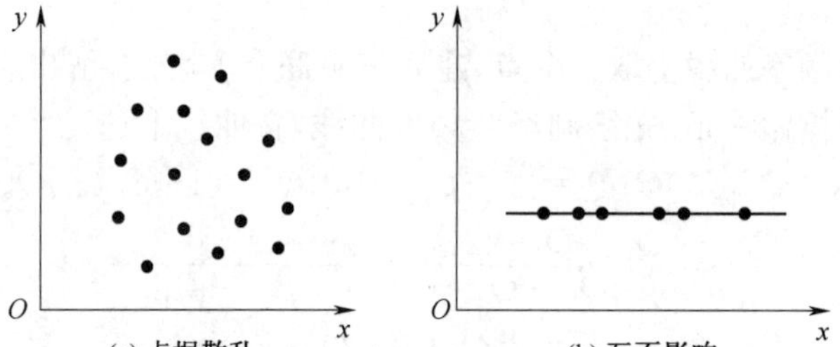

(a) 点据散乱　　(b) 互不影响

图 3-10　零相关

(3)统计相关(相关关系)

变量的每一个确定值 x 所对应的变量 y，由于受众多偶然因素的影响，数字上是不确定的，但通过大量观察，仍可发现两变量之间存在着某种关联。根据 x 与 y 对应点所绘制的点据，虽不严格地落在一条直线或曲线上，但点群仍显示出一定趋势，如图 3-11 所示。这种介于完全相关和零相关之间的关系，称为统计相关或相关关系。

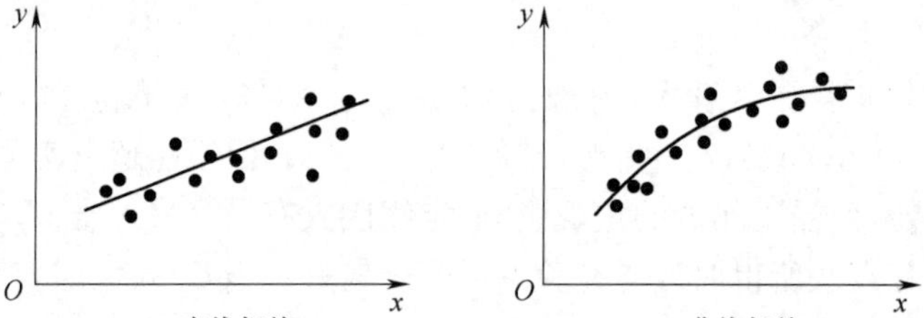

(a) 直线相关　　(b) 曲线相关

图 3-11　统计相关

在水文现象中，变量之间的关系多属于统计相关。

相关关系按相关变量的多少分为简单相关和复相关。两个变量之间的相关，称为简单相关。简单相关又分为直线相关和曲线相关，如图 3-11(a)和(b)所示。一个变量与多个变量之间的相关则称为复相关。

水文统计中，最常用的是简单相关中的直线相关，本节将介绍直线相关分析。

一、相关分析方法

如果这些点据呈直线趋势(或带状)分布，如图 3-11(a)所示，说明两系列的变量之间存在着直线相关；然后通过点群绘制一条与这些点据配合最佳的直线，这条直线就称为两变量的回归线，该直线的方程则称为两变量的回归方程。

相关分析一般有图解法和解析法两种。

1. 图解法

直线相关，就是两个变量之间的相关关系，可以近似地用一条直线来表示。通常是依据两系列中随机变量的各对应值，在坐标纸上绘出相应的点据（称为散点图或相关图），如果绘于坐标纸上的点据分布比较均匀，直线趋势比较明显，可以目估选配一条通过点群的最佳直线，这条直线就称为两变量的回归线，把这条直线作为两变量间的变化规律进行分析，这就是直线相关分析的“图解法”。这种方法，缺乏选配回归线的依据，任意性较大，工程设计不宜使用。

2. 解析法

直线相关分析的“解析法”，是建立两变量间的回归方程，作为绘制回归线的依据，可以避免目估的任意性，满足实际工作的需要。

以 x_i、y_i 表示两系列中随机变量的对应值，n 表示其对应值的个数，在坐标纸上，按各对应值绘出相应点据，并通过点群绘一条直线，如图 3-12 所示。由图可知，其直线方程应为

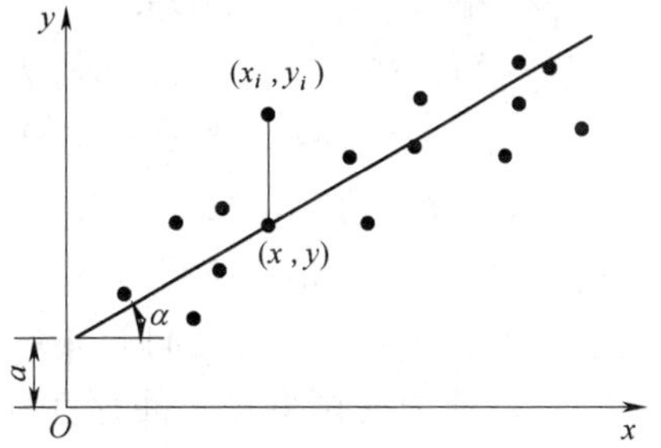

图 3-12　回归直线

$$y=a+bx \tag{3-56}$$

式中　x,y——直线的坐标；

a,b——待定的参数，a 为直线在 y 轴上的截距，b 为直线的斜率。

由图中可以看出，各个点据与直线在垂直方向（纵坐标）有离差 y_i-y，而在水平方向（横坐标）却相等 $x=x_i$，所以

$$y_i-y=y_i-(a+bx_i) \tag{3-57}$$

根据最小二乘法的原理，若要直线与各个点据配合最佳，就应使离差的平方和为最小，即

$$\sum_{i=1}^{n}(y_i-y)^2=\sum_{i=1}^{n}(y_i-a-bx_i)^2=\text{极小值}$$

则需令

$$\begin{cases}\dfrac{\partial\sum\limits_{i=1}^{n}(y_i-y)^2}{\partial a}=0\\[2ex]\dfrac{\partial\sum\limits_{i=1}^{n}(y_i-y)^2}{\partial b}=0\end{cases}$$

联立求解，可得

$$b=\frac{\sum\limits_{i=1}^{n}(x_i-\bar{x})(y_i-\bar{y})}{\sum\limits_{i=1}^{n}(x_i-\bar{x})^2} \tag{3-58}$$

$$a=\bar{y}-b\bar{x}=\bar{y}-\frac{\sum\limits_{i=1}^{n}(x_i-\bar{x})(y_i-\bar{y})}{\sum\limits_{i=1}^{n}(x_i-\bar{x})^2}\bar{x} \tag{3-59}$$

式中　$\bar{x},\bar{y}$——两系列中随机变量对应值的均值。

其他符号意义同前。

将 a、b 代入公式(3-56)，可得 y 依 x 的回归方程（直线方程）：

$$y-\bar{y}=\frac{\sum_{i=1}^{n}(x_i-\bar{x})(y_i-\bar{y})}{\sum_{i=1}^{n}(x_i-\bar{x})^2}(x-\bar{x}) \tag{3-60}$$

同理可得 x 依 y 的回归方程(直线方程):

$$x-\bar{x}=\frac{\sum_{i=1}^{n}(x_i-\bar{x})(y_i-\bar{y})}{\sum_{i=1}^{n}(y_i-\bar{y})^2}(y-\bar{y}) \tag{3-61}$$

依据回归方程式(3-60)或式(3-61)绘制的直线,就是与各个点据配合最佳的直线,即回归线。由公式(3-59)可得 $\bar{y}=a+b\bar{x}$,表明该直线通过点$(\bar{x},\bar{y})$,而点$(\bar{x},\bar{y})$恰好是点群的重心位置,所以回归线(直线)必然通过点群的重心。

由回归方程的推导原理可知,对于任意一组点据,都可以按公式(3-60)或式(3-61)求得直线方程并绘出一条直线,对于不呈直线趋势分布的或分布非常散乱的点据,所求出的直线及其方程,就不能代表两变量之间的关系,也就没有任何实际意义。所以,回归方程仅仅是一种计算工具,不能说明两变量之间存在何种相关及其相关的密切程度。因此,还需要一个判别标准,用来说明两变量之间是否存在直线相关及其相关的密切程度。

二、相关系数 *R*

在数理统计中,一般采用相关系数 R 来描述和判别两变量之间的相关程度(相关程度也即回归线与点据之间的密切程度)。

由式(3-59)知 $a=\bar{y}-b\bar{x}$,所以

$$y_i-y=y_i-(a+bx_i)=y_i-\bar{y}+b\bar{x}-bx_i=(y_i-\bar{y})-b(x_i-\bar{x}) \tag{3-62}$$

则

$$\sum_{i=1}^{n}(y_i-y)^2=\sum_{i=1}^{n}[(y_i-\bar{y})-b(x_i-\bar{x})]^2 \tag{3-63}$$

展开化简,可得

$$\sum_{i=1}^{n}(y_i-y)^2=\sum_{i=1}^{n}(y_i-\bar{y})^2-b^2\sum_{i=1}^{n}(x_i-\bar{x})^2 \tag{3-64}$$

令

$$A=\sum_{i=1}^{n}(y_i-\bar{y})^2$$

$$B=b^2\sum_{i=1}^{n}(x_i-\bar{x})^2$$

则

$$\sum_{i=1}^{n}(y_i-y)^2=A-B$$

可见 A、B 总是正值,而且 $A\geqslant B$。下列关系中的 R,就称为相关系数。

$$R^2=\frac{B}{A}\leqslant 1 \tag{3-65}$$

相关系数 R 具有下列性质:

(1)若 $\sum_{i=1}^{n}(y_i-y)^2=0$,则各点据与直线(回归线)的离差为零,表明所有点据都恰好位于一条直线(回归线)上,亦即两变量之间存在着直线函数关系,为完全相关,此时,$A=B$,$R^2=1$,$R=\pm 1$。

(2) $\sum_{i=1}^{n}(y_i - y)^2$ 的值愈大，各点据与回归线的离差就愈大，表明点据愈散乱，A 值愈大于 B 值，R^2 值也愈小，若 $\sum_{i=1}^{n}(y_i - y)^2$ 的值达到最大，此时 $R=0$，则两变量之间根本不存在直线相关，而为零相关。

(3)若 $\sum_{i=1}^{n}(y_i - y)^2$ 的值介于上述二者之间，则 R^2 值将介于 0 与 1 之间，而 R 值介于 0 与 ±1 之间，表明两变量之间存在着统计相关；直线相关的程度将随 R 值的大小而异，R 值的大小，视 A 与 B 的差值而定。

因此，相关系数及可以用作相关程度的描述和判别：$R=\pm 1$ 时为完全相关，表明两变量之间存在直线函数关系；$R=0$ 时为零相关，表明两变量之间不存在直线相关；R 介于 0 与 ±1 之间时为统计相关，表明两变量之间存在直线相关，而且 R 绝对值愈接近于 1，相关程度愈密切。相关系数为正值($R>0$)时称为正相关，为负值($R<0$)时则称为负相关；相关系数的上限为 +1，下限为 −1，总之 $|R|\leqslant 1$。尚需指出，当相关系数 R 很小或接近于零时，只说明两变量之间的直线相关程度很差，但可能存在某种曲线相关。

将 A、B 代入公式(3-65)得

$$R^2 = \frac{b^2\sum_{i=1}^{n}(x_i - \bar{x})^2}{\sum_{i=1}^{n}(y_i - \bar{y})^2} = \frac{\left[\sum_{i=1}^{n}(y_i - \bar{y})(x_i - \bar{x})\right]^2}{\sum_{i=1}^{n}(x_i - \bar{x})^2\sum_{i=1}^{n}(y_i - \bar{y})^2} \tag{3-66}$$

$$R = \frac{\sum_{i=1}^{n}(y_i - \bar{y})(x_i - \bar{x})}{\sqrt{\sum_{i=1}^{n}(x_i - \bar{x})^2\sum_{i=1}^{n}(y_i - \bar{y})^2}} \tag{3-67}$$

三、相关分析的误差

在统计相关中的直线相关中，实有点据并不是完全位于一条直线上，而是分散于直线的两侧，如图 3-12 所示。回归线与实有点据之间，即依据直线所得 y 值与实际变量 y_i 值之间存在着一定的误差，这一误差为回归线的误差，按正态分布考虑，其误差可用均方误 S 表示，则 y 依 x(或 x 依 y)回归线的均方误 S_y(或 S_x)为

$$\begin{cases} S_y = \sqrt{\dfrac{\sum_{i=1}^{n}(y_i - y)^2}{n}} \\ S_x = \sqrt{\dfrac{\sum_{i=1}^{n}(x_i - x)^2}{n}} \end{cases} \tag{3-68}$$

利用样本推算时，则为

$$\begin{cases} S_y = \sqrt{\dfrac{\sum_{i=1}^{n}(y_i - y)^2}{n-2}} \\ S_x = \sqrt{\dfrac{\sum_{i=1}^{n}(x_i - x)^2}{n-2}} \end{cases} \tag{3-69}$$

根据正态分布置信区间和置信水平的分析,实测值在回归线上下两侧各一个 S_y 范围内的概率为 68.3%;实测值在回归线上下两侧各 $3S_y$,范围内的概率为 99.7%,如图 3-13 所示。

误差范围也可用机误 E 表示,即实测值在回归线两侧各一个 E 范围内的概率为 50%;实测值在回归线两侧各 $4E$ 范围内的概率为 99.3%。

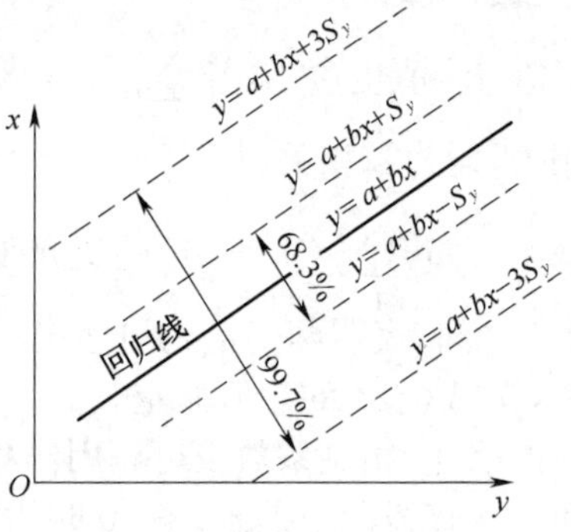

图 3-13 回归线误差范围

四、容许相关系数的最小值

相关系数 R 表示两个随机变量系列(x_i,y_i)相关的密切程度,R 的最小值要多大,才能应用于进行两系列间的插补和延长呢?

我国桥梁水文分析中,通常认为 R 的绝对值大于 0.8,就可使用相关分析进行资料数据插补和延长。

五、相关分析在水文计算中的应用

水文统计中,资料系列愈长,组成的样本代表性就愈强,用以推算的总体参数值的抽样误差也就愈小。但实际工作中,能够搜集到的实测水文资料往往观测年限较短,有时还可能在观测期间有缺测年份,若能找到与它有客观联系的长期连续观测资料,就可以利用两实测资料系列之间变量的统计相关,进行相关分析,对短期观测资料进行插补和延长,提高水文统计的精度。因此,相关分析也是水文计算的一种重要工具。

年最大流量、水位、降雨量等系列之间变量的统计相关,以直线相关居多,一般可采用简单的直线相关分析。

两测站间观测资料的插补和延长和相互推算,如果采用相关分析的方法,首先应结合气候因素、地理条件、流域特征等进行分析研究,检查两系列的流量之间是否确有客观联系,并判别它们之间是否存在直线相关,以及相关程度是否密切。同时,为了保证插补和延长的资料具有一定的精度,对实测流量资料除认真审查外,还应该有一定的要求,一般认为:两系列相对应的观测资料不宜过少(十对以上为宜),而且数据大小变化幅度大一些为好,插补和延长的年数不宜超过已有对应资料的实测年限,外延部分最好不要超出实测范围的 30%～50%(视相关程度而定)。对流量数据进行插补和延长的具体方法和步骤,可通过下面的实例说明。

【例 3-6】 设某水文站有 11 年不连续的平均流量记录(以 y_i 表示),另有较长期的年雨量记录(以 x_i 表示),实测记录见表 3-5,试用相关分析法根据实测年雨量记录系列插补和延长流量记录系列(表中括号对应的年份为 y_i 缺测年)。

表 3-5 某水文站实测年平均流量和雨量记录

序号	实测年份	年平均流量 y_i(m^3/s)	年降雨量 x_i(mm)	序号	实测年份	年平均流量 y_i(m^3/s)	年降雨量 x_i(mm)
1	1960	(　)	190	6	1965	81	184
2	1961	(　)	150	7	1966	(　)	90
3	1962	(　)	98	8	1967	(　)	160
4	1963	(　)	100	9	1968	36	145
5	1964	25	110	10	1969	33	122

续上表

序号	实测年份	年平均流量 $y_i(m^3/s)$	年降雨量 $x_i(mm)$	序号	实测年份	年平均流量 $y_i(m^3/s)$	年降雨量 $x_i(mm)$
11	1970	70	165	15	1974	1	62
12	1971	54	143	16	1975	41	130
13	1972	20	78	17	1976	75	168
14	1973	44	129				

【解】 据题意应求年平均流量(y_i)依年雨量(x_i)的回归方程,即 $y=bx+a$,再利用 x_i 推求缺测年份的年平均流量,待定参数 a、b 列表计算(表 3-6)。

表 3-6 某站年平均流量和年降雨量相关计算表

序号	年份	y_i	x_i	$y_i-\bar{y}$	$x_i-\bar{x}$	$(y_i-\bar{y})^2$	$(x_i-\bar{x})^2$	$(x_i-\bar{x})(y_i-\bar{y})$
1	1964	25	110	−19	−20	361	400	380
2	1965	81	184	37	54	1 369	2 916	1 998
3	1968	36	145	−8	15	64	225	−120
4	1969	33	122	−11	−8	121	64	88
5	1970	70	165	26	35	676	1 225	910
6	1971	54	143	10	13	100	169	130
7	1972	20	78	−24	−52	576	2 704	1 248
8	1973	44	129	0	−1	0	1	0
9	1974	1	62	−43	−68	1 849	4 624	2 924
10	1975	41	130	−3	0	9	0	0
11	1976	75	168	31	38	961	1 444	1 178
$\sum$		480	1 436	0	0	6 086	13 772	8 736

由表 3-5 中计算值得:

$$\bar{x}=\frac{\sum x_i}{n}=\frac{1\ 436}{11}=130(\text{mm})$$

$$\bar{y}=\frac{\sum y_i}{n}=\frac{480}{11}=44(\text{m}^3/\text{s})$$

$$R=\frac{\sum_{i=1}^{n}(x_i-\bar{x})(y_i-\bar{y})}{\sqrt{\sum_{i=1}^{n}(x_i-\bar{x})^2\sum_{i=1}^{n}(y_i-\bar{y})^2}}=\frac{8\ 736}{\sqrt{13\ 772\times 6\ 086}}=0.95$$

$$b=\frac{\sum_{i=1}^{n}(x_i-\bar{x})(y_i-\bar{y})}{\sum_{i=1}^{n}(x_i-\bar{x})^2}=\frac{8\ 736}{13\ 772}=0.63$$

由此得 y 依 x 的回归方程式:

$$y-44=0.63(x-130)$$

$$y=0.63x-37.9$$

根据上述回归方程,利用实测年降雨量资料 x_i 延长或插补缺测年份的年平均流量资料,见表 3-7。

表 3-7　某站年利用年降雨量插补和延长缺测年份平均流量计算表

序号	插补延长的年份	年降雨量 x_i(mm)	插补和延长平均流量 y_i(m^3/s)
1	1960	190	82
2	1961	150	57
3	1962	98	24
4	1963	100	25
5	1966	90	17
6	1967	160	66

复习题

1. 概率和频率有何区别和联系?频率和累计频率有何区别和联系?

2. 200 年一遇的洪水,在 100 年中至少遇到一次的概率是多少?

3. 为什么要用适线法配频率曲线?写出求矩适线法的步骤。

4. 什么是抽样误差?如何度量?

5. 某水文站在 1935—1990 年的实测水文资料中,1949 年洪水最大,1954 年与 1981 年洪水相近,居二、三位;又通过历史洪水调查得知,自 1903 年以来的 88 年中,为首的三个大水年是 1921 年、1949 年和 1903 年,并断定不会遗漏比 1903 年更大的洪水。又在 1903 年以前,从文献中考证到比 1921 年更大的洪水有两次,其大小顺序是 1867 年、1832 年、1921 年,其间不会遗漏比 1921 年更大的洪水,而小于 1921 年的洪水则无法查清。求上述各洪水年的洪水经验频率。

第四章 设计洪水流量的推求

桥梁的修建必须能安全宣泄一定量的洪水，河流的洪峰流量有大有小，用多大的洪水来设计桥梁，这就需要制定一个标准，这个标准通常用洪水出现的频率来表示，称为设计洪水频率，按照一定的方法推求相应于该频率的洪水流量即是设计洪水流量，它是桥孔设计及冲刷计算的主要依据。

第一节 概　　述

一、洪　　水

由于降雨、融冰、融雪的原因，河床内水量剧增，水位猛涨，这种现象称为洪水。

洪水包括洪峰、洪量及其随时间的变化(洪水过程曲线)。由于影响水文现象的因素繁多且复杂，一次洪水只能是众多因素组合作用的结果。所以各条河流的洪水不同，同一河流各次的洪水也不同，为跨越不同河流的各级桥涵而给定具体的流量值作为设计依据是不可能。

二、设计洪水

在规划建筑物时，要根据工程的任务和规模，从安全、经济角度综合考虑拟定一个在修建及使用期内需防御的某一量级的洪水作为设计标准和依据，这一洪水称为设计洪水，设计洪水的大小用它出现的可能性——频率表示，设计洪水频率越小，其出现的机会越小，设计洪水标准越高。设计洪水频率所对应的洪峰流量，称为设计洪水流量(m^3/s)，简称设计流量。设计洪水包括设计流量及其对应的水位和洪水过程线。

公路、铁路永久性桥涵及路基的设计洪水频率分别见表 4-1[摘自《公路工程水文勘测设计规范》(JTG C30—2015)]和表 4-2[摘自《铁路工程水文勘测设计规范》(TB 10017—2021)]所示。

表 4-1　公路桥涵设计洪水频率

构造物名称	公路等级				
	高速	一级	二级	三级	四级
特大桥	1/300	1/300	1/100	1/100	1/100
大、中桥	1/100	1/100	1/100	1/50	1/50
小　桥	1/100	1/100	1/50	1/25	1/25
涵洞及小型排水构造物	1/100	1/100	1/50	1/25	不作规定
路　基	1/100	1/100	1/50	1/25	按具体情况确定

表 4-2　铁路桥涵、路基洪水频率标准

铁路分类	设计洪水频率			检算洪水频率
	桥梁	涵洞	路基	特大桥(或大桥)属于技术复杂、修复困难或重要者
高速铁路、城际铁路、市域(郊)铁路,Ⅰ、Ⅱ铁路,重载铁路	1/100	1/50	1/100	1/300
Ⅲ级铁路	1/100	1/50	1/100	1/300
Ⅳ级铁路	1/50	1/50	1/50	1/100
≥5 Mt 铁路专用线	1/100	1/50	1/50	—
<5 Mt 铁路专用线	1/50	1/50	1/50	—

三、设计洪水流量的推求方法

设计流量是桥孔设计的主要依据之一,设计洪水流量精度对桥孔设计将产生直接的影响。由于桥梁、涵洞所在地区、河流等情况不同,搜集到的水文资料不同,推求设计流量的方法也不相同。目前,对于大中河流,具有足够的实测流量资料并可调查到观测资料以前发生的特大洪水资料时,主要采用水文统计法;无资料地区,可按地区经验公式及水文参数求算设计流量,求算的设计流量应有历史洪水流量的验证;汇水面积小于 100 km^2 的河流,可按推理公式计算,公式中的参数和指数,采用各地区编制的暴雨径流图表值;小桥涵、路基工程及特殊地区的设计流量计算,根据实际情况使其符合规范相关规定。

同一座桥梁的设计流量可以根据资料及地区特点,采用多种方法计算,经对比分析论证后,选用其合理者,以提高成果的可靠性。

第二节　洪水资料的处理

具有足够的实测流量资料时,可应用水文统计原理,推算桥梁的设计洪水流量。洪水资料是频率计算的基础,是决定计算成果精度的关键。因此,在进行频率计算前,应对本流域及相邻流域的有关情况进行详细调查研究,并作出处理,使基本资料具有一定的可靠性、独立性、一致性和代表性,以满足频率计算的要求。

一、洪水资料的选择

资料应满足独立随机选择的要求,对洪峰流量采用“年最大值法”选择,每年只选取一个最大瞬时洪峰流量,可由水文年鉴逐日平均流量表上统计查得,或直接由水文特征统计表上查得。

二、洪水资料的审查

应从以下几方面对洪水资料进行审查。

1. 可靠性审查

重点审查对设计洪水影响较大的大洪水年份的资料;对水文站的观测资料需要注意因水尺位置、零点高程、水准基面的变动及浮标系统选用不当所引起的系统差值和误差,必要时可通过上下游站、干支流站水量平衡的分析比较进行鉴别;对战争或动乱年代的观测资料,必须仔细分析，必要时进行实地调查验证；对历史洪水调查资料，必须采用可靠或较可靠的数据。

2.代表性审查

水文现象的统计规律，只能通过若干年实测资料而得，是一个有限的短暂的系列。这个从总体资料分割出来的系列应该能代表总体分布，越接近总体分布其误差就越小，系列就具有较好的代表性。资料中应包括大、中、小洪水年及特大洪水年，一般可与邻近水文站较长期的系列进行比较或通过暴雨资料来分析，从而判断资料是否具有代表性。

3.一致性审查

主要了解流域形成洪水的基本条件各年是否相同，有无因修水库、溃堤、分洪等影响了洪水流量，若有，应加以修正。如流域在乱垦乱伐之前，同样暴雨，洪峰流量要小得多，洪水过程线要矮胖得多；之后，洪峰流量要大得多，洪水过程线尖瘦得多，这是由于流域下垫面的改变，使洪水发生条件不一致所产生。

4.独立性审查

统计计算要求同一系列中的所有变量必须是相互独立的，即各洪峰流量独立发生，不因其他洪峰的影响而发生。例如从流域外引入洪水或从流域内引出洪水的洪水资料，无独立性，不能和独立性资料一起统计计算。

三、洪水资料的插补延长

洪水资料插补延长的主要方法是相关分析法，资料展延的年数不应超过实测年数，并不应使用辗转相关的方法。

插补延长洪水系列的方法有以下三种：

(1)利用上(或下)游站的流量资料进行插补延长

当设计断面的上(或下)游站有较长观测系列的水文站时，可以此作为参证站，根据本站与参证站的同期资料，点绘相应的洪水相关图。如区间面积不大，且无较大支流汇入，两站相关关系较好，点据密集分布呈带状，则可通过直接相关，利用参证站的资料进行插补延长。

(2)利用本站洪峰与水位(或洪量)关系进行插补延长

洪峰、水位(或洪量)关系线的绘制一般根据较多的点据，为此每年可选择几次较大的洪水资料，来分析它们之间的相关关系。当相关线受到暴雨特性和河网调蓄等影响时，通常考虑这些因素确定其外延趋势。

(3)利用本流域暴雨资料插补延长

利用暴雨观测资料，通过降雨径流关系，插补缺测年份的洪水值。进行插补延长时，需要结合气象、地理等自然条件，进行合理分析。对于偏高较大的大水点据，不应机械地通过，也不应任意舍弃。

四、洪水资料的调查

我国河流一般实测资料不长，但我国历史悠久，地方志、河志等历史文献对旱洪灾情有所记载，为我们提供了较长历史时期内的洪水情况。一般把水文站的观测年限称为实测期，把洪水调查和文献考证的最远年份至实际调查时的年限，分别称为调查期和考证期(均包括实测期在内)，两者合起来称为调查考证期，经过现场调查研究，可以对历史洪水进行定量和分级，从而较准确地确定历史洪水的重现期。调查考证方法详见第五章第一节有关叙述，将历史洪水资料加入样本系列，使样本容量增大，从而提高了样本的代表性，增加计算结果的可靠性。

特大洪水必须引起人们的重视，对于特大洪水没有明确的量的定义，一般指相当大的洪水，在频率曲线上与一般洪水频率点有明显脱节现象。考虑特大洪水的影响，可以增加样本资料系列的容量，增强样本系列的代表性，减少各统计特征值的抽样误差，提高计算结果的稳定性和可靠性。其重要性可从以下实例中看出。

滹沱河黄壁庄水文站，从 1918 年开始观测，到 1954 年共有不连续系列 20 年实测洪水资料，其中最大实测洪峰流量为 3 700 m^3/s。在 1954 年推算设计流量时，虽然已调查到 4 次历史洪水资料，但因为有人对它们定量的可靠性有怀疑，只用了实测的 20 年资料进行推算，计算成果是：$C_v=0.8$；$C_s/C_v=3.0$，$Q_{1\%}=7\ 500\ m^3/s$。两年后，1956 年该站测得特大洪水，流量为 13 100 m^3/s，若以此资料加入系列，即有 22 年资料，推算出 $Q_{1\%}=25\ 900\ m^3/s$，它与前者相差 3 倍有余，这引起了人们的重视。经过再次实地调查和历史文献考证，根据河床断面冲淤，修正历史洪水流量，1794 年 $Q=25\ 000\ m^3/s$，1853 年 $Q=18\ 000\ m^3/s$，1917 年 $Q=13\ 500\ m^3/s$；1935 年 $Q=8\ 300\ m^3/s$。如果 1954 年就用调查得到的 4 次历史洪水资料，其中 1794 年洪水按 160 年至 350 年以来的首位计算，得 $C_v=1.7$；$C_s/C_v=3.0$，$Q_{1\%}=30\ 000\ m^3/s$。后来 1963 年又测得特大洪水 $Q=12\ 000\ m^3/s$，在 1964 年用全部资料进行计算，其结果是：$C_v=1.5$；$Q_{1\%}=31\ 000\ m^3/s$，这与 30 000 m^3/s 相差较少，可见计算由于有历史洪水参加，结果比较稳定。说明，当样本容量增大，即考虑了历史洪水时，可以提高计算结果的可靠性，这就证明了考虑特大洪水的重要。

五、洪水流量的经验频率估算

1. 连序系列

连序系列是将 n 年各项洪水值按其大小顺序统一排位，其第 m 项的经验频率可采用式(4-1)估算。

$$P_m=\frac{m}{n+1}\times 100\% \tag{4-1}$$

式中 P_m——等于或大于某一流量变量 Q_m 的经验频率；

m——由大到小排位的顺序号，$m=1,2,3,\cdots,n$；

n——实测连续系列的总年数。

2. 不连序系列

计算设计流量时考虑特大洪水，使样本系列容量由实测期 n 延长为调查考证期 N，实测系列与特大值系列共同组成一个不连续系列作为代表总体的样本，因此，其经验频率和统计参数均应按不连续系列计算(即进行特大值的处理)。特大洪水的出现，可以有三种情况：特大洪水在实测系列以外，如图 4-1(a)所示，特大洪水在实测系列之内，如图 4-1(b)所示，实测系列内外都有特大洪水，如图 4-1(c)所示。

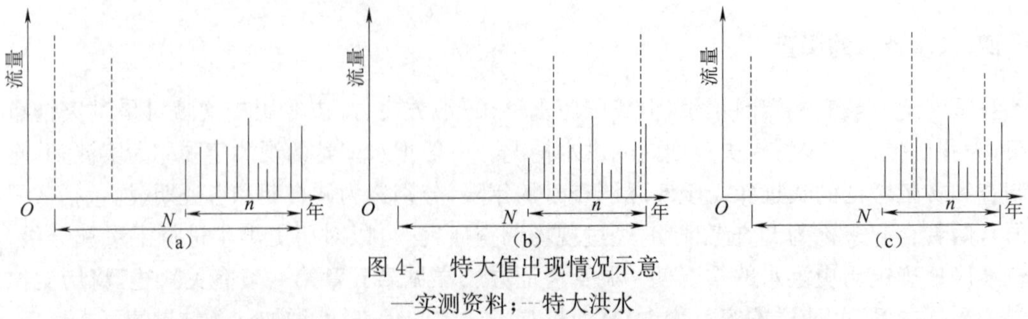

图 4-1 特大值出现情况示意

—实测资料；---特大洪水

不连序系列的经验频率可根据资料条件按下述方法之一估算：

(1)实测值和特大值分别在各自系列中进行排位，其中实测系列的各项经验频率仍按式(4-1)估算，而调查期 N 年中的前 a 项特大洪水(无遗漏时)，排序顺位为 $M(M=1,2,\cdots,a)$，经验频率 P_M 为

$$P_M=\frac{M}{N+1}\times 100\% \tag{4-2}$$

式中　M——历史特大洪水按递减次序排列的序号；

N——调查考证期。

若在 N 年系列中除 a 项特大洪水外，可能还有遗漏时，则可根据对特大洪水的调查考证情况，分别在不同的调查期内排位估算其经验频率。

当某一项洪水可以同时在两个连续系列中排位时，其经验频率应取其中抽样误差较小者。

(2)将实测系列与特大值系列共同组成一个不连续系列作为代表总体的样本，不连续系列各项可在调查期 N 年内统一排位。

假设在调查期 N 年中有特大洪水 a 项，其中 l 项发生在 n 年实测系列之内；N 年中的 a 项特大洪水的经验频率用式(4-2)计算。实测系列中其余的 $(n-l)$ 项，因为抽样是在总体内小于末位特大洪水的条件下进行的，其经验频率的估算公式为条件概率公式：

$$p_m=p_{ma}+(1-p_{ma})\frac{m-l}{n-l+1} \tag{4-3}$$

p_{ma} 为末位特大洪水的频率 $p=\frac{a}{N+1}\times 100\%$，故式(4-3)也可写作：

$$p_m=\frac{a}{N+1}+\left(1-\frac{a}{N+1}\right)\frac{m-l}{n-l+1} \tag{4-4}$$

式中　a——在 N 年中连续顺位的特大洪水项数(包括发生在实测系列内的 l 项)；

n——实测洪水系列项数；

l——实测洪水系列中抽出作特大值处理的洪水项数；

m——实测洪水的序位$(1,2,\cdots,m,\cdots,n)$；

p_m——实测系列第 m 项的经验频率。

3. 统计参数 $\bar{Q}$、C_v 和 C_s 的确定

用皮尔逊Ⅲ型曲线推算设计流量时，可先根据样本用矩法估算统计参数，并按适线法进行调整，再由调整后所确定的统计参数来推算设计流量。

(1)对于 n 年连序系列，统计参数可按下列各式估算：

流量均值：
$$\bar{Q}=\frac{1}{n}\sum_{i=1}^{n}Q_i \tag{4-5}$$

变差系数：
$$C_v=\frac{1}{\bar{Q}}\sqrt{\frac{\sum_{i=1}^{n}(Q_i-\bar{Q})^2}{n-1}} \tag{4-6}$$

式中　Q_i——系列流量(m^3/s)，$i=1,2,3,\cdots,n$。

其余符号意义同前。

(2)对于一个不连续系列，若在调查(或考证)期 N 年内，有 a 个特大值，其中 l 个发生在实测期 n 年内，假定 $(N-a)$ 年内流量的均值及分布规律与 n 年内的分布规律相同。这样，则可用下式计算：

$$\bar{Q}=\frac{1}{N}\left(\sum_{j=1}^{a}Q_j+\frac{N-a}{n-l}\sum_{i=l+1}^{n}Q_i\right) \tag{4-7}$$

$$C_v=\frac{1}{\bar{Q}}\sqrt{\frac{1}{N-1}\left[\sum_{j=1}^{a}(Q_j-\bar{Q})^2+\frac{N-a}{n-l}\sum_{i=l+1}^{n}(Q_i-\bar{Q})^2\right]} \tag{4-8}$$

式中 Q_j——特大洪水流量(m^3/s);$j=1,2,\cdots,a$;

Q_i——实测流量(一般洪水流量)(m^3/s);$i=l+1,l+2,\cdots,n$。

其余符号意义同前。

4.统计参数的适线法调整

对于不连续的年最大流量系列,其统计参数的最后确定,仍是应用适线法最适宜。以上计算的均值 $\bar{Q}$ 可不调整,变差系数 C_v 值可在 $\pm\sigma_{C_v}$ 范围内调整,$\pm\sigma_{C_v}$ 的近似公式为

$$\sigma_{C_v}=\frac{C_v}{\sqrt{2n}}\sqrt{1+2C_v^2+\frac{3}{4}C_s-2C_vC_s} \tag{4-9}$$

C_s 为偏差系数,一般选用 2~5 倍的 C_v,经适线调整最后确定。

第三节　根据流量观测资料推算设计流量

一、适线法推求设计流量

在桥址或其上、下游具有 30 年及以上实测流量资料,并调查到历史洪水时,可直接根据流量资料进行频率计算,利用适线法推求设计流量。适线法中的理论频率曲线宜采用皮尔逊Ⅲ型曲线。适线过程一般可按下述步骤进行:

(1)据实测洪水系列资料和历史洪水调查成果,组成不连续系列资料。并按大小递减次序排列。

(2)按不连续系列(有特大值)的经验频率计算方法计算各项变量的经验频率,在几率格纸上绘出经验频率点,目估绘出经验频率曲线。

(3)应用矩法公式计算均值 $\bar{Q}$ 和变差系数 C_v,并假定 $C_s=mC_v$,在我国一般取 $m=2\sim5$,在绘有经验频率点群(或曲线)的同一几率格纸上,绘出理论频率曲线。

(4)观察理论频率曲线与经验频率曲线的符合程度,反复调整统计参数,直到两者符合得最好为止,即可确定统计参数 $\bar{Q}$、C_v 和 C_s 的采用值及采用的理论频率曲线。

在适线过程中,一般主要是调整 C_s,选取 m 值,假若少许调整 C_v,能得到更为满意的结果,也可以对 C_v 值在 $\pm\sigma_{C_v}$ 范围内做少量调整。调整方法,可以参照统计参数与频率曲线形状的关系(图 3-7),使理论频率曲线与经验频率点群分布符合最好为准。例如理论频率曲线左端和右端都偏低,则应增大 C_s;若曲线左端偏低而右端偏高,则应增大 C_v 值。

(5)确定了统计参数 $\bar{Q}$、C_v 和 C_s 的采用值及采用的理论频率曲线后,设计流量可以通过延长频率曲线或通过公式 $Q_p=(1+C_v\phi_p)\bar{Q}$ 计算得到。

二、算　例

【例 4-1】 某一级公路拟建一座大桥。桥位上游附近的一个水文站,能搜集到 24 年断续的流量观测资料,经插补和延长,获得 1963 年至 1992 年连续 30 年的年最大流量资料;又通过洪水调查和文献考证,得到 1784 年、1880 年、1948 年、1955 年四次较大的历史洪水(洪水资料

见表 4-3)，另从调查得知从 1784 年至 1992 年大于等于 1948 年洪峰流量者无遗漏，但小于者无法考察清楚，试推求该大桥的设计流量。

表 4-3　洪 水 资 料

年　份	流量(m^3/s)	年　份	流量(m^3/s)	年　份	流量(m^3/s)
1784	3 900	1971	1 680	1983	1 000
1880	3 800	1972	1 710	1984	1 963
1948	3 350	1973	1 580	1985	1 470
1955	3 550	1974	1 960	1986	1 702
1963	2 570	1975	3 470	1987	1 510
1964	3 025	1976	900	1988	1 650
1965	1 750	1977	1 100	1989	1 870
1966	1 600	1978	1 550	1990	1 842
1967	1 490	1979	1 840	1991	1 200
1968	2 270	1980	840	1992	1 562
1969	1 090	1981	1 510		
1970	2 806	1982	1 460		

【解】 1. 经验频率计算

分析可知，调查到历史特大洪水的最远年份是 1784 年，而实测期最后年份是 1992 年，则考证(调查)期 $N=(1992-1784)+1=209$ 年。从 1784 年至 1992 年大于等于 1955 年洪峰流量者无遗漏，但小于者无法考察清楚，故从 1784 年至 1992 年的 209 年中大洪水的排队顺序为：1784 年、1880 年、1955 年、1975 年、1948 年，其余序号无法排出。$M=1,2,\cdots,5$，对应的频率：$p=\dfrac{M}{N+1}\times100\%$。

以上历史洪水与实测洪水资料组成一个不连续样本系列，样本总容量 $N=209$，其中共有 5 个特大值，即 $a=5$；实测期为 30 年，即 $n=30$；实测期内有一个特大值(1975 年)，即 $l=1$，这样可以用条件概率公式计算实测洪水频率。也可以将实测系列在 $n=30$ 年中连续排队，$m=1,2,\cdots,19,30$，利用公式 $p=\dfrac{m}{n+1}\times100\%$计算频率，其中 1975 年频率值选长系列计算的结果。根据以上分析分别计算出每个洪水的频率，列入表 4-4 中。

表 4-4　计算洪水频率

按流量大小排列				经验频率 $p(\%)$	
年　份	流　量(m^3/s)	大洪水顺位 M	实测洪水顺位 m	$p_a=\dfrac{M}{N+1}\times100\%$ $p=\dfrac{m}{n+1}\times100\%$	$p_a=\dfrac{M}{N+1}\times100\%$ $p_m=\dfrac{a}{N+1}+\left(1-\dfrac{a}{N+1}\right)\dfrac{m-l}{n-l+1}$
1784	3 900	1		0.48	0.48
1880	3 800	2		0.96	0.96
1955	3 550	3		1.44	1.44
1975	3 470	4	1	1.90(选)，3.23	1.90
1948	3 350	5	—	2.39	2.39
1964	3 025		2	6.45	5.64
1970	2 806		3	9.68	8.90
1963	2 570		4	12.90	12.15
1968	2 270		5	16.13	15.40
1984	1 963		6	19.35	18.66

续上表

按流量大小排列				经验频率 p(%)	
年　份	流　量 (m^3/s)	大洪水顺位 M	实测洪水顺位 m	$p_a=\frac{M}{N+1}\times 100\%$ $p=\frac{m}{n+1}\times 100\%$	$p_a=\frac{M}{N+1}\times 100\%$ $p_m=\frac{a}{N+1}+\left(1-\frac{a}{N+1}\right)\frac{m-l}{n-l+1}$
1974	1 960		7	22.58	21.91
1989	1 870		8	25.81	25.17
1990	1 842		9	29.03	28.42
1979	1 840		10	32.26	31.67
1965	1 750		11	35.48	34.93
1972	1 710		12	38.71	38.18
1986	1 702		13	41.94	41.43
1971	1 680		14	45.16	44.69
1988	1 650		15	48.39	47.94
1966	1 600		16	51.61	51.20
1973	1 580		17	54.84	54.45
1992	1 562		18	58.06	57.70
1978	1 550		19	61.29	60.96
1981	1 530		20	64.52	64.21
1987	1 510		21	67.74	67.46
1967	1 490		22	70.97	70.72
1985	1 470		23	74.19	73.97
1982	1 460		24	77.42	77.22
1991	1 200		25	80.65	80.48
1977	1 100		26	83.87	83.73
1969	1 090		27	87.10	86.99
1983	1 000		28	90.32	90.24
1976	900		29	93.55	93.49
1980	840		30	96.77	96.75

2. 统计参数计算

特大洪水处理后,计算参数为

$$\bar{Q}=\frac{1}{N}\left(\sum_{j=1}^{a}Q_j+\frac{N-a}{n-l}\sum_{i=l+1}^{n}Q_i\right)=\frac{1}{209}\left(18\ 070+\frac{209-5}{30-1}\times 48\ 720\right)=1\ 726(\mathrm{m^3/s})$$

$$C_v=\frac{1}{\bar{Q}}\sqrt{\frac{1}{N-1}\left(\sum_{j=1}^{a}(Q_j-\bar{Q})^2\right)+\frac{N-a}{n-l}\left[\sum_{i=l+1}^{n}(Q_i-\bar{Q})^2\right]}=0.34$$

3. 应用求矩适线法确定采用的统计参数和理论频率曲线

(1)试取 $C_v=0.34$,$C_s=4C_v=1.36$,适线比较:$p>5\%$,频率曲线偏高;$p<5\%$,频率曲线偏低。

(2)试取 $C_v=0.34$,$C_s=2.5C_v=0.85$,适线比较,$p<20\%$,频率曲线偏低。

(3)试取 $C_v=0.36$,$C_s=0.90$,适线比较:理论频率曲线与点群整体分布配合较好;理论频率曲线与 5 个特大值吻合较好,取此参数 $\bar{Q}$、C_v 和 C_s 作为采用值,如图 4-2 所示。

采用值为

$$\bar{Q}=1\ 726\ \mathrm{m^3/s},\quad C_v=0.36,\quad C_s=0.90$$

(4)由该桥的设计洪水频率 $p=1\%$ 及 $C_s=0.90$ 查表 3-4 得 $\phi_p=2.96$。

$$Q_{1\%}=(1+C_v\phi_p)\bar{Q}=(1+0.36\times 2.96)\times 1\ 726=3\ 565(\mathrm{m^3/s})$$

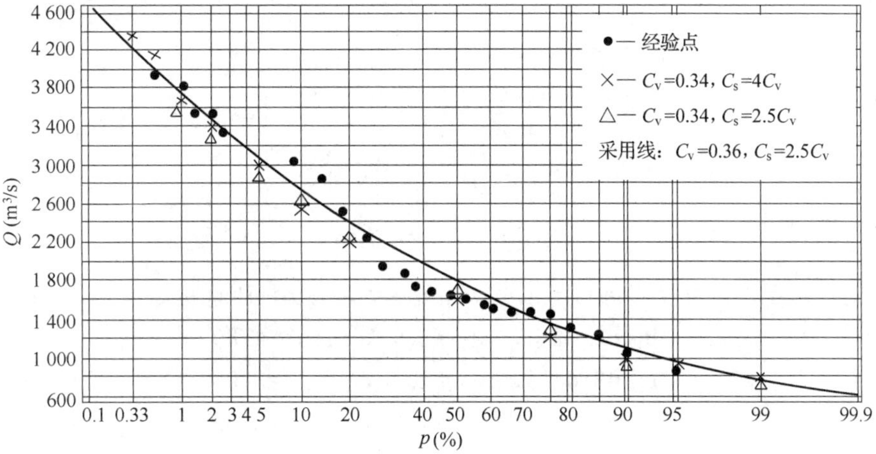

图 4-2　适线法配频率曲线

第四节　缺乏流量观测资料时推算设计流量

公路、铁路沿线跨越的河流，一般中小河流居多，这些河流往往没有设水文站，或设站年代不长，没有足够的流量资料，且无条件插补延长，不能得到一定数量的经验频率点作为配制理论频率曲线的依据。因此，我们把注意力转到如何在缺乏足够流量资料的情况下确定设计流量。

一、根据历史洪水资料推求设计流量

1. 若能调查到多次历史洪水资料，并能确定它们的重现期且重现期较长时，可将这些经验频率点绘于海森几率格纸上，目估绘出经验频率曲线，以此曲线推求设计洪峰流量值。

2. 若能调查到的历史洪水资料数量较少，不能点绘出经验频率曲线，但可以较准确地定出各历史洪水的重现期时，则可按以下方法估算设计洪水值：

(1)确定 C_v、C_s 值

当通过调查得到几个历史洪水时，出于同一条河、同一测站、C_v、C_s 是其固有特性，可根据河段特征经验地选取或利用经验公式计算；当邻近河流有较长期的流量资料，流域特征和降雨情况差别不大时，可参考采用邻近河流的 C_v、C_s 值如差别较大，可根据 C_v、C_s 地区变化规律，适当调整后采用。

(2)利用式 $Q_p = (\phi_p C_v + 1)\bar{Q} = K_p\bar{Q}$ 计算设计流量

根据历史洪水频率及 C_v、C_s 值，可以查得相应的 K_p，故 n 个历史洪水可得到 n 个 $\bar{Q}$ 。若 n 个 $\bar{Q}$ 相近，则认为选取的 C_v、C_s 是适合的，可以采用，否则更新选取，直至 $\bar{Q}$ 相近，并且选取最可靠的那个历史洪水推求的 $\bar{Q}$ 作为频率曲线的参数，知道了 $\bar{Q}$ 、C_v、C_s 即可求出设计频率所对应的流量。

【例 4-2】 华中平原上的某河，汇水面积为 120 km^2，在 1997 年进行洪水调查时，得到历史最大、次大及第三大洪水的发生年代是：1958 年(420 m^3/s)、1971 年(340 m^3/s)和 1944 年(280 m^3/s)，其中 1971 年的资料最可靠。求 p=1%的流量。

【解】 从1944年到1997年的54年中,大于等于280 m^3/s的流量出现了三次,因此可以有:

$$p_{1958}=\frac{1}{54+1}=1.82\%$$

$$p_{1971}=\frac{2}{54+1}=3.64\%$$

$$p_{1944}=\frac{3}{54+1}=5.46\%$$

从水文手册查得该河可选用$C_v=1.20$,$C_s/C_v=2$,以此查P-Ⅲ型曲线的ϕ_p得

$$p_1=1.82\%,\quad \phi_1=3.17,\quad K_{p1}=4.80$$
$$p_2=3.64\%,\quad \phi_2=2.48,\quad K_{p2}=3.98$$
$$p_1=5.46\%,\quad \phi_3=1.94,\quad K_{p3}=3.33$$

因为

$$\overline{Q}=\frac{Q_p}{K_p}$$

所以

$$\overline{Q}_{1938}=420\div4.80=87.5(m^3/s)$$
$$\overline{Q}_{1971}=340\div3.98=85.4(m^3/s)$$
$$\overline{Q}_{1944}=280\div3.33=84.1(m^3/s)$$

3个$\overline{Q}$很接近,采用$\overline{Q}_{1971}=85.4$ m^3/s,$C_v=1.20$,$C_s=2.4$。

$$Q_{1\%}=85.4\times(1+3.81\times1.2)=475.8(m^3/s)$$

二、根据地区性经验公式推求设计流量

水文现象受气候和自然地理因素的影响,具有明显的地区性。跨越中小河流的桥梁,若缺少水文站观测资料,但本地区有根据地区水文资料制定的经验公式,也可利用地区经验公式计算水文参数和设计流量等水文要素。

第五节　小流域暴雨洪峰流量推算方法

一般情况下,面积在100 km^2以下的流域,称为小流域。公路、铁路沿线跨越的小河、溪流及沟壑等都属于小流域范围。实际工作中,小流域的流量计算,一般根据暴雨资料用推理公式或经验公式来推求。

降雨经过植物截留、土壤入渗等损失,再填满了流域坡面的坑洼后,开始出现地面径流。降雨扣除各种损失后称为净雨。从降雨到净雨的过程称为产流过程。假定设计暴雨的频率与设计洪水的频率相同。

时段平均暴雨强度i、历时t和雨力S_p之间的关系用式(4-10)表示。

$$i=\frac{S_p}{t^n}\tag{4-10}$$

式中　S_p——频率为p的雨力(mm/h);

　　n——降雨递减指数。

从降雨量推算净雨量,有两种方法:

一种方法是降雨量乘以折减系数,即洪峰径流系数,以Ψ表示;

另一种方法是从降雨量中减去损失雨量,损失雨量可用损失参数μ(mm/h)表示。

坡面出现径流后，从流域各处汇集到流域出口河流断面的过程，称为汇流过程。影响汇流过程的主要因素有主河道长度(km)、坡度及地形等。

从流域最远点流到出口断面的时间称为汇流时间 τ(h)。

一、推理公式

推理公式的基本形式为

$$Q_p=K\cdot\overline{H_0}\cdot F \tag{4-11}$$

式中 Q_p——频率为 $p\%$的流量(m^3/s)；

K——单位换算系数，取 0.278；

$\overline{H_0}$——频率为 $p\%$的平均净雨强度(mm/h)；

F——流域面积(km^2)。

由于研究者对平均净雨强度$\overline{H_0}$的推算和简化方法不同，推理公式也出现一些不同形式。1958 年我国水利科学研究院水文研究所制定了下列推理公式：

$$Q_p=0.278\frac{\Psi S_p}{\tau^n}F \tag{4-12}$$

式中符号释义同前。此式已广泛应用于我国各地区的水利工程。各地区水文手册中均有该公式当地的有关参数等数据资料，桥涵设计时可作为重要的参考资料。

20 世纪 80 年代初，交通部公路科研所和各省(自治区)交通设计院共同制定的小流域暴雨径流推理公式为

$$Q_p=0.278\left(\frac{S_p}{\tau^n}-\mu\right)F \tag{4-13}$$

式中 Q_p——设计频率 $p(\%)$时的洪峰流量(m^3/s)；

S_p——设计频率 $p(\%)$的雨力(mm/h)，查各地水文手册雨力等值线或图表资料，或全国雨力等值线图；

μ——降雨损失参数(mm/h)，其计算公式为

北方地区 $$\mu=K_1(S_p)^{\beta_1} \tag{4-14}$$

南方地区 $$\mu=K_2(S_p)^{\beta_2}F^{-\lambda} \tag{4-15}$$

其中 K_1,K_2——系数，可查各地水文手册土壤植被分区表和损失参数的分区及系数指数值表获得，

β_1,β_2,λ——指数，可查各地水文手册土壤植被分区表和损失参数的分区及系数指数值表获得；

n——暴雨递减指数，查各省(自治区)n 值分区及数值表得 n_1、n_2 和 n_3，$\tau<1$ h，用 n_1；1 h$\leqslant\tau<6$ h，用 n_2；6 h$\leqslant\tau<24$ h，用 n_3；

τ——汇流时间(h)，其计算公式为

北方多采用 $$\tau=K_3\left(\frac{L}{\sqrt{i}}\right)^{\alpha_1} \tag{4-16}$$

南方多采用 $$\tau=K_4\left(\frac{L}{\sqrt{i}}\right)^{\alpha_2}S_p^{-\beta_3} \tag{4-17}$$

其中 L——主河沟长度(km)，

i——主河沟平均坡度(比降)(‰)，

K_3,K_4——系数,可查各地水文手册汇流时间分区及系数指数值表获得,

$\alpha_1,\alpha_2,\beta_3$——指数,可查各地水文手册汇流时间分区及系数指数值表获得。

以上交通系统制定的推理公式和经验公式,一般应用于流域面积为 100 km^2 下的小河沟。水利科学研究院水文研究所 1958 年制定的推理公式,对于多雨湿润地区,流域一般在 300 km^2 至 500 km^2 以下;干旱地区为 100 km^2 至 200 km^2 以下。

二、经验公式

1. 公路交通系统经验公式

(1)经验公式 1

20 世纪 80 年代初,在制定推理公式的基础上,又制定了简单的小流域暴雨径流的经验公式,即

$$Q_p=\Psi(S_p-\mu)^m F^{\lambda_2} \tag{4-18}$$

式中 S_p,μ,F——意义同前;

Ψ——地貌系数,查表 4-5;

m,λ_2——指数,查表 4-5。

表 4-5 经验公式(4-20)中各区系数和指数

省(自治区)	分区	分区,指标		系数,指数 Ψ		m	λ_2
安徽	Ⅰ	$I_z>15‰$		$p=4\%$ $p=2\%$ $p=1\%$	1.2×10^{-4} 1.4×10^{-4} 1.6×10^{-4}	2.75	0.896
	Ⅱ	$I_z=5‰\sim15‰$		$p=4\%$ $p=2\%$ $p=1\%$	4.8×10^{-4} 5.5×10^{-4} 7.0×10^{-4}	2.75	1.0
	Ⅲ	$I_z<5‰$		$p=4\%$ $p=2\%$ $p=1\%$	1.8×10^{-4} 1.9×10^{-4} 2.0×10^{-4}	2.75	0.965
四川	Ⅰ	盆地丘陵区	$I_z\leqslant2‰$ $2‰<I_z<10‰$ $I_z\geqslant10‰$	0.086 0.105 0.124		1.18	0.712 0.730 0.747
	Ⅱ	盆缘山区,青衣江区	$I_z\leqslant10‰$ $10‰<I_z<20‰$ $I_z\geqslant20‰$	0.102 0.123 0.142		1.20	0.724 0.745 0.788
宁夏	Ⅰ	丘陵区		0.308		1.32	0.60
	Ⅱ	山 区		0.542		1.32	0.60
	Ⅲ	林 区		0.085		1.32	0.75
甘肃	Ⅰ	平原区		0.08		1.08	0.96
	Ⅱ	丘陵区		0.14		1.08	0.96
	Ⅲ	山 区		0.27		1.08	0.96

续上表

省（自治区）	分区	分区，指标	系数，指数			
			Ψ		m	λ₂
吉林	Ⅰ	平原区	0.007 6～5.6		1.50	0.80
	Ⅱ	丘陵区	0.005 3～7.0		1.50	0.80
	Ⅲ	山　区	0.003～0.68		1.50	0.80
河南	Ⅰ	根据河南省 n 值分区图	0.22		0.98	0.86
	Ⅱ		0.66		1.03	0.65
	Ⅲ		0.76		1.00	0.67
	Ⅳ		0.28		1.07	0.81
新疆	Ⅰ	林区土石山	0.006 5		1.5	0.80
	Ⅱ	土石山	0.035		1.5	0.80
内蒙古	Ⅰ	大青山东端山区	p=4%	8.4	0.41	0.55
			p=2%	12.3		
			p=1%	19.2		
	Ⅱ	大青山东部和蛮汉山山地丘陵区	p=4%	7.8	0.41	0.55
			p=2%	11.8		
			p=1%	16.5		
	Ⅲ	大青山西端山区	p=4%	7.4	0.41	0.55
			p=2%	11.2		
			p=1%	15.0		
福建	Ⅰ	平原区	0.09		1.0	0.96
	Ⅱ	丘陵区	0.10			
	Ⅲ	浅山区	0.16			
	Ⅳ	深山区	0.25			
贵州	Ⅰ	平原丘陵区	0.002		1.085	0.98
	Ⅱ	浅山区	0.003 8			
	Ⅲ	深山区	0.066			

（2）经验公式 2

$$Q_p = CS_p^{\beta}F^{\lambda_3} \tag{4-19}$$

式中　S_p，F——意义同前；

C，β，λ_3——系数，指数，查表 4-6。

表 4-6　经验公式（4-21）中各区系数和指数

省（自治区）	分区	分区，指标	系数，指数		
			C	β	λ_3
山西	Ⅰ Ⅱ Ⅲ	石山、黄土丘陵植被差土石山，风化石山植被一般煤矿漏水区，植被较好地区	0.24～0.20 0.19～0.16 0.15～0.12	1.0	0.78

续上表

省（自治区）	分区	分区，指标		系数，指数			
				C		β	λ_3
四川	Ⅰ	盆地丘陵区	$I_z \leqslant 10‰$	0.125		1.10	0.723
			$I_z > 10‰$	0.145			
	Ⅱ	盆缘山区，青衣江区	$I_z \leqslant 10‰$	0.140		1.14	0.737
			$I_z > 10‰$	0.160			
安徽	Ⅰ	$I_z > 15‰$		$p=4\%$	2.92×10^{-4}	2.414	0.896
				$p=2\%$	3.15×10^{-4}		
				$p=1\%$	3.36×10^{-4}		
	Ⅱ	$I_z = 5‰\sim15‰$		$p=4\%$	1.27×10^{-4}	2.414	1.0
				$p=2\%$	1.32×10^{-4}		
				$p=1\%$	1.50×10^{-4}		
	Ⅲ	$I_z < 5‰$		$p=4\%$	2.35×10^{-4}	2.414	0.965
				$p=2\%$	2.66×10^{-4}		
				$p=1\%$	2.75×10^{-4}		
宁夏	Ⅰ	丘陵区		0.061		1.51	0.60
	Ⅱ	山　区		0.082			0.60
	Ⅲ	林　区		0.013			0.75
吉林	Ⅰ	松花江、图们江、牡丹江水系	山岭区	0.075		0.8	1.12
			丘陵区	0.035			
			平原区	0.013 5			
	Ⅱ	拉林河、饮马河水系	山岭区	0.31		0.8	1.37
			丘陵区	—			
			平原区	0.14～0.618			
	Ⅲ	东运河水系	山岭区	—		0.8	0.52
			丘陵区	—			
			平原区	0.275			
甘肃	Ⅰ	平原区		0.016		1.40	0.95
	Ⅱ	丘陵区		0.025			
	Ⅲ	山　区		0.05			
河南	Ⅰ	见 n 值分区		0.18		1.0	0.86
	Ⅱ			0.45		1.09	0.65
	Ⅲ			0.36		1.07	0.67
	Ⅳ			0.48		0.95	0.80
浙江	Ⅰ	钱塘江流域		0.01		1.37	1.11
	Ⅱ	浙北地区		0.02			
	Ⅲ	其　他		0.015			
福建	Ⅰ	平原区		0.030		1.25	0.90
	Ⅱ	丘陵区		0.034			
	Ⅲ	浅山区		0.050			
	Ⅳ	深山区		0.071			
贵州	Ⅰ	平原丘陵区		0.016		1.112	0.985
	Ⅱ	浅山区		0.030			
	Ⅲ	深山区		0.056			

2. 铁路部门经验公式

铁路设计各单位对小流域暴雨径流计算，通过多年实践和洪水考验已逐步建立起各自地区的半理论、半经验公式。《铁路工程水文勘测设计规范》(TB 10017—2021)对处于不同地区现行的公式内容分别进行了阐述，现仅介绍西南地区公式。

$$Q_p = 0.278FC_1 a_p \gamma_m \tag{4-20}$$

式中 C_1——产流系数，查表4-7；

a_p——设计暴雨强度(mm/h)，当流域面积 $F \leqslant 10\ \text{km}^2$ 时按 $a_p = 6^{n_1} S_p$ 计算，当流域面积 $F > 10\ \text{km}^2$ 时按 $a_p = 1.413F^{-0.15} \times 6^{n_1} S_p$ 计算，式中 n_1 为短历时暴雨衰减指数；

γ_m——径流函数，根据径流因子 γ 从表4-8中查得。

应用经验公式一定注意公式的适用条件及适用范围，切忌不加分析盲目采用。

表 4-7　土的类别及产流系数

前期雨情	土的类别				
	黏土、肥沃黏土壤，含沙量5%～15%	灰化土、森林型黏土壤，含沙量15%～35%	黑土、栗色土、生草砂壤土含沙量35%～65%	砂壤土，含沙量65%～85%	砂，含沙量85%～100%
前期大雨(年径流系数大于0.5)	0.90	0.85	0.80	0.60	0.45
前期中雨(年径流系数0.5～0.3)	0.80	0.75	0.65	0.50	0.35
前期小雨(年径流系数小于0.3和年径流深300 mm以下)	0.60	0.55	0.50	0.40	0.25

表 4-8　径流函数 γ_m

γ	γ_m	γ	γ_m	γ	γ_m	γ	γ_m
1	0.665	4	0.418	7	0.342	10	0.270
2	0.530	5	0.374	8	0.318	20	0.142
3	0.468	6	0.362	9	0.294	30	0.096

表4-8中的 γ 按下式计算：

$$\gamma = 0.036a_p^{0.4}\tau$$

式中 τ——流域汇流时间(h)，按下式计算：

$$\tau = \frac{L_3^{0.72}}{1.2A_3^{0.8} \cdot I_3^{0.21} \cdot F^{0.24} \cdot a_p^{0.24}}$$

其中 A_3——阻力系数，查表4-9，

L_3——流域分水岭沿流程至桥涵处之距离(km)，

I_3——流域平均坡度，可从出口断面至最远点分水岭处，沿流程绘制纵断面，按面积补偿法计算，也可按 I_3＝(流域平均高程－出口断面处高程)/L'_3，L'_3为流域平均高程的等高线与主槽相交处到出口断面间的距离(km)。

表 4-9 阻力系数 A_3

流域植被、坡面、地貌、河(沟)槽情况	A_3
流域内山坡陡峻，植被茂密，河谷多旱地，河槽内乱石交错，河槽陡峻	1.0
流域内坡面上有中等密度的竹林或树木，坡面多旱地，沟谷有稻田，河床为大卵石间有圆砾	1.0～1.5
坡面有灌木杂草和旱地，沟谷有少量稻田，河槽中等弯曲，河床为砂质或卵石	1.5～2.0
坡面平缓，有少量小树，坡面多有稻田、旱地，河沟较顺直，且为砂质夹有卵石河槽	2.0～2.5
坡面光秃，杂草稀少，多为稻田，有少量旱地，为细砂或明显泥质河槽，河沟顺直	2.5～3.0

复习题

1. 有多年流量观测资料时如何推求设计流量？
2. 缺乏流量观测资料时如何推求设计流量？
3. 小流域暴雨流量的计算中，有哪些计算方法？
4. 太行山北部某地区，桥位上游流域面积 $F=35.0\ \mathrm{km}^2$，试推求设计频率为 2% 的洪水流量。

第五章

大中桥桥孔设计

建桥以后,河流受到桥头引道的压缩和墩台阻水的影响,改变了水流和泥沙运动的天然状态,引起河床的冲淤变形,导致水流对桥梁墩台基础的冲刷,危及桥梁的安全。因此,孔径的计算和布置,应以建桥前后桥位河段内水流和泥沙运动的客观规律为依据。由于对这种客观规律的认识还很不够,目前所用的孔径计算方法,都是建立在某种假定和实验的基础之上,带有一定的经验性,尚待改进。但生产实践表明,这些方法目前仍有实用价值。

大中桥的桥孔设计方案,应符合有关规范的要求,除进行必要的水力计算以外,还必须结合桥位河段的实际情况,全面分析各种有关因素,进行技术经济比较后,研究确定。对于水力水文条件复杂的大桥,可借助水力模型试验,探求合理的桥孔设计方案。

第一节　桥涵水文勘测设计的基本知识

水文调查与勘测的目的是为水文分析、桥涵布设和相关的水文、水力计算提供基础资料,水文分析和计算成果应作为确定设计洪水的依据。水文调查、水文分析应涵盖可行性研究、初测、定测全过程。桥涵水文设计所依据的资料,主要来自实地调查与勘测。桥涵水文勘测资料的精度和施测方法应符合《铁路工程水文勘测设计规范》或《公路工程水文勘测设计规范》等相关规定。

一、桥涵水文勘测的主要任务

桥涵水文勘测期间的主要任务应包括以下内容:

1. 编制预可行性研究报告前,应对控制线路的桥渡进行纸上研究或利用航摄像片进行水文判释,并去现场重点调查和核对。对线路可能通过地区的水文、大型水利设施、地形和地质特征等应进行了解。

2. 初测期间应为桥涵可行性研究提供必要的资料。对特大桥和控制线路方案的大桥以及水文、地质复杂地区的大桥,应通过桥位和桥式方案的比选提出推荐方案;对一般大中桥,必要时也应适当进行上述比选工作;应通过现场水文勘测确定特大桥、大中桥的设计流量和小流域暴雨径流的计算办法;对铁路增建第二线,应提出左右侧或并行或绕行的意见;对既有桥涵提出改建、加固和利用的原则。当水文因素特别复杂时,除汛期内必须进行实地水文观测外,必要时还应进行水工模型试验。

3. 定测期间应根据可行性研究报告批复意见,对初测资料进行核对和补充。对初测后发生过的较大洪水应进行补测,对可行性研究报告中已确定的改建、加固或利用的既有桥涵,应进一步落实,并应考虑有关单位提出的合理要求。

二、桥涵勘测的工作内容

桥涵勘测需要做好:资料搜集,桥梁测绘,水文调查,水文测绘等工作内容。

1.资料搜集工作

在桥涵勘测前,应向有关部门调查、搜集必要的技术资料,主要包括以下几方面的资料:

(1)地形资料

向测绘等有关部门搜集水文和路线所在地区的地形图、航摄像片、三角点及导线点的坐标和方位角,水准点的位置、高程及其高程系统。

(2)水文资料

流域水系图,桥涵所在地的流域面积,桥址附近的河床及河岸变迁资料,流域内有关水文测站历年实测的最大流量及其相应的水位、流速、糙率、水面坡度、测流断面和水位流量、水位流速关系曲线等资料。流域的勘察报告、水文调查和历史水灾分析报告,各种水文图集,暴雨洪水查算图表以及文献、地方志等资料。

(3)降水资料

有关气象、水文台站历年长短历时和最大 24 h 降水量等资料。

(4)流冰、流木资料

河流最高和最低流冰水位,封冻最高水位、冰厚、冰块最大尺寸、冰块的密度、流冰的速度,冰坝抬高水位的高度,流木最大长度和筏运资料,以及漂流物类型、大小尺寸等资料。

(5)通航资料

桥址河道的通航等级、航道图、航行线位置,最高最低通航水位、封冻停航水位,通航净空、通航孔数,排筏最大宽度和长度,以及航道整治规划等资料。

(6)既有桥资料

包括各种图表、台账、履历簿、鉴定书、检算资料,泄洪能力,冲淤情况,涵前积水位和水害、病害等方面的资料。对水害、病害桥涵还应收集运营单位历次改善措施,同时收集邻近既有铁路和公路桥涵的档案和排洪情况。

(7)其他资料

沿线农田水利、灌溉排涝和城市交通、排水、规划等方面的资料。县志等地方志常可提供重要资料。

2.测绘工作

(1)特大桥、大中桥初测应测绘以下内容:

①特大桥、水文复杂的大桥及控制线路方案的大桥,均应测绘桥位方案平面图、桥址平面图。地质复杂时还应有必要的工程地质资料。增建第二线与改建既有线的桥位方案平面图及桥址平面图,还应测绘既有线路的中心线以及桥梁和导治建筑物位置。既有桥渡附近的斜流、涡流、死水和冲淤显著地段,也宜一并测入图内。

②特大桥和控制线路方案的大桥以及水文、地质复杂地区的大桥,均应测绘桥址纵断面图,并加绘工程地质资料。既有桥梁桥址纵断面图(必要时应包括工程地质资料),还应测出既有墩台及其附属建筑物的位置、有关尺寸和高程。

(2)特大桥、大中桥定测应测绘以下内容:

①特大桥必要时应测绘桥渡总平面图,也可利用初测桥位方案平面图,进行核对、修正并加绘线路中心线。

②特大桥及大中桥均应测绘桥址平面图(包括水下地形)，地质复杂的还应有工程地质平面图。

③大中桥两岸应设置中线控制桩并测绘桥址纵断面图和加绘工程地质资料。斜交桥尚应测绘桥址正交断面图。既有桥梁桥址纵断面图(包括工程地质资料)可利用初测资料进行核对补充。

(3)水工模型试验时应测绘以下资料：

①桥址平面图的施测范围应根据具体情况确定。桥址上游要包括一个洪水流向较为固定、水位流量关系较为稳定的控制断面，下游不应短于水流过桥后恢复到天然水位(或水深)的河段长度。测绘宽度除必须达到河流两岸最高历史洪水位或检算水位泛滥线以外，应适当增加一定的富余量。图上应绘出河床断面和调查洪水位的位置。

②桥址地形施测范围内每隔 50～200 m 应施测一个河床横断面，河床形状显著变化处需加测断面。断面上应注明滩槽、各部分地貌、糙率和土的种类及粒径等。

③洪水坡度图施测时可利用水文站的观测资料，调查历史最高洪水位和次高洪水位，绘出最高和次高洪水位的水面坡度图，并在图上绘出测量时顺洪水流向的水面坡度和河底坡度线。

3. 水文调查工作

水文调查应包括以下内容：

(1)洪水调查

一方面，调查各次大洪水发生的时间、洪痕位置、洪水来源、涨落幅度、洪水时的主流方向，调查无漫流、分流及受建筑物的影响，调查雨情资料以旁证洪水调查成果，除了实地调查洪水外，还应广泛搜集有关地方历史文献档案、水利河道专著。另一方面，还要调查各次大洪水的洪痕水位，同一次洪水至少要调查 3 个以上较可靠的有代表性的洪痕点。洪痕的可靠程度可参照表 5-1。

表 5-1　洪痕可靠程度评定标准

评定因素	等　级		
	1	2	3
	可　靠	较可靠	供参考
指认人印象和旁证	亲眼所见，印象深刻，情况逼真，旁证确凿	亲眼所见，印象较深刻，所述情况较逼真，旁证材料较少	所传说或印象不深，所述情况不够清楚具体，旁证少
标志物和洪痕	标志物固定，洪痕位置具体或有明显的洪痕	标志物变化不大，洪痕位置较具体	标志物有较大变化，洪痕位置不具体
估计水位误差范围(m)	小于 0.2	0.2～0.5	0.5～1.0

对每个洪水位，均应在现场标记编号，测定位置和高程，并将调查所得历史洪水位的位置绘于桥位平面图上，并把它投影在河流的深泓线上，如图 5-1 所示；再按各个洪水位的高程及其在深泓线上的距离，点绘于河床纵断面图上，得到洪水纵坡图，如图 5-2 所示。图中Ⅰ-Ⅰ断面是桥位断面，Ⅱ-Ⅱ断面是水文断面，2、3、5 各点都是 1963 年的洪水位，1、4、6 各点都是 1935 年的洪水位。

从洪水纵坡图可以得到桥位断面、水文断面在某年的洪水标高及洪水比降。

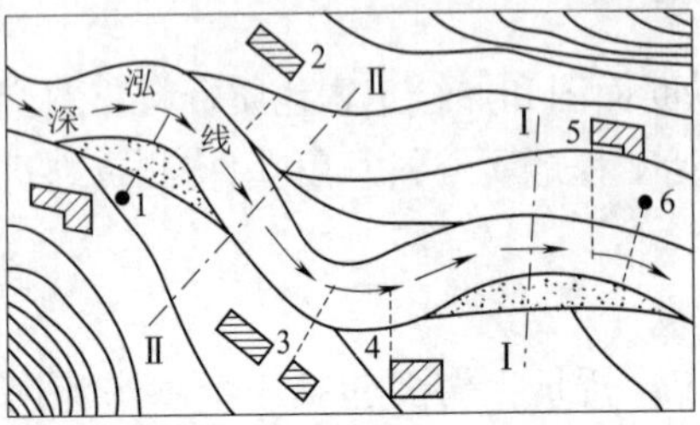

图 5-1　桥位平面示意图

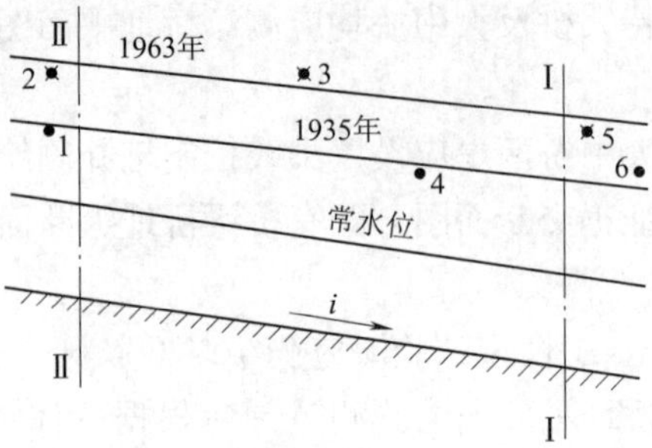

图 5-2　洪水纵坡示意图

(2)推算历史洪水流量

推算历史洪水流量时所采用的过水断面应垂直于水流方向,对断面内的死水、回流区面积应扣除,冲淤变化应更正。复式断面应按河槽和河滩分别计算。推算流量所用的糙率宜采用调查河段或其上、下游或其邻近地区水文站较大洪水实测资料分析求得的水位糙率关系曲线外延的数值。此时应注意外延部分断面特性有无变化和上、下游或邻近地区河段特征是否与调查河段相类似等因素;若无实测资料可按规范给出的天然河道洪水糙率系数表中的数据选用。推算流量所用的水面坡度应以可靠或较可靠、代表性较好的洪痕点,参照测绘时的水面线、河底线及近期实测的大洪水或中、高水的水面线,从考虑河段地形影响而绘制的洪水水面线求得。历史洪水流量可按下述方法推算:

①调查河段有条件参照上、下游水文站的实测资料,建立河段水位流量关系时,可根据调查水位采用水位流量关系曲线外延来推算流量。

②调查河段顺直段内各断面的组成基本一致,调查到的洪痕点分布比较均匀,左右岸洪痕不存在横向坡度时,流量可采用比降法推算,方法如下:

a. 河段内断面变化不大可近似按式(5-1)计算(恒定均匀流)。

$$Q=\frac{\omega}{n}R^{\frac{2}{3}}I^{\frac{1}{2}}=KI^{\frac{1}{2}}=K\sqrt{\frac{\Delta H}{L}} \tag{5-1}$$

式中　Q——流量(m^3/s);

ω——过水断面面积(m^2);

n——糙率;

R——水力半径(m),

ΔH——水面落差(m);

L——河段长度(m);

I——水面坡度;

K——输水率,当采用两个断面计算时,K 值应为上、下游断面的算术平均或几何平均值。复式断面滩槽的 K 值应分别计算(m^3/s)。

b. 河段为扩散河段或收缩河段可采用式(5-2)计算(恒定非均匀流)。

$$Q=\overline{K}\sqrt{\frac{\Delta H}{L_{\mathrm{d}}-\frac{1\pm\xi}{2g}\left(\frac{\overline{K}^2}{\omega_1^2}-\frac{\overline{K}^2}{\omega_2^2}\right)}} \tag{5-2}$$

式中　K——上、下游断面输水率的平均值;

ω_1,ω_2——上、下游断面的有效过水断面面积(m^2);

ξ——局部水头损失系数，收缩河段 $\xi=0\sim0.1$；逐渐扩散河段 $\xi=0.3\sim0.5$；突然扩散河段 $\xi=0.5\sim1.0$，式中收缩河段用 $1+\xi$，扩散河段用 $1-\xi$；

L_d——上、下游断面间距(m)；

g——重力加速度(m/s^2)。

其余符号意义同前。

③采用水面曲线法推算流量，先假定一个流量值，根据选定的各河段糙率，自下游一已知(或估定)洪水位开始，向上游逐段推算水面线。经试算，使推算的水面线与调查的洪水痕迹多数符合为止，则假定的流量即为所推算的流量，其基本公式如下：

$$H_1+\frac{\alpha_1\bar{v}_1^2}{2g}=H_2+\frac{\alpha_2\bar{v}_2^2}{2g}+h_f+h_j \tag{5-3}$$

式中　H_1,H_2——上、下游断面处的水位高度(m)；

v_1,v_2——上、下游断面处的平均流速(m/s)；

h_f——摩阻损失，$h_f=\dfrac{Q^2}{K^2}L$

h_j——局部水头损失，$h_j=\xi\left(\dfrac{\alpha_1\bar{v}_1^2}{2g}-\dfrac{\alpha_2\bar{v}_2^2}{2g}\right)$

α_1,α_2——上、下游断面处动能修正系数。

其余符号意义同前。

采用水面曲线法推算流量应符合下列条件：

a. 调查河段较长、可靠洪痕点较少。

b. 调查洪痕点虽多，但按点群趋势水面线出现明显转折。

c. 河底坡度及横断面变化较大又无控制断面存在并不受变动回水影响。

④当调查河段下游有天然的或人工的控制断面，在控制断面与洪痕间无其他控制断面存在、无支流汇入，在断面下游无束窄断面产生壅水时，流量可根据不同类型的控制断面进行推算。

a. 位于急滩河段，断面以上河底坡小于临界坡、以下大于临界坡时，变坡点处将形成临界流。若临界水深为 h_k，可按临界流公式推算流量，并由此向上推算水面线直至调查到的洪痕处，视二者是否相符。如不符则应重新假设 h_k，重新推算至相符为止，即为所求的流量。

临界流公式为
$$Q=\left(\frac{g\omega_k^3}{B_k}\right)^{\frac{1}{2}} \tag{5-4}$$

临界坡公式为
$$I_k=\frac{n^2Q^2}{\omega_k^2R_k^{4/3}} \tag{5-5}$$

式中　ω_k——临界水深时的过水断面面积(m^2)；

B_k——临界水深时的过水断面水面宽(m)；

I_k——临界坡度；

R_k——临界流的水力半径(m)。

其余符号意义同前。

b. 位于卡口河段，当断面束窄形成卡口，可根据卡口上、下游水位按式(5-6)推算流量。

$$Q=\omega_2\sqrt{\frac{2g(H_1-H_2)}{\left(1-\frac{\omega_2^2}{\omega_1^2}\right)+\frac{2gL\omega_2^2}{K_1K_2}}} \tag{5-6}$$

式中符号意义同前。

c.位于堰流河段,调查河段下游修有堰坝等水工建筑物时,洪水流量可利用堰流水力学公式推算。

(3)河道调查

河道调查的目的有二,一是为了推求历史洪水断面,以求正确计算出历史洪水流量值,二是为了掌握河段河床演变的规律,正确估计桥址河段演变范围,以便正确地布设桥孔及设置导流建筑物。

搜集河道历年变迁的图纸和资料,调查河道弯曲发展及滩槽稳定情况;调查河道支流、分流、急滩、卡口、滑坡、塌岸、塘、坝、尾矿库、弃渣场和自然壅水等现象;调查河床冲淤变化、上游泥沙来源、历史上淤积高度和下切深度;调查河道规划与河底管线等埋设物的情况;调查航道等级,最高及最低通航水位、通航孔数,高、中、低水位的上、下行航线位置;调查漂流物类型及尺寸;根据河床形态、泥沙组成、岸壁及植被情况,确定河床各部分洪水糙率。

河道历史冲淤变化规律的定性描述对桥渡设计工作是不够的,我们要通过调查来建立定量的概念。例如,在嘉陵江白水镇河段,群众一致反映河床逐年淤积,通过个别访问和座谈会,取得了近 70 年来四种估算淤积深度的依据:一是河岸原有 15 个台阶,现在只露出 3 个台阶,淤埋了 12 个 (每个 0.2 m),淤深约 2.4 m;二是右岸有个佛儿洞,原高出水面一丈,现与水面齐平,估算淤深 3.0 m;三是渡口原有两个拴船的桩,低水时用石桩,石桩高出水面八九尺,现在石桩与水面平,计算淤深 2.97 m;四是原左岸一台坎距河底有一屋高(当地屋高约 4 m),现在坎离河底只有 1.7 m,淤深 2.3 m。这样可以认为在 70 年内平均淤积厚度约为 2.6 m,为计算历史洪水流量时提供了较为可靠的断面修正依据。还可以根据河床淤积层次,埋没的树木、植物及其他物质来确定河道淤积的厚度和淤积的速度。

河道冲淤变化不仅与洪水大小有关,还与河床地质土壤条件有关。对于基岩不深的山区河流,河床是地质年代里形成的。一两次大洪水对它的作用有限。但对于冲积河流的多沙河段,每一次大洪水都将有显著冲淤。在野外调查时,除需了解年际变化外,也要调查一次洪水过程的冲淤情况。在一些情况下,可借助于与该河段条件相似的邻近水文站实测断面冲淤变化规律,建立桥址与水文站的相关关系,进而移用水文站的冲淤变化规律于桥址。

(4)冰凌调查

调查历年封河及开河的时间、开河形势、最高和最低流冰水位及时间、上下游是否形成冰塞和冰坝现象,以及上下游水工建筑物对流冰的影响;调查冰厚,冰块大小、结冰面积及冰凌区域的水文、气象资料等。

(5)汇水区流域特征调查

调查土质种类及其分布;农田、森林、沼泽和岩溶的情况;流域的地形、地貌和植被情况;人类活动的影响。

4. 水文测绘工作

(1)水文断面的测绘

水文断面应在桥位上、下游各测绘一个,对河面不宽的中桥可只测绘一个,桥位断面符合水文断面条件时,桥位断面可作为水文断面。断面位置应根据河段特征、水文情况和洪水位的分布密度确定。水文断面宜选在河段顺直,河滩宽度较窄,河床稳定,断面变化不大、纵坡平顺,无较大支流汇入、无任何倒灌或水库回水影响,并靠近洪水痕迹或洪水位点较多之处。水文断面应与主河槽及河滩流向垂直。施测范围应高于最高历史洪水位或检测水位 0.5 m 以上。漫滩较宽的河流可测至上述水位边界。河槽与河滩的划分及相应的糙率应在现场确定。

对增建第二线和改建既有线的桥渡，应在桥渡附近选择一个水文断面，并在不受既有桥影响的河段上，再选一至两个水文断面作为流量计算断面。

（2）水文平面关系的测绘

施测范围应包括调查的洪水位点、水文断面和桥位方案的位置，可利用桥位方案平面图进行补充。当水文断面仅用于推求流量使用时，可不测绘平面关系。

（3）水面坡度图的测绘

一般在桥址上下游附近测量不少于三倍河宽的长度，其范围应包括所有洪水位测点水文断面位置及各桥渡位置在内，并能反映河段的水文特征；测绘内容包括历史最高洪水位、多年平均洪水位及设计水位等水面坡度曲线，测量时的水面坡度，河床纵坡。桥址纵断面及水文断面位置，水工建筑物位置，既有公（道）路、铁路中线位置，壅水曲线及跌水等；顺直河段上可沿一岸施测，在弯曲河段或当设计需要时，应在两岸同时施测。

5. 其他工作

对于泥石流地区、岩溶地区、水利化地区和水库地区的桥渡还应该按照《铁路工程水文勘测设计规范》的相关要求进行相应的特殊勘测工作。

第二节　设计水位

设计水位一般用 H_p 表示，是指桥位设计断面上相应于设计流量的水位。由于设计流量 Q_p 是通过频率曲线求得的，在河道中尚未出现过，因此与其相应的水位一般也不可能直接测得。通常通过延长 $Q—H$ 曲线的方法获得。

一、水位与流量的关系

1. 较稳定的水位与流量关系曲线

河道的平均流速，随着河道水力特性（过水断面、水力半径、糙率、比降）而变。当测验河段适当，水流稳定时，水流近于均匀流，一个水位对应的流量变化不大，它们之间呈现单一关系曲线，$Q—H$ 间有较稳定的关系。图 5-3 为稳定的水位流量关系曲线。当测点分布宽度不超过平均曲线流量的 10%（流速仪）或 20%（浮标测流）时，则认为 $Q—H$ 关系曲线是稳定的。

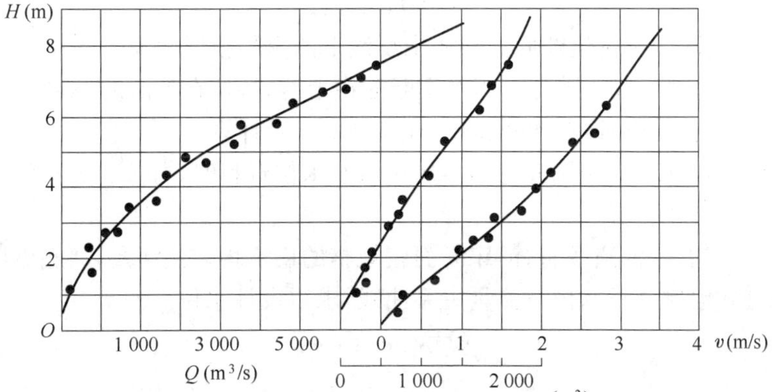

图 5-3　稳定的水位—流量关系曲线

2. 不稳定的水位—流量关系曲线

在天然河道中,水位流量往往由于河床冲淤、回水变动、洪水涨落等影响,使水位流量关系点散乱。如河床发生冲淤时,同一水位下过水断面面积不相同;再如洪水上涨时,上游先涨,下游后涨,故比降较平时陡,流速较大,流量较大。落水时相反,故测得绳套形 Q—H 曲线,如图 5-4所示。

二、设计水位的推求

1. 如果有桥位处实测的断面水文资料,则可以直接绘制桥位断面的水位—流量关系曲线(图 5-5),当Q—H关系稳定时,直接延长 Q—H 曲线可求得设计流量对应的设计水位。但需要延长的水位变幅应小于总水位变幅的 20%。同时应结合上、下游的历史洪水位和河段洪水比降调查资料进行分析修正。也可先延长水位面积和水位流速曲线,再根据延长了的流速及面积来延长水位流量关系曲线。

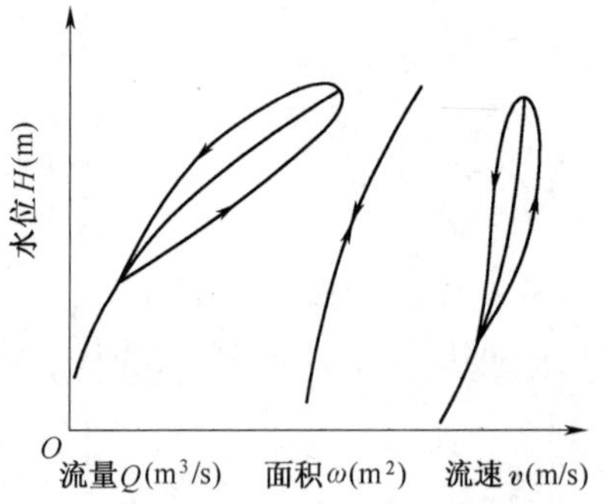

图 5-4 不稳定的水位—流量关系曲线

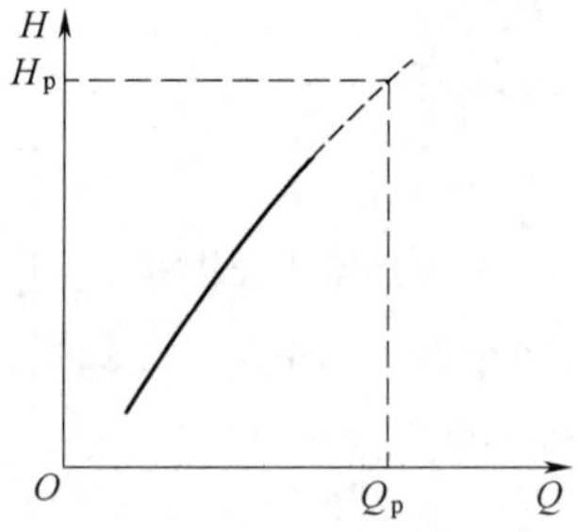

图 5-5 Q—H 曲线延长

2. 如果没有桥位断面实测的水文资料,而桥位附近实测水文断面有实测资料,并且与桥位断面之间的河段顺直,断面规整,河底纵坡均一时,可绘制水文断面的水位—流量关系曲线,若水文断面与桥位断面处两者的流域面积相差不超过 5%时,可利用延长水文断面处的Q—H曲线得出水文断面处流量 Q'_p所对应的水位 H'_p,利用水面比降推算出桥位断面的设计水位:

$$H_p = H'_p \pm I\Delta L \tag{5-7}$$

式中 ΔL——水文断面至桥位断面沿河流中泓线上的水平投影距离;

I——洪水比降,以小数计。当水文断面在上游,桥位在下游时,取负号计算;反之,当桥位在上游时,水文断面在下游时,取正号计算。

3. 当桥址附近河床断面规则并有多年历史洪水水位资料时,可按有关频率计算规定,利用水文统计法推求设计水位。

4. 对水面比降均一,河道顺直,河床断面较规整的稳定均匀流河段,河底纵坡均一时,可以按如下水力学公式绘制延长水位—流量关系曲线,求得设计水位。

$$Q = v_c\omega_c + v_t\omega_t \tag{5-8}$$

$$v_c = \frac{1}{n_c}R_c^{\frac{2}{3}}I^{\frac{1}{2}} \tag{5-9}$$

$$v_t = \frac{1}{n_t}R_t^{\frac{2}{3}}I^{\frac{1}{2}} \tag{5-10}$$

式中　Q——洪水流量(m^3/s)；

v_c，v_t——河槽、河滩平均流速(m/s)；

n_c，n_t——河槽、河滩粗糙系数，可查表获得；

R_c，R_t——河槽、河滩水力半径(m)，当宽深比大于10时，可用平均水深代替；

ω_c，ω_t——河槽、河滩过水断面积(m^2)。

5. 当桥位计算断面和水文断面的上下游有卡口、人工建筑物或断面形状和面积相差较大，河底纵坡有明显曲折时，宜按式(5-6)计算，采用试算法求算设计流量时的水面线，推求设计水位。

$$H_1 = H_2 + \frac{Q^2}{2}\left[\left(\frac{1}{K_1^2}+\frac{1}{K_2^2}\right)L\right] - \frac{(1-\xi)}{g}\left(\frac{1}{\omega_1^2}-\frac{1}{\omega_2^2}\right) \tag{5-11}$$

式中　H_1，ω_1——卡口上游断面的水位(m)、过水断面积(m^2)；

H_2，ω_2——卡口下游断面的水位(m)、过水断面积(m^2)；

K_1，K_2——卡口上游断面、卡口断面的输水系数。

6. 特殊地区设计水位，可按《公路工程水文可测设计规范》(JTG C30—2015)或《铁路工程水文勘测设计规范》(TB 10017—2021)的规定计算。

三、设计洪水过程线

设计洪水过程线可采用放大典型洪水过程线或利用雨量资料推算。

1. 放大典型洪水过程线的方法推算

应选资料可靠，洪水较大，对桥渡运营不利的洪水作为典型。将典型洪水过程线用设计洪峰控制，按同一倍比放大。倍比值应按下式计算：

$$K_g = Q_p / Q_n \tag{5-12}$$

式中　K_g——放大倍比值；

Q_n——典型洪水的洪峰流量(m^3/s)；

Q_p——设计流量(m^3/s)。

2. 采用雨量资料推算时可采用单位线法

由设计地面净雨过程通过单位线推流，得设计地面径流过程。将地面径流过程加上地下径流过程，即可求得设计洪水过程。

第三节　桥位河段水流图式和桥孔布置原则

一、桥位河段的水流图式

建桥后桥位河段的水流和泥沙运动状态是桥孔水力计算的依据，但桥位河段的水流和泥沙运动十分复杂，目前只能在某些假定和实验的基础上，对缓流河段(弗汝德数 $F_r<1$)提出简化的水流图式。由于只有很少部分峡谷性河段和变迁性河段的桥位，其设计洪水的流态接近或达到急流($F_r>1$)，而绝大多数的桥位是处于缓流河段。因此，缓流河段的水流图式及其孔径计算方法，适用于大多数桥梁的孔径计算。

桥位河段的水流图式如图5-6所示。桥位河段的平面如图5-6(a)和(b)所示，河流的天然水面宽度为 B，正常水深(均匀流水深)为 h_0。由于桥孔对水流的压缩，从桥位上游相当远处的断面①起，水面就开始壅高，并呈 α_1 型壅水曲线，无导流堤时直到桥位上游大约一个桥孔长

度 L 处的断面②(有导流堤时则为上游堤端附近),达到最大壅水高度 ΔZ。水流接近桥孔时,急剧收缩而呈"漏斗"状,无导流堤时直到桥位下游附近的断面③′(有导流堤时则到桥位中线断面③),水面最窄,流速最大,形成桥位河段的"颈口",称为收缩断面。收缩断面下游,水流又逐渐扩散,到断面④才恢复天然状态。在水流收缩段的主流与河岸之间,由于水流分离现象,桥台上下游两侧将形成回水区。桥位河段的河槽纵断面[图 5-6(c)],缓流河段($F_r<1.0$),在壅水范围内,水流流速减小,挟沙能力降低,泥沙沉积。最大壅水断面的下游,水流流速增大,挟沙能力加强,河床发生冲刷而且收缩断面处的河床冲刷最严重。桥位河段河槽纵断面[图 5-6(d)],急流河段($F_r\geqslant1.0$),桥下水深和桥前水深均为正常水深 h_0,但在桥墩迎水面出现一定高度的冲击波。

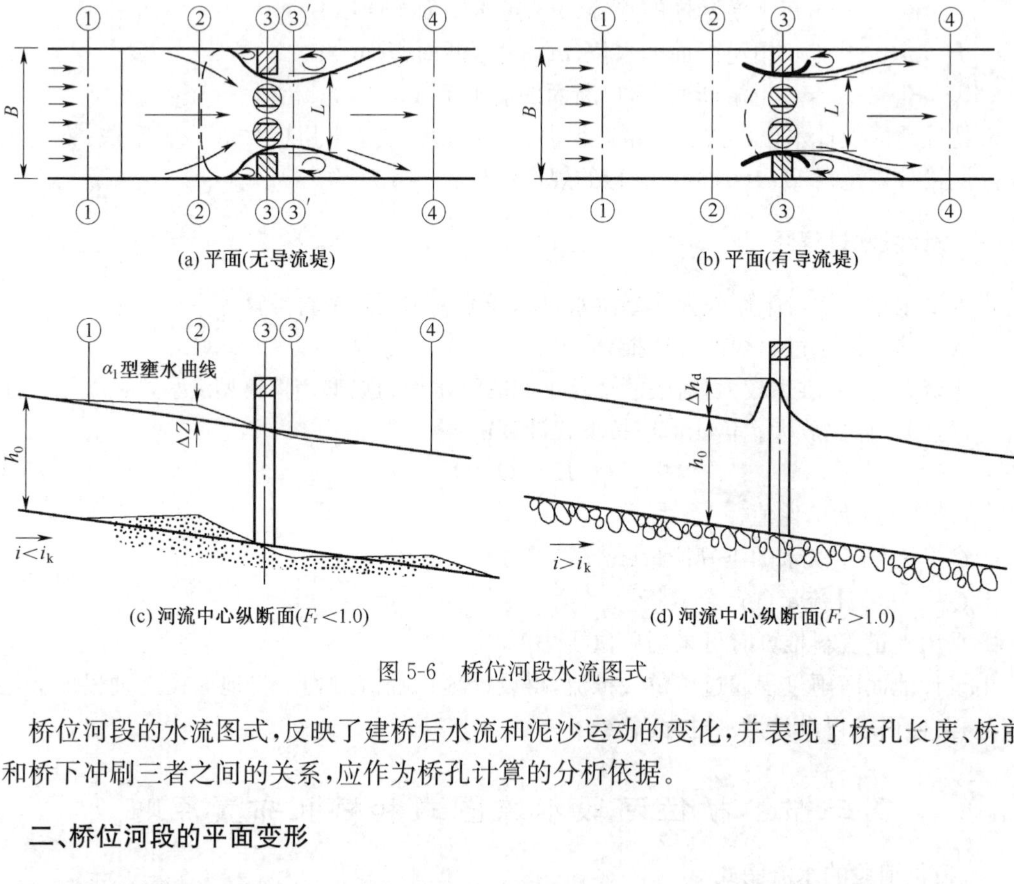

图 5-6　桥位河段水流图式

桥位河段的水流图式,反映了建桥后水流和泥沙运动的变化,并表现了桥孔长度、桥前壅水和桥下冲刷三者之间的关系,应作为桥孔计算的分析依据。

二、桥位河段的平面变形

桥的新建使得河流上又多了个控制河道变形的节点。因桥渡所在河段类型不同,桥渡方案不同,河道演变也不相同。

1. 蜿蜒河段

图 5-7 示出了位于蜿蜒河段上的桥渡附近的河床演变情况。当桥孔大于河主槽宽时,河曲仍能自然演变,或主槽逼向桥头,见图 5-7(b)中的Ⅰ;或河槽逼向桥头引线,见图 5-7(b)中的Ⅱ,或逼向导流堤,见图 5-7(b)中的Ⅲ。当桥孔压缩了宽阔的河滩,河流的水流相对集中,在地质条件允许冲刷时,桥下主槽有可能扩宽,使一部分河滩变为河槽,如图 5-7(c)所示。在平面发生变化的同时,河流的过水断面也发生改变。

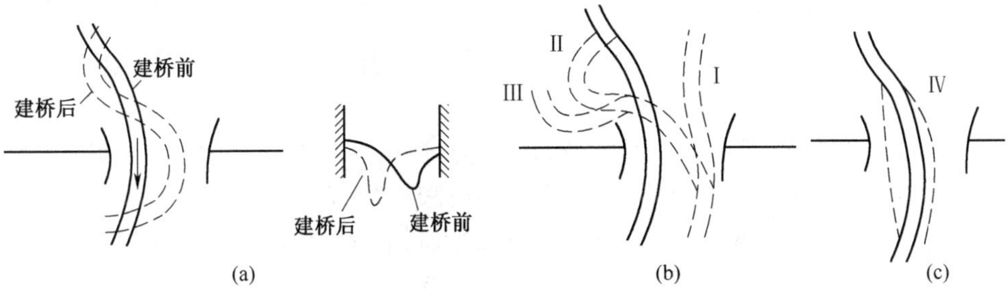

图 5-7　蜿蜒河段桥渡河段演变示意

2. 顺直微弯河段

顺直微弯河段的河槽中常常形成犬牙交错的边滩，在水流与河床的相互作用下，边滩下移发展，深槽将交替出现在桥渡横断面的左右两岸，如图 5-8 所示。因此，不能视桥轴设计断面的形态不变，更应注意到边摊的作用。

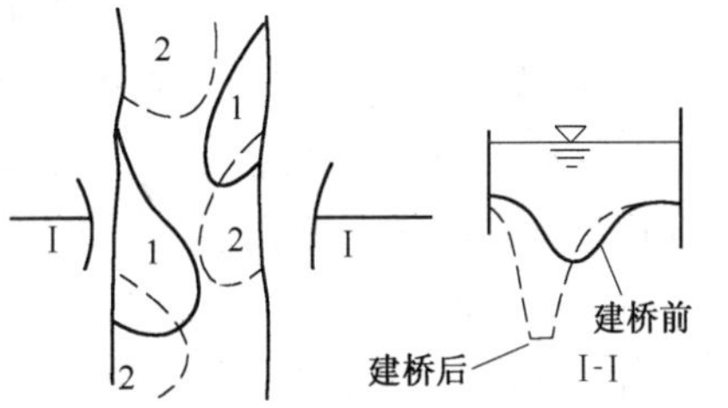

图 5-8　顺直微弯河段上桥渡河段演变趋势

3. 游荡型河段

这里有两种情况：一是设置长大导流堤，约束水流集中进入桥孔，加大单宽流量和流速，汊流消失成为单一河道，如图 5-9 所示。另一情况是桥孔不设导流堤约束水流，汊道纵横、主槽多变，河段极不稳定，桥渡断面任何地方均可能变为深槽、心滩或边滩。

在沿河线上跨越小河的桥渡在大河深泓向河岸摆动时，河岸被侵蚀。小河沟在汇入大河处，河口会扩宽。当桥渡成为节点于河口时，深泓遇到阻碍，可有如图 5-10 所示出的变形（演变）。深泓将危及墩台的安全。

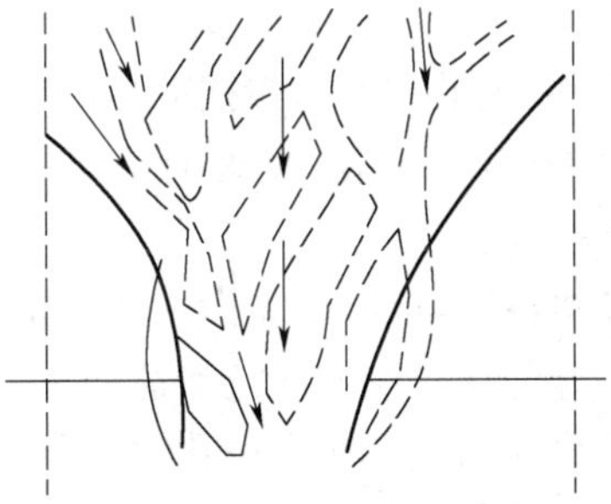

图 5-9　游荡性河段长导流堤桥渡河段

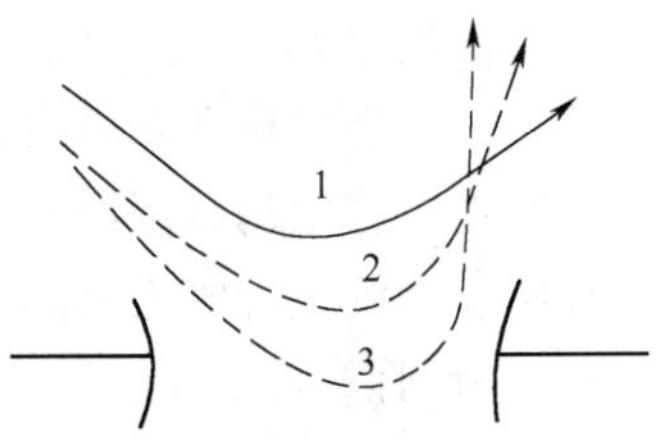

图 5-10　沿河桥深泓摆动的影响

以上由于建桥而改变了原有河流的水沙条件，将促使河流变形，在桥渡设计中应引起足够的重视。

三、桥孔的布设

桥孔布设的原则，在公路和铁路规范都有相应的规定，其基本内容大致相同，具体可以参见《铁路工程水文勘测设计规范》（TB 10017—2021）和《公路工程水文勘测设计规范》（JTG C30—2015）。

1.桥梁孔径布置的一般原则

(1)桥孔设计必须保证设计洪水以内的各级洪水和泥沙安全通过,并满足通航、流冰及其他漂浮物通过的要求。

(2)桥孔布设应适应各类河段的特性及演变特点,避免河床产生不利变形,且做到经济合理。

(3)建桥后引起的桥前壅水高度、流势变化和河床变形,应在安全允许范围之内。

(4)桥孔设计应考虑桥位上下游已建或拟建的水利工程、航道码头和管线等引起的河床演变对桥孔的影响。

(5)桥位河段的天然河道不宜开挖或改移。开挖、改移河道应具有可靠的技术经济论证。

(6)跨越河口、海湾及海岛之间的桥梁,必须保证在潮汐、海浪、风暴潮、海流及海底泥沙运动等各种海洋水文条件影响下,正常使用和满足通航的要求。

2.不同类型河段上,桥梁孔径布设的具体要求

(1)桥孔布设应与天然河流断面流量分配相适应。在稳定性河段上,左右河滩桥孔长度之比应与左右河滩流量之比相当;在次稳定和不稳定河段上,桥孔布设必须考虑河床变形和流量分布变化趋势的影响。桥孔不宜压缩河槽,可适当压缩河滩。

(2)在内河通航的河段上,通航孔布设应符合通航净空要求,并应充分考虑河床演变和不同水位所引起的航道变化。

(3)在设有防洪堤的河段上,桥孔布设应避免扰动现有河堤。与堤防交叉处宜留有防洪抢险通道;在断层、陷穴、溶洞、滑坡等不良地段也不宜布设墩台。

(4)在冰凌严重河段,桥孔应适当放大,并应增设防冰撞措施。

(5)山区河流的桥孔布设宜符合下列要求:

①峡谷河段宜单孔跨越。桥面高程应根据设计洪水位,并结合两岸地形和路线等条件确定。

②在开阔河段可适当压缩河滩。河滩路堤宜与洪水主流流向正交,斜交时应增设调治工程。

③山区沿河纵向桥,宜提高线位,将沿河纵向桥设置在山坡坡脚,避开水面或少占水面。

(6)平原河流的桥孔布设应符合下列要求:

①在顺直微弯河段,桥孔布设应考虑河槽内边滩下移,主槽在河槽内摆动的影响。

②在弯曲河段,应通过河床演变调查,预测河弯发展和深泓变化,考虑河槽凹岸水流集中冲刷和凸岸淤积等对桥孔及墩台的影响。

③在滩槽较稳定的分汊河段上,若多年流量分配基本稳定,可考虑布设一河多桥。桥孔布设应预计各汊流流量分配比例的变化,并应设置同流量分配相对应的导流构造物。

④在宽滩河段,可根据桥位上下游主流趋势及深泓线摆动范围布设桥孔,并可适当压缩河滩,但应考虑壅水对上游的影响。若河汊稳定又不宜导入桥孔时,可考虑修建一河多桥。

⑤在游荡河段,不宜过多压缩河床,应结合当地治理规划,辅以调治工程。

(7)山前区河流桥孔布设应符合下列要求:

①在山前变迁河段,在辅以适当的调治构造物的基础上,可较大地压缩河滩。桥轴线应与河岸线或洪水总趋势正交。河滩路堤不宜设置小桥和涵洞。当采用一河多桥方案时,应堵截临近主河槽的支汊。

②在冲积漫淹河段,桥孔宜在河流上游狭窄或下游收缩段跨越。若在河床宽阔、水流有明显分支处跨越,可采用一河多桥方案,并应在各桥间采用相应的分流和防护措施。桥下净空应考虑河床淤积影响。

由于河流受很多因素的影响，各个河段既有共同的性质，又有不同的特点。一条大河流的各个河段往往具有不同的特征。桥位选择、桥孔设计和各项水文计算等，都需要了解桥位河段的这种客观规律，以便提出切合实际的桥梁孔径设计方案。

第四节　桥梁孔径计算

设计水位处两桥台前缘之间（埋入式桥台则为两桥台护坡坡面之间）的水面宽度，称为桥孔长度（L），扣除全部桥墩宽度（顺桥方向）后，则称为桥孔净长（L_j），也称桥梁孔径，如图5-11所示，此时孔径 $L=L_1+L_2+\cdots$。

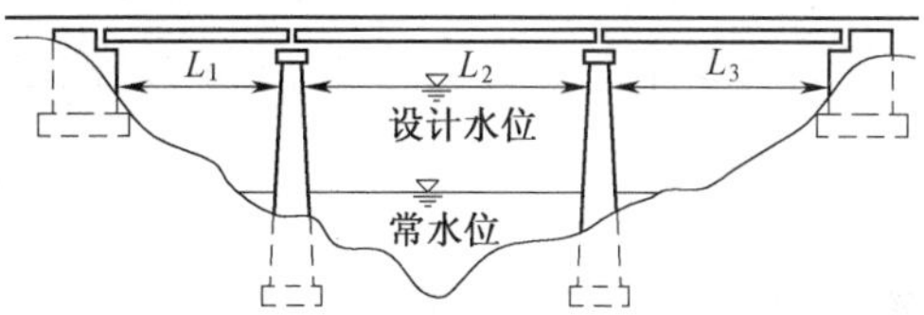

图 5-11　非埋式桥台桥梁孔径

桥孔长度的确定，首先应满足排洪和输沙的要求，保证设计洪水及其所挟带的泥沙从桥下顺利通过，并应综合考虑桥孔长度、桥前壅水和桥下冲刷的相互影响。

一、铁路桥梁孔径的计算

1. 设计流速 v_p

在桥渡设计中，总是希望在不引起强烈的河床变形的前提下，桥下过水断面能发挥其最大的过水能力；希望流速能够达到允许最大值，使得所需要提供的过水面积尽可能小一些。设计流速 v_p 就是受这种思想支配的一个参数。

河流上建桥以后，桥孔压缩了河道，当桥下流速增大到一定数值时，桥下河槽开始冲刷（称为一般冲刷，详见第六章），随着冲刷后水深的增加，桥下的过水面积逐渐扩大，而桥下流速逐渐降低，河槽的冲刷将相应减缓，最终趋于停止，如图 5-12 所示。也就是说，河流都有一个特定的流速，达到该流速时，河槽的冲刷即停止。别列柳伯斯基于 1874 年提出了下面的假定：桥下过水面积扩大到使桥下流速等于天然河槽流速时，桥下冲刷即停止。他建议用天然河槽平均流速作为河槽冲刷停止时的平均流速。

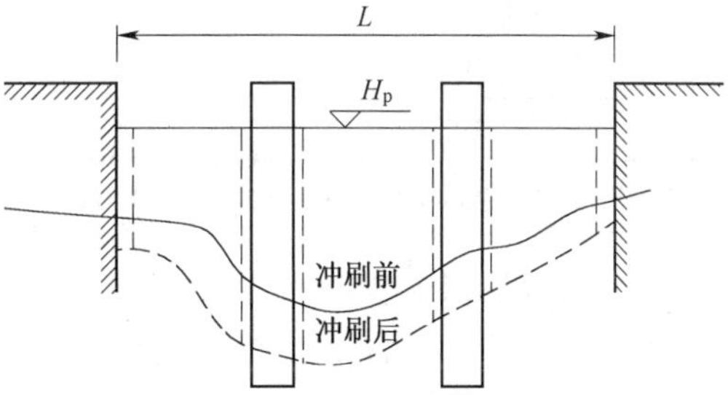

图 5-12　桥下过水面积示意图

基于前人的研究，在《铁路工程水文勘测设计规范》（TB 10017—2021）中，对于河滩较小并且压缩不多的河段，设计流速采用通过设计流量时河槽（包括边滩）的天然平均流速（即一般冲刷完成后的桥下平均流速）；对于河滩很大河段，设计流速值可按经验确定；而对于渠道或运河，设计流速可采用设计渠道或运河时的设计流速。

一般设计流速都不超过河床土壤的不冲刷流速。但不管怎样，实际河流上，桥位处的流速能不能在通过设计流量时达到设计流速值，还得视具体情况，或大于、或小于都是可能的。因为河流的自调作用（也就是河流演变）有其随机性。

2. 孔径的计算

（1）冲刷系数

由于孔径计算采用的是冲刷系数法，所以冲刷系数是一个非常重要的参数。冲刷系数 P

按如下公式计算：

$$P=\frac{\omega_x}{\omega_g} \tag{5-13}$$

式中 ω_g——桥下供给的过水断面积(m^2)，当桥址上下游有阻水山包或其他挡水建筑物时，桥下供给过水断面积应扣除其影响部分；

ω_x——桥下需要的过水断面积。

从冲刷系数的表达式可以看出，冲刷系数是桥下需要的过水面积与建桥后不考虑冲刷的供给面积之比值，不足的部分靠冲刷河床以扩大过水断面积，冲刷系数越大，河床受到的冲刷就越大，当桥下有部分河床冲不动时，势必加剧其他部分的冲刷。

$$\omega_x=\frac{Q_p}{v_p\cos\alpha} \tag{5-14}$$

其中 Q_p——设计流量(m^3/s)，

α——水流方向与桥梁之法线间的夹角(°)，

v_p——设计流速(m/s)：对于河滩较小并且压缩不多的河段，设计流速采用通过设计流量时河槽(包括边滩)的天然平均流速；对于河滩很大河段，设计流速值可按经验确定；渠道或运河，设计流速可采用设计渠道或运河时的设计流速。

当河床允许冲刷时，桥梁的孔径计算不宜超过表 5-2 中所列容许冲刷系数值；当桥下不容许冲刷时，可采取铺砌防冲的方法，但是对于大中桥则不宜采用铺砌防冲办法。

表 5-2 容许冲刷系数

河流类型		冲刷系数	附注	河流类型		冲刷系数	附注
山区	峡谷区	≤1.2	无滩	山前区	稳定河段	≤1.4	—
	开阔区	≤1.4	有滩				
平原区		≤1.4	—		变迁性河段	按地区经验确定	—

注：平原宽滩河流的平均水深小于或等于 10 m 时，容许冲刷系数可大于表列数值。

(2)孔径的计算

将上面的式(5-13)和式(5-14)联立，就得到了桥梁孔径的计算公式：

$$\omega_g=\frac{Q_p}{Pv_p\cos\alpha} \tag{5-15}$$

桥梁孔径是一个用长度表示的量，但是在桥渡设计中，桥梁孔径给出的并不是一个长度，而是如式(5-15)所示给出的是一个过水断面积 ω_g，然后再根据桥轴断面、桥址平面以及孔跨布置等情况进行分析，得到桥梁孔径的长度值。

二、公路桥梁孔径的计算

公路规范中的桥孔长度是指在一定的水力、泥沙及河床条件下，通过设计洪水流量时桥下过水断面(与流向垂直的横断面)必须具有的桥孔最小净长度。应当注意以下两点，这里算出的是桥孔最小净长度，实际桥孔长度(桥台前墙之间设计水位上的水面宽度)为将算出的最小桥孔净长度再加所有桥墩的宽度；另外，算出的最小桥孔净长度是指水流与桥轴正交时的长度，如果是斜桥，则应换算为斜桥轴线方向的长度。根据《公路工程水文勘测设计规范》(2015

年），公路桥梁孔径具体的计算方法如下：

1.对于峡谷河段，可按河床地形布孔，不宜压缩河槽，可不作桥孔最小净长度的计算。

2.对于开阔、顺直微弯、分汊、弯曲河段及滩、槽可分的不稳定河段，宜按下式计算桥孔最小净长度：

$$L_j = K_q\left(\frac{Q_p}{Q_c}\right)^{n_3} B_c \tag{5-16}$$

式中　L_j——最小桥孔净长度（m）；

Q_p——设计洪水流量（m^3/s）；

Q_c——设计洪水的河槽流量（m^3/s）；

B_c——河槽宽度（m）；

K_q，n_3——反映河床稳定性的系数和指数，参见表5-3。

表5-3　K_q、n_3 值表

河段类型	K_q	n_3
开阔、顺直微弯河段	0.84	0.90
分汊、弯曲河段	0.94	0.87
滩、槽可分的不稳定河段	0.69	1.59

式中主要因素有三方面，河槽宽度 B_c 是最重要的因素，其次是河槽、河滩流量的分配比即 Q_p/Q_c，反映河床稳定性的系数 K_q 和指数 n_3。

3.对于宽滩河段，宜用式(5-17)计算桥孔最小净长度：

$$L_j = \frac{Q_p}{\beta q_c} \tag{5-17}$$

$$\beta = 1.19\left(\frac{Q_c}{Q_t}\right)^{0.10} \tag{5-18}$$

式中　β——水流压缩系数；

q_c——河槽平均单宽流量（$m^3/s \cdot m$）；

Q_t——河滩流量（m^3/s）。

4.对于滩槽难分的不稳定河段，宜用式(5-19)计算桥孔最小净长度：

$$L_j = C_p B_0 \tag{5-19}$$

$$B_0 = 16.07\,\frac{\overline{Q}^{0.24}}{\overline{d}^{0.3}} \tag{5-20}$$

$$C_p = \left(\frac{Q_p}{Q_{2\%}}\right)^{0.33} \tag{5-21}$$

式中　L_j——最小桥孔净长度（m）；

C_p——洪水频率系数；

B_0——基本河槽宽度（m）；

$\overline{Q}$——多年最大流量平均值（m^3/s）；

$Q_{2\%}$——频率为2%的洪水流量（m^3/s）；

$\overline{d}$——河床泥沙平均粒径（m）。

以上这些经验公式具有一定的理论依据，是应用数理统计法根据我国公路桥梁的实际资料制定的，形式简单，便于应用。但在计算桥梁孔径的过程中，还应该结合桥位地形、桥前壅水、冲刷深度、河床地质、桥梁及引道纵坡和后台填土高度等情况，作出不同桥长的技术经济比较，综合论证以后确定。

三、算 例 一

1. 水文资料

某铁路桥梁跨越一平原河流；

设计流量 $Q_p=6\,150\ m^3/s$； 设计水位 $H_p=107.00\ m$；

主河槽天然平均流速 $v_主=2.0\ m/s$， 谢才系数 $C=50$；

河滩天然平均流速 $v_滩=0.95\ m/s$， 谢才系数 $C=25$；

水流与桥位斜交角度 $\alpha=15°$；

汛期含沙量 $\rho=5\ kg/m^3$。

2. 河床断面及地质资料

如图 5-13 所示。

3. 通航要求

通航等级：五级航道，要求最小净跨 35 m，最小净空 5.5 m，通航水位 105.0 m。

4. 设计要求

试确定孔径。

【解】 1. 冲刷系数及设计流速

冲刷系数选用 $P=1.2$，设计流速 $v_p=2.0\ m/s$(采用主槽平均流速)。

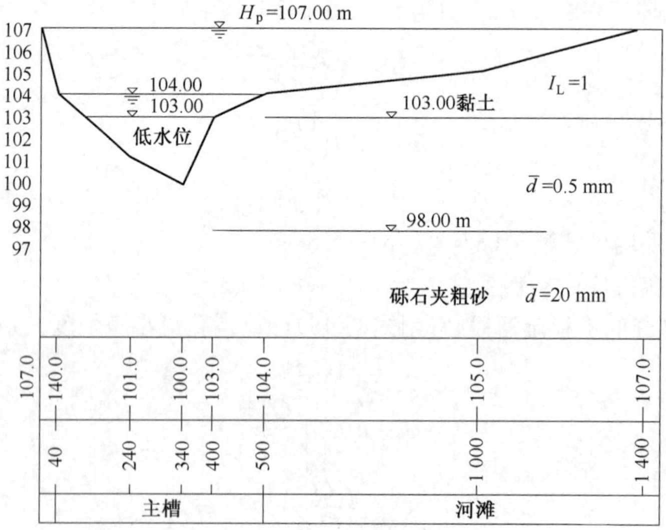

图 5-13 桥址断面

2. 桥下断面积计算

(1) $$\frac{1}{2}\times 40\times 3.0=60(m^2)$$

(2) $$\frac{1}{2}\times(3+6)\times 200=900(m^2)$$

(3) $$\frac{1}{2}\times(6+7)\times 100=650(m^2)$$

(4)　$\frac{1}{2}\times(7+4)\times60=330(\text{m}^2)$

(5)　$\frac{1}{2}\times(4+3)\times100=350(\text{m}^2)$

(6)　$\frac{1}{2}\times(3+2)\times500=1\ 250(\text{m}^2)$

(7)　$\frac{1}{2}\times2\times400=400(\text{m}^2)$

$$\omega_{槽}=(2)+(3)+(4)+(5)=2\ 230(\text{m}^2)$$

$$\omega_{滩}=(1)+(6)+(7)=1\ 710(\text{m}^2)$$

3.孔径布置

$$\omega_g=\frac{Q_p}{p v_p \cos\alpha}=\frac{6\ 150}{2\times0.97\times1.2}=2\ 642(\text{m}^2)$$

在桥轴断面上布置桥孔满足 ω_g。

(1)若在主槽上满布桥孔，则可得到过水面积 2 230 m²，此时桥长为主槽宽度，即 460 m。

(2)左滩狭窄，不考虑布设桥孔。

(3)右滩宽阔，若在 150 m 的河滩上设桥，则可得桥下过水面积：

$$\omega_{右滩}=\frac{1}{2}\times150\times(3+2.70)=428(\text{m}^2)$$

可见，在主槽与右滩上设桥，桥长 460+150=610(m)左右，过水面积 2 230+428=2 658(m²)左右，可满足 ω_g 的要求。

4.桥跨布置

通过水文调查得知该桥渡河段河床稳定，深泓摆动很小，为节约钢材，除在主河槽航道上架设两孔梁长为 49.1 m 的下承式钢桁梁外，其余全部布置 32.6 m 的预应力钢筋混凝土梁。故毛孔径为

$$L_{毛}=16\times(32.6+0.1)+2\times(49.1+0.14)-2\times1.2=619.28(\text{m})$$

式中 0.1 及 0.14 为梁端间距(m)，1.2 为桥台胸墙至前墙距离(m)(由定型图或手册中可查得)。

由此可见：右滩桥长为 159.28 m，比原 150 m 长，实际桥下河滩毛过水面积应为：

$$\frac{1}{2}\times159.28\times(3+2.67)=451.6(\text{m}^2)$$

故实有全桥毛过水面积为 2 230+451.6=2 681.6(m)>2 642 m，可用。

四、算 例 二

南方某公路桥位地处弯曲河段，根据桥位处水文资料推算得到设计水位 $H_p=135.00$ m，天然河槽流量 $Q_c=1\ 958$ m³/s，设计流量 $Q_p=3\ 468$ m³/s；河滩部分表层土质为粗砂，河槽部分表层土质为砾石，水文断面如图 5-14 所示。桥梁上部结构拟采用标准跨径为 13 m 的钢筋混凝土简支梁，净跨径 $L_0=11.8$ m，梁高 1.0 m(包括桥面铺装层)，下部结构为单排双柱式桥墩，桥墩的直径为 $d=1.2$ m，桥台采用 U 形桥台，台长 6.0 m。试计算最小桥孔长度，并进行桥孔布设。

【解】　由于处于弯曲河段，可采用公式(5-16)计算最小桥孔净长，已知设计流量 $Q_p=3\ 468$ m³/s，天然河槽流量 $Q_c=1\ 958$ m³/s，河槽宽度 $B_c=680-600=80$(m)，同时查表 5-3 得到，$K_q=0.95$，$n_3=0.87$，代入公式(5-14)就可得到桥孔最小净长度：

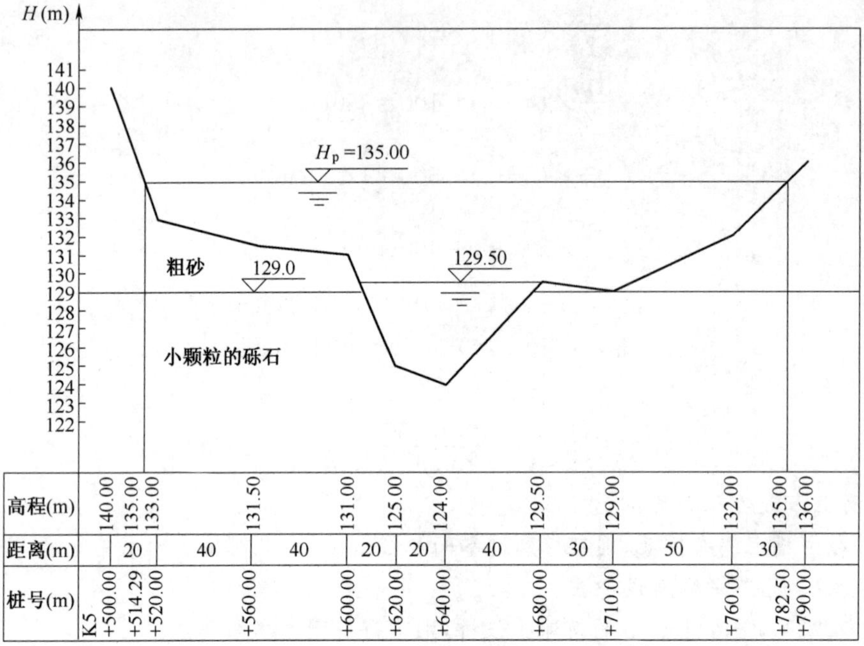

图 5-14 水文断面图

$$L_j = K_q\left(\frac{Q_p}{Q_c}\right)^{n_3} B_c = 0.95 \times \left(\frac{3\ 468}{1\ 598}\right)^{0.87} \times 80 = 124.97(\text{m})$$

标准跨径为 13 m，采用 12 孔方案，两桥台前缘之距离 $L_d = 11.8 \times 12 + 1.2 \times 11 = 154.8$(m)。桥梁两端桥台尾之间的距离(即桥全长)：$L'_d = 154.8 + 2 \times 6.0 = 166.8$(m)。

具体的桥孔布设如图 5-15 所示。

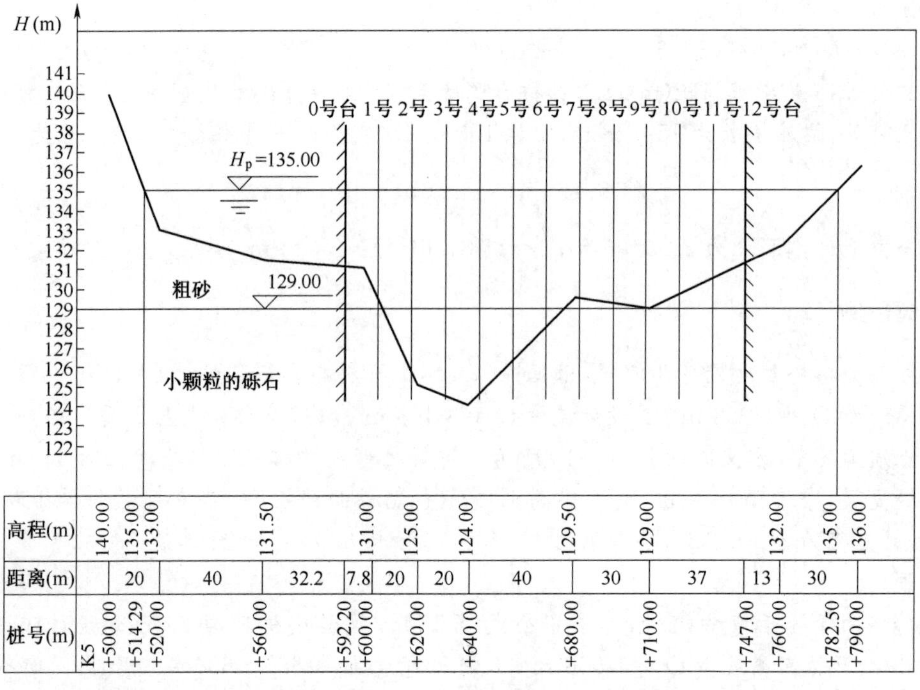

图 5-15 桥孔布置图

第五节　桥梁高程设计

在桥孔设计时，除了合理确定桥梁孔径外，还应考虑排洪、通航时的桥下净空问题，考虑由于天然河道的压缩、波浪、水拱、河湾凹岸水面超高以及河床淤积等各种因素引起的桥下水位升高。因此，要满足桥下通过设计洪水、流冰、流木和通航的要求，必须进行壅水计算以确定桥下净高，进而确定桥梁的高程。

一、引起桥下水位升高的因素

确定桥面高程时，应计入各种原因引起的水位升高，包括壅水、波浪、河湾超高、局部股流壅高、水拱、河床淤积引起的水位抬高等。

1. 桥前最大壅水高度 ΔZ_M

建桥后，天然水流受到桥孔压缩，桥前形成壅水，天然水面（正常水深）以上壅起的高度，称为壅水高度。最大壅水高度的位置，无导流堤时大约在桥位中线上游一个桥孔长度（L）附近；有导流堤时大约在导流堤的上游堤端附近。最大壅水断面以下的壅水曲线，对于缓坡（$i<i_k$）河流为 α_1 型壅水曲线，如图 5-16 所示，曲线的精确绘制可按水力学中的“水面曲线绘制方法”进行，但在桥位设计中，一般可近似地按二次抛物线进行计算。由于桥位附近的水流及河床变形非常复杂，能量损失等很多因素难以准确地求得，壅水高度的计算至今仍是有待研究的课题，工程实践中，桥前最大壅水高度可按式(5-22)计算。

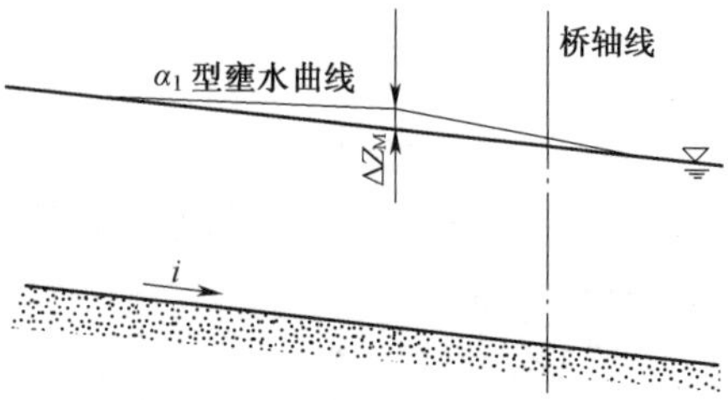

图 5-16　壅水曲线示意图

$$\Delta Z_M=\eta(\bar{v}_M^2-v^2) \tag{5-22}$$

式中　ΔZ_M——桥前最大壅水高度(m)；

η——系数，参照表 5-4 采用；

$\bar{v}_M$——桥下平均流速，按照表 5-5 的规定计算(m/s)；

v——断面平均流速，为设计流量除以全河过水断面（包括边滩和河滩）(m/s)。

表 5-4　η　系　数

河段特征	河滩路堤阻挡的流量与设计流量的比值(%)	η
河滩很小的山区河流	≤10	0.05
河滩较小的半山区河流	11～30	0.07
有中等河滩的平原河流	31～50	0.10
河滩较大的低洼地区河流	>50	0.15

表 5-5　桥下平均流速

土　质	土的名称	颗粒直径(mm)	$\bar{v}_M$
松软土	淤泥、细粒砂、中粒砂、松软的淤泥质砂黏土等	1 以及以下	$\bar{v}_M=v_p$
中等土	砂砾、小卵石、圆砾、中等密实的砂黏土和黏土等	1～25	$\bar{v}_M=v_p\times\frac{2P}{P+1}$

续上表

土　质	土的名称	颗粒直径(mm)	$\bar{v}_M$
密实土	大卵石、漂石、密实的黏土等	25 以上	$\bar{v}_M = P \times v_p$

注:逐年淤积上涨的河流,或水流中含沙量大、洪峰涨落迅速、历时短促、桥下不易造成一般冲刷的河流,均应比照密实土办理。

2. 桥下壅水高度

①一般可以采用桥前最大壅水高度的一半。

②对于山区和山前河流,洪水涨落急骤,历时短促,且河床质坚实不易冲刷时,桥下壅水高度可采用桥前最大壅水值。

③对于平原洪水涨落缓慢的河流,且河床质松软,易于造成一般冲刷时,桥下壅水可以不计。

3. 壅水曲线全长

壅水曲线全长可按近似公式(5-23)估算。

$$L_y = \frac{2\Delta Z_M}{I_0} \tag{5-23}$$

式中　L_y ——壅水曲线全长(m);

I_0 ——桥址河段天然水面坡度。

其余符号意义同前。

4. 波浪

水面受风的作用而呈现起伏波动,并沿风向传播,形成波浪,如图 5-17 所示(波浪的实际表面形状非常复杂,并不是整齐对称的)。波面凸起的最高点称为波峰,波面凹下的最低点称为波谷,相邻的波峰与波谷之间的垂直距离称为波浪高度,相邻两个波峰(或两个波谷)之间的水平距离称为波浪长度,波浪传播的距离称为浪程(风距)。桥位处流浪的大小与风速、风向、浪程、水深及桥位处的自然环境等都有直接关系。在水库、湖泊以及河岸较宽阔的水域或洪水持续时间很久的河流上均需要考虑波浪对桥高的影响。

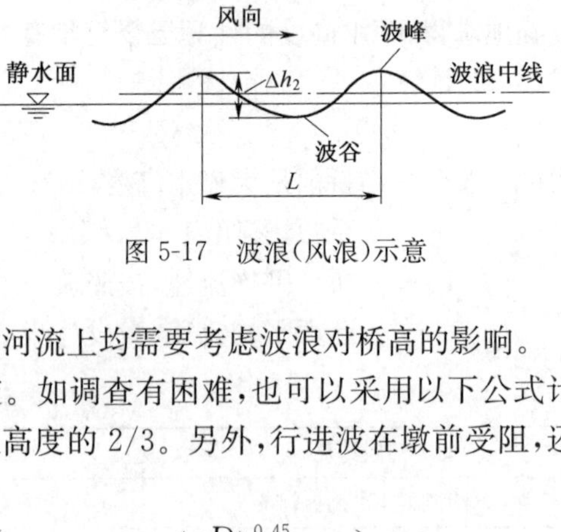

图 5-17　波浪(风浪)示意

桥位处河流洪水的波浪高度一般通过调查确定。如调查有困难,也可以采用以下公式计算。计算桥面高程时,从桥位静水面算起,计入波浪高度的 2/3。另外,行进波在墩前受阻,还应计入波高增大。

$$\overline{H}_b = \frac{0.13\tanh\left[0.7\left(\frac{g\bar{h}_D}{\bar{v}_\omega^2}\right)^{0.7}\right]\tanh\left\{\frac{0.0018\left(\frac{gD}{\bar{v}_\omega^2}\right)^{0.45}}{0.13\tanh\left[0.7\left(\frac{g\bar{h}_D}{\bar{v}_\omega^2}\right)^{0.7}\right]}\right\}}{\frac{g}{v_\omega^2}} \tag{5-24}$$

当浅水时,即$\frac{\overline{H}_b}{\bar{h}_D} \geqslant 0.1$,　　　　$H_{b1\%} = 2.3\overline{H}_b$

当深水时,即$\frac{\overline{H}_b}{\bar{h}_D} < 0.1$,　　　　$H_{b1\%} = 2.42\overline{H}_b$

式中　$\overline{H}_b$——波浪平均高度(m)；

$H_{b1\%}$——波浪计算高度(m)，其累计频率为 1%；

D——浪程(m)；

$\bar{h}_D$——沿浪程的平均水深(m)；

g——重力加速度；

$\bar{v}_\omega$——平均风速，计算点设计水位以上 10 m 高度处，在洪水期间多年测得的自记 2 min年平均最大风速的平均值(m/s)。也可由自记 10 min 风速按下式换算：

$$\bar{v}_\omega = \frac{\bar{v}_{\omega 0} - 0.8}{0.88} \tag{5-25}$$

$\bar{v}_{\omega 0}$——计算点设计水位以上 10 m 高度处，在洪水期间多年测得的自记 10 min 年平均最大风速的平均值(m/s)。

5. 河湾超高

河湾处的水位超高值可按式(5-26)计算。

$$\Delta h = \frac{v^2 B}{gR} \tag{5-26}$$

式中　v——断面平均流速(m/s)；

B——水面宽度(m)，如滩地有密草、丛林或死水时，该部分水面宽应予扣除；

g——重力加速度，取 9.80 m/s^2；

R——河弯凸凹岸曲率半径的平均值(m)。

由于河湾一般均非理想曲线，水位在急湾处干扰很大，流向紊乱，计算数值应该与现场调查资料进行核对。

计算桥面高程时，可计入河弯水位超高值的 1/2。

6. 其他因素

河流涨水时同一断面的主槽流速比两侧河滩的流速大，主槽水位比河滩水位上涨快，形成河心水位高，两边河滩水位低的水拱现象；在洪水由峡谷山口流出时，也会出现水拱现象；山前河流的洪水主流有成股奔放现象，产生局部股流壅高(与水拱比较，只取其中较大者)及河床淤积等。这些因素引起的桥下水位升高一般以调查和实测确定。

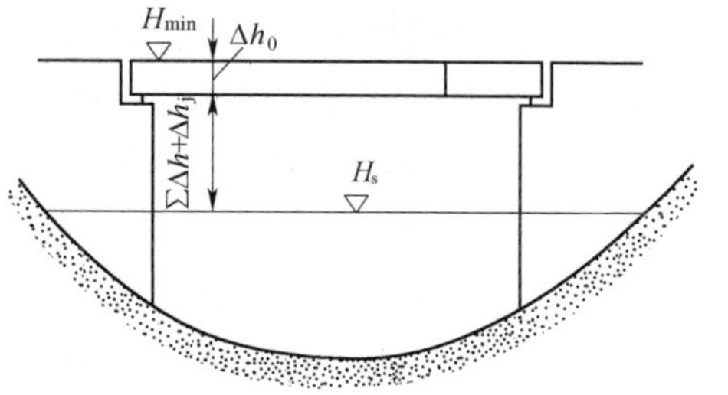

图 5-18　不通航河流桥面标高示意图

二、桥面高程

1. 不通航河流的桥面设计高程(图 5-18)

(1)按设计水位计算桥面最低高程时，应按式(5-27)计算。

$$H_{min} = H_s + \sum \Delta h + \Delta h_j + \Delta h_0 \tag{5-27}$$

式中　H_{min}——桥面最低高程(m)；

H_s——设计水位(m)；

$\sum \Delta h$——考虑壅水、浪高、波浪壅高、河弯超高、水拱、局部股流壅高(水拱与局部股流壅高只取其大者)、床面淤高、漂浮物高度等诸因素的总和 (m)；

Δh_j——桥下净空安全值(m)，公路桥应符合《公路工程水文勘测设计规范》(JTG C30—2015)的规定，详见表5-6；铁路桥应符合《铁路工程水文勘测设计规范》(TB 10017—2021)的相关规定，详见表 5-7；

Δh_0——桥梁上部构造建筑高度(m),公路桥应包括桥面铺装高度。

表 5-6 公路桥梁桥下净空高度

桥梁部位	按设计水位计算的桥下净空安全值(m)	按最高流冰水位计算的桥下净空安全值(m)
梁　底	0.50	0.75
支承垫石顶面	0.25	0.50
拱　脚	0.25	0.25

注:①无铰拱的拱脚,可被设计洪水淹没,淹没高度一般不超过拱圈矢高的 2/3,拱顶至设计水位的净高不应小于 1 m;
②山区河流水位变化大,桥下净空安全值可以适当加大。

表 5-7 铁路桥梁桥下净空高度

序号	桥梁部位		高出设计水位加 Δh 后最小高度(m)	高出检算水位加 Δh 后最小高度(m)
1	梁底	一般情况	0.50	0.25
		洪水期有大漂流物	1.50	1.00
		有泥石流	1.00	—
2	支承垫石顶面		0.25	—
3	拱肋和拱圈的拱脚		0.25	—

(2)按设计最高流冰水位计算桥面最低高程时,应按下式计算:

$$H_{\min}=H_{SB}+\Delta h_j+\Delta h_0 \tag{5-28}$$

式中　H_{SB}——设计最高流冰水位(m),应考虑床面淤高。

2.通航河流的桥下净空

通航河流的桥面设计高程除应满足不通航河流的要求外,同时还应满足下式要求(图 5-19):

$$H_{\min}=H_{th}+H_M+\Delta h_0 \tag{5-29}$$

式中　H_{th}——设计最高通航水位(m);

H_M——通航净空高度(m),见表 5-8。

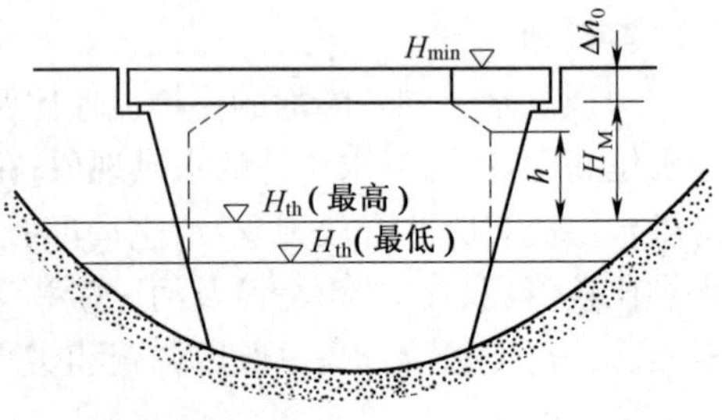

图 5-19　通航河流桥面标高示意图

通航与筏运桥孔的桥下净空和通航水位,应与航运及有关部门协商确定。可参考内河通航标准有关规定,一般天然河流的设计最高通航水位可采用表 5-9 中规定的各级洪水重现期水位;山区河流如经多年水文资料查证,出现高于设计最高通航水位历时很短时,则根据具体情况,三级航道的设计最高通航水位标准可降为十年一遇,四、五级航道的设计最高通航水位标准可降为五年一遇,六、七级航道可按二至三年一遇的标准执行。综合利用的排灌和引水渠道、运河和河网航道、通航的水利枢纽上下游,以及渠化河流的设计最高通航水位可按《全国内河通航标准》规定执行。

表 5-8 水上过河建筑物通航净空尺度(m)

航道等级	驳船吨级(t)	天然及渠化河流		限制性河道	
		代表船舶、船队	H_M (m)	代表船舶、船队	H_M
Ⅰ	3000 及以上	(1)4 排 4 列	24.0	—	
		(2)3 排 3 列	18.0		
		(3)2 排 2 列			

续上表

<table>
<tr><th rowspan="2">航道等级</th><th rowspan="2">驳船吨级(t)</th><th colspan="2">天然及渠化河流</th><th colspan="2">限制性河道</th></tr>
<tr><th>代表船舶、船队</th><th>H_M (m)</th><th>代表船舶、船队</th><th>H_M</th></tr>
<tr><td rowspan="3">Ⅱ</td><td rowspan="3">2 000</td><td>(1)3 排 3 列</td><td rowspan="2">18.0</td><td rowspan="3">(1)2 排 1 列</td><td rowspan="3">10.0</td></tr>
<tr><td>(2)2 排 2 列</td></tr>
<tr><td>(3)2 排 1 列</td><td>10.0</td></tr>
<tr><td rowspan="3">Ⅲ</td><td rowspan="3">1 000</td><td>(1)3 排 2 列</td><td>18(长江)
10.0(其他)</td><td rowspan="3">(1)2 排 1 列</td><td rowspan="3">10.0</td></tr>
<tr><td>(2)2 排 2 列</td><td rowspan="2">10.0</td></tr>
<tr><td>(3)2 排 1 列</td></tr>
<tr><td rowspan="4">Ⅳ</td><td rowspan="4">500</td><td>(1)3 排 2 列</td><td rowspan="4">8.0</td><td rowspan="2">(1)2 排 1 列</td><td rowspan="4">8.0</td></tr>
<tr><td>(2)2 排 2 列</td></tr>
<tr><td>(3)2 排 1 列</td><td rowspan="2">(2)货船</td></tr>
<tr><td>(4)货船</td></tr>
<tr><td rowspan="3">Ⅴ</td><td rowspan="3">300</td><td>(1)2 排 2 列</td><td>8.0</td><td>(1)1 拖 6</td><td>5.0</td></tr>
<tr><td rowspan="2">(2)2 排 1 列</td><td rowspan="2">8.0 或 5.0</td><td>(2)2 排 1 列</td><td rowspan="2">8.0</td></tr>
<tr><td>(3)货船</td></tr>
<tr><td rowspan="2">Ⅵ</td><td rowspan="2">100</td><td>(1)1 拖 5</td><td>4.5</td><td>(1)1 拖 11</td><td>4.5</td></tr>
<tr><td>(2)货船</td><td>6.0</td><td>(2)货船</td><td>6.0</td></tr>
<tr><td rowspan="2">Ⅷ</td><td rowspan="2">50</td><td>(1)1 拖 5</td><td>3.5</td><td>(1)1 拖 11</td><td>3.5</td></tr>
<tr><td>(2)货船</td><td>4.5</td><td>(2)货船</td><td>4.5</td></tr>
</table>

表 5-9　天然河流设计最高通航水位标准

航道等级	Ⅰ～Ⅲ	Ⅳ～Ⅴ	Ⅵ～Ⅷ
洪水重现期(年)	20	10	5

第六节　桥头河滩路堤

当桥长小于河宽时，桥头路堤伸入河床。在洪水期间使河滩上的路堤处在水中，其工作环境与一般路堤不一样。由于河流所处地形不同，桥头河滩路堤可出现在河的两侧或一侧。汛期，河滩路堤拦截了河滩水流的出路，迫使路堤上游侧水位抬高，水面呈漏斗状，如图 5-19 所示。

一、河滩路堤上、下游沿路堤水位计算

桥头河滩路堤上、下游沿路堤水位示意图如图 5-20 所示，图中(1)为路肩线；(2)为上游设有非封闭式导流堤时的水位线；(3)上游无导流堤或有梨形导流堤时的水位线；(4) 建桥前天然设计水位线；(5)下游水位线；(6)桥梁。a 为桥前最大壅水高 ΔZ_M；b 为水面坡度增高值，当 $L_a > L'$ 时，为 $b = SI_0$；当 $L_a < L'$ 时，为 $b = L_a SI_0 / L'$；c——路堤下游水位降低高度 ΔH_x。

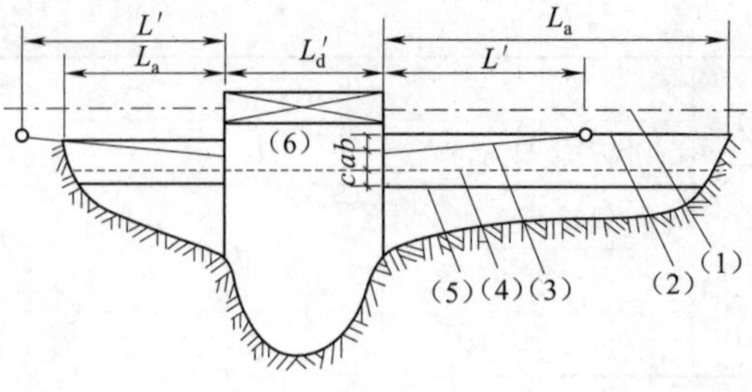

图 5-20 桥头河滩路堤上下游沿堤水位示意图

1. 上游侧因桥前壅水引起的水面变化,可按下列办法计算:

(1)桥头无导流堤或有梨形导流堤

①在桥头台尾河滩路堤起点处,比天然河道设计水位升高的桥前最大壅水值 ΔZ_M,其值可按第五节有关公式计算。距桥头路堤起点的距离 L'处,河滩路堤上游侧形成最大壅水高度 ΔH_{sh}。L'及 ΔH_{sh}可按式(5-30)计算。

$$L' = AS - 0.5L_d'$$
$$\Delta H_{sh} = \Delta Z_M + SI_0 \tag{5-30}$$
$$S = K_s(1-M)B$$

式中 L'——由桥头路堤起点至路堤上游侧形成最大壅水处的距离(m);

A——系数,可按表 5-10 的规定取值;

S——由桥轴线至形成桥前最大壅水高度处的距离(m);

L_d'——桥梁两端桥台台尾间的距离(m);

ΔH_{sh}——受桥前壅水影响在河滩路堤上游侧形成的最大壅水高度(m);

K_s——系数,M=0.8 时,K_s=0.45;M=0.7 时,K_s=0.48;M=0.6 时,K_s=0.53;M=0.5 时,K_s=0.59;

M——天然情况下桥孔范围内通过的流量与设计流量之比;

I_0——桥址河段天然水面坡度;

B——设计水位时的水面宽度(m)。

其余符合意义同前。

表 5-10 A 系数

E′	M				E′	M			
	0.5	0.6	0.7	0.8		0.5	0.6	0.7	0.8
0	1.43	1.93	2.80	4.60	0.5	1.73	2.20	3.03	4.87
0.1	1.44	1.94	2.81	4.64	0.6	1.85	2.35	3.23	5.16
0.2	1.48	1.95	2.82	4.68	0.7	1.98	2.52	3.47	5.57
0.3	1.55	2.00	2.83	4.72	0.8	2.14	2.73	3.79	6.16
0.4	1.63	2.06	2.90	4.77	0.9	2.31	2.97	4.16	6.92

注:表中 E'为桥孔偏置系数,q_x及 q_d分别为桥两端河滩路堤所阻挡的流量,其中阻挡流量较大者为 q_d,阻挡流量较小者为 q_x,当桥头只有一端有河滩路堤时,q_x=0。

②路堤上游侧，自桥头路堤起点至产生最大壅水高度间的水面横向坡度，可按下式计算：

$$I_h = \frac{SI_0}{L'} \tag{5-31}$$

式中 I_h——桥头路堤起点至产生最大壅水高度间的水面横向坡度。

其余符号意义同前。

③路堤上游侧产生最大壅水高度处至同一端岸边间的水面可按同一水平高度计。

④计算的 L' 值大于计算端桥头河滩路堤长度时，该端岸边处路堤产生的壅水高度可按式(5-32)计算。

$$\Delta H'_{sh} = \Delta Z_M + L_a \frac{SI_0}{L'} \tag{5-32}$$

式中 $\Delta H'_{sh}$——$L' > L_a$ 时，路堤上游侧岸边处产生的壅水高度(m)；

L_a——由桥头路堤起点至同一端岸边的距离(m)。

其余符号意义同前。

(2)桥头有非封闭式导流堤

桥头路堤上游侧水面按同一水平高度计。$L' < L_a$ 时，水面比天然水位高出 ΔH_{sh} 值；$L' > L_a$ 时，高出 $\Delta H'_{sh}$ 值。

2.下游侧沿堤水位按同一水平高度计。该水位较天然河道设计水位为低，其降低值可按式(5-33)估算。

$$\Delta H_x = K_j \bar{h}_{od} \tag{5-33}$$

式中 ΔH_x——河滩路堤计算端下游侧的沿堤水位较天然河道设计水位降低值(m)；

$\bar{h}_{od}$——天然河道设计水位时，所计算端河滩路堤范围内的平均水深(m)；

K_j——水位降低系数，可按表 5-11 及表 5-12 值。

表 5-11 河滩路堤阻挡流量较大一端 K_j 值

Q'_t/Q_p	E'					
	0	0.2	0.4	0.6	0.8	1.0
0	0.00	0.00	0.00	0.00	0.00	0.00
0.1	0.07	0.08	0.10	0.12	0.13	0.14
0.2	0.13	0.17	0.20	0.23	0.25	0.26
0.3	0.19	0.25	0.29	0.33	0.35	0.36
0.4	0.25	0.33	0.38	0.41	0.43	0.44
0.5	0.30	0.40	0.44	0.46	0.48	0.48
0.6	0.33	0.42	0.47	0.49	0.51	0.51
0.7	0.36	0.44	0.49	0.51	0.52	0.52

注：(1)中间值可内插计算；

(2)表中 Q'_t 为全桥河滩路堤所阻挡的流量(m^3/s)，其余符号意义同前。

表 5-12 河滩路堤阻挡流量较小一端 K_j 值

Q'_t/Q_p	E'					
	0	0.2	0.4	0.6	0.8	1.0
0	0.00	0.00	0.00	0.00	0.00	0.00

续上表

Q'_t/Q_p	E'					
	0	0.2	0.4	0.6	0.8	1.0
0.1	0.07	0.07	0.07	0.06	0.06	0.06
0.2	0.13	0.13	0.12	0.12	0.11	0.11
0.3	0.19	0.19	0.18	0.18	0.18	0.17
0.4	0.25	0.24	0.24	0.23	0.23	0.22
0.5	0.30	0.29	0.28	0.27	0.26	0.24
0.6	0.33	0.32	0.30	0.29	0.28	0.26
0.7	0.36	0.34	0.32	0.30	0.28	0.27

注:(1)中间值可内插计算;

(2)表中 Q'_t 为全桥河滩路堤所阻挡的流量(m^3/s),其余符号意义同前。

3. 桥头河滩路堤上下游两侧水位差不宜过大,其最大水位差 ΔH_m 可按下列公式计算:

$$\Delta H_m = \Delta H_{sh} + \Delta H_x \tag{5-34}$$

$$\Delta H_m = \Delta H'_{sh} + \Delta H_x \tag{5-35}$$

式中符号意义同前。

二、波浪侵袭高度

波浪在路堤边坡上的侵袭高度可根据本地区或相似地区的观测资料确定。缺乏观测资料时,可按地区经验确定,或按式(5-36)计算确定。

$$\Delta h'_p = K_\Delta K_V R_\Delta H_{b1\%} \tag{5-36}$$

式中 $\Delta h'_p$——自静止水面算起的波浪在边坡上侵袭的高度(m);

K_Δ——边坡糙渗系数,可按表 5-13 的规定取值;

K_V——与风速等有关的系数,可按表 5-14 的规定取值;

R_Δ——相对波浪侵袭高度,即当 $K_\Delta=1.0$,$K_V=1.0$ 及 $H_{b1\%}=1.0$ m 时的波浪侵袭高度可按表 5-15 的规定取值。

其余符号意义同前。

表 5-13 边坡糙渗系数 K_Δ 值

边坡护面类型	整片光滑不透水护面(沥青混凝土)	混凝土护面、浆砌片石护面、光滑土质边坡	干砌片石护面、植草皮	一、二层抛石加固	抛石组成的建筑物
K_Δ	1.0	0.9	0.75～0.80	0.60	0.50～0.55

表 5-14 K_V 值

风速(m/s)	5～10	10～20	20～30	>30
K_V	1.0	1.2	1.4	1.6

表 5-15 R_Δ 值

m(边坡横竖尺寸比)	1.0	1.25	1.5	1.75	2.0	2.5	3.0
R_Δ	2.16	2.45	2.52	2.40	2.22	1.82	1.50

有下列情况之一时，可不考虑其侵袭影响：(1)洪峰历时短促的河流；(2) 浪程短于200 m；(3)水深小于 1.0 m；(4)靠近路堤的河滩上，长有高于水深加半个波浪高度的成片灌木丛。

波浪斜向冲击边坡时，侵袭高度有所降低。当边坡横竖尺寸比 m 大于 1 和路堤边坡上水边线与波射线的夹角 $\beta \geqslant 30°$时，侵袭高度应乘以折减系数 K_{β}，其值按下式计算：

$$K_{\beta}=\frac{1+2\sin\beta}{3} \tag{5-37}$$

三、河滩路堤的路肩高程

1. 桥头河滩路堤的路肩高程应根据河流与桥渡的具体情况，考虑壅水、波浪侵袭、河床淤积等影响的高度。

(1)上游无导流堤或有梨形导流堤时，路堤任意点处路肩最低高程可按下列公式计算：

$$L_{x}<L'\text{时},\ H_{\min}=H_{p}+\Delta Z_{M}+L_{x}\frac{SI_{0}}{L'}+\Delta h_{p}+0.5 \tag{5-38}$$

$$L_{x}\geqslant L'\text{时},\ H_{\min}=H_{p}+\Delta Z_{M}+SI_{0}+\Delta h_{p}+0.5 \tag{5-39}$$

(2)上游有非封闭式导流堤时，路堤任意点处路肩的最低高程作为同一高度，可按下列公式计算：

$$L_{a}\geqslant L'\text{时},\ H_{\min}=H_{p}+\Delta Z_{M}+SI_{0}+\Delta h_{p}+0.5 \tag{5-40}$$

$$L_{a}<L'\text{时},\ H_{\min}=H_{p}+\Delta Z_{M}+L_{a}\frac{SI_{0}}{L'}+\Delta h_{p}+0.5 \tag{5-41}$$

式中符号意义同前。

(3)上游有封闭式导流堤时，桥头河滩路堤的路肩高程受下游水位控制，对封闭式导流堤的坚固程度，应分析其遭受洪水破坏的可能性。必要时应按上游有非封闭式导流堤的有关公式计算确定。

2. 桥头路堤的路肩最低高程应满足桥下净空高度的要求，可按下列两式中的较大值来确定：

$$H_{\min}=H_{1d}+C_{g}-h_{g} \tag{5-42}$$

$$H_{\min}=H_{dd}+C'_{g}-h_{g} \tag{5-43}$$

式中　H_{1d}——根据通航、排洪要求的梁底高程(m)；

H_{dd}——根据水位要求的桥墩台支承垫石顶高程(m)；

C_{g}——轨底至梁底高度(m)；

C'_{g}——轨底至桥墩台支承垫石顶高度(m)；

h_{g}——轨底至路肩高度(m)。

四、沿堤的水流流速

河滩路堤上下游两侧沿堤的水流流速可按式(5-44)计算。靠近桥台部分的路堤应采用桥下流速。

$$v_{t}=0.7\bar{v}_{0t} \tag{5-44}$$

式中　v_{t}——桥头河滩路堤上下游两侧的沿堤水流流速(m/s)；

$\bar{v}_{0t}$——天然河道在设计水位时，河滩路堤范围内的平均流速(m/s)。

五、桥头河堤防护

(1)桥梁跨越设有堤防的河道时，其梁底高程应高出河道规划设计堤顶高程。在特殊困难条件下，应高于河道设计洪水位与现有堤顶高程，并留有一定超高。墩台及基础按将来梁底能抬高的条件设计。

(2)桥孔布设应避免扰动现有河堤。墩台布置有困难而必须扰动河堤时,应在施工中做好防洪措施,墩台竣工后及时回填夯实,恢复原状;现有河堤如有铺砌,应按铺砌原状恢复,桥墩台附近适当加强,现有河堤无铺砌时,恢复后的河堤迎水面应增加铺砌防护,铺砌长度一般为上下游各 30～50 m,铺砌标准参照桥台锥体。

(3)铁路与堤防交叉处应留有防汛抢险通道。防汛通道及其引道的位置、标准应根据地形条件、现有河堤状况以及防汛时交通情况,与河道主管部门协商确定。

复 习 题

1. 简述大、中桥桥位勘测主要内容。

2. 何谓桥梁孔径?如何确定?

3. 桥面标高的确定应考虑哪些因素?

4. 某桥桥下为通航河流,河道通航等级为Ⅲ级;经计算,河道设计水位为 863.00 m,河道设计最高通航水位为 860.50 m;桥梁上部结构为 T 形梁,结构高度为 1.2 m;桥面铺装厚度为 0.12 m,人行道高度为 0.20 m,护栏高度 1.2 m;桥前最大壅水高度 1.26 m,浪高 0.82 m,水拱高度 0.65m。试求桥面最低高程。

第六章

冲刷计算及导治建筑物的布设

为了使设计洪水在桥下安全通过，不但要有足够的桥孔长度和桥梁高度，而且桥梁墩台基础还必须有足够的埋置深度。冲刷计算的目的就是确定桥下最大冲刷深度，并确定桥梁墩台基础最小埋置深度，为既安全又经济的墩台基础设计提供重要的依据。

建桥后，除河床的自然演变外，还有桥梁孔径压缩水流和墩台阻挡水流引起的冲刷，各种冲刷交织在一起同时进行，冲刷过程十分复杂。为了便于研究，人们把这一复杂综合的冲刷过程，分为独立的三部分，即自然(演变)冲刷、一般冲刷和局部冲刷；并且在冲刷计算时，假定这三种冲刷独立地相继地进行，采用分别计算，最后叠加的方法进行。

河床演变是十分复杂的自然过程，自然演变冲刷到目前尚无可靠的定量计算方法，一般可通过对河流断面资料分析确定。对于河床逐年自然下切的变形，可通过调查或利用各年河床断面、河段地形图等资料，分析逐年下切程度，估算桥梁使用期内自然下切的深度。对于河槽横向变动引起的自然演变冲刷，宜在桥位河段内选用对计算冲刷不利的断面作为计算断面，而对于既有涉河工程引起的河床变形，可收集已有分析资料、动床模型试验成果预测，或采用相应公式计算确定。

对于一般冲刷和局部冲刷，国内外已有不少冲刷计算公式，都是在一定水力模式的基础上，根据模型试验和现场观测资料建立的，具有一定的局限性。在实际工作中，应考虑制定公式的水力模式的特点和数据资料的范围，结合河流的具体情况，判断各式计算结果的可靠性，然后确定采用合理的分析结果。

第一节　一般冲刷

一、概　　述

在河上建桥后，由于桥梁压缩水流，致使桥下流速增大，水流挟沙能力增强，在桥下产生冲刷。随着冲刷的发展。桥下河床加深，过水面积加大，流速逐渐下降；待达到新的输沙平衡状态，或桥下流速降低到河床质的允许不冲刷流速时，冲刷即行停止。这种由于建桥后压缩水流而在桥下河床全断面内发生的冲刷，称为一般冲刷。一般冲刷深度是指桥下河床在一般冲刷完成后从设计水位算起的最大垂线水深。

1964 年，中国土木工程学会“桥梁冲刷计算学术会议”推荐了桥下一般冲刷计算公式(64-1计算式和 64-2 计算式)。64-1 计算式是根据我国各类河段 52 座桥梁 118 站年实测洪水冲刷资料，参照国外同类公式，依据冲止流速的概念建立的一般冲刷计算公式。64-2 计算式是根据我国桥梁实测洪水冲刷观测资料，参照国外同类公式，依据桥下河槽输沙平衡原理建立的，具有坚实的理论和实践基础，比较符合我国河流桥下一般冲刷的实际情况。后根据两式实际使用情况，又分别经过补充、适当修改和对综合系数进行简化成为 64-1 修正式和 64-2 简化式。

二、根据冲止流速建立的一般冲刷计算公式(64-1 修正式)

桥下一般冲刷停止时的垂线平均流速称为冲止流速,以 v_z(m/s)表示。在一般冲刷过程中,桥下断面内任意垂线的平均流速降低到该垂线的冲止流速时,冲刷即停止,此时达到最大一般冲刷垂线水深 h_p。

根据水力学连续性原理,$q=hv$,q 是单宽流量($m^3/s \cdot m$),h 是垂线水深(m),v 是垂线平均流速(m/s)。

一般冲刷停止时,桥下最大水深 h_p 与桥下最大单宽流量 q_{max}之间的关系为

一般冲刷后最大水深:
$$h_p=\frac{q_{max}}{v_z} \tag{6-1}$$

桥下断面河槽平均单宽流量:
$$\bar{q}=\frac{Q_c}{\mu B} \tag{6-2}$$

对于宽浅式河渠,水力半径 R 可近似按断面平均水深 $\bar{h}$ 计算,由谢才—曼宁公式可得

$$\bar{q}=\frac{1}{n}\bar{h}^{\frac{5}{3}}J^{\frac{1}{2}} \qquad q_{max}=\frac{1}{n}h_{max}^{\frac{5}{3}}J^{\frac{1}{2}}$$

桥下断面河槽最大单宽流量:

$$q_{max}=\bar{q}\left(\frac{h_m}{h}\right)^{\frac{5}{3}}=\frac{Q_c}{\mu B}\left(\frac{h_m}{h}\right)^{\frac{5}{3}} \tag{6-3}$$

在沙质河槽中有推移质运动,冲刷过程中又有上游来沙补偿,随着一般冲刷的发展,桥下各垂线处的单宽流量有向深槽集中的趋势,且河槽宽浅,越不稳定,单宽流量的集中趋势越强,最大单宽流量值越偏于增大,即实际最大单宽流量大于上述计算值,故引入最大单宽流量集中系数 A,则

$$q_{max}=A\bar{q}\left(\frac{h_m}{\bar{h}}\right)^{\frac{5}{3}}=A\frac{Q_c}{\mu B}\left(\frac{h_m}{\bar{h}}\right)^{\frac{5}{3}} \tag{6-4}$$

式中 $\bar{q}$——桥下断面平均单宽流量($m^3/s \cdot m$);

Q_c——桥下河槽部分通过的设计流量(m^3/s);

μ——桥台侧面因漩涡形成滞流区而减少过水面积的折减系数;

B——桥孔净长(m);

h_m——桥下河槽部分最大水深(m);

$\bar{h}$——桥下河槽部分平均水深(m)。

桥下河床的冲止流速,应根据河槽、河滩泥沙运动特点的不同,以及河床泥沙的类别(非黏性土、黏性土)不同分别计算,一般分如下几种情况分别建立一般冲刷计算公式。

桥下断面河床一般冲刷计算
- 非黏性土河床
  - 河槽
  - 河滩
- 黏性土河床
  - 河槽
  - 河滩

图 6-1 桥下断面河床一般冲刷计算分类图

桥下河滩宽度与桥下河床宽度之比小于 20%时,一般冲刷计算可不分滩、槽,可将全桥下的各部分合并计算;当桥下河滩宽度与桥下河床宽度之比大于 20%时,则需将桥下滩、槽分别来计算一般冲刷深度。

1. 非黏性土河床桥下一般冲刷的计算

(1)河槽部分

冲止流速：

$$v_z = Ed^{1/6} h_p^{2/3} \tag{6-5}$$

将式(6-4)、式(6-5)代入式(6-1)整理后，得

$$h_p = \left[\frac{A \dfrac{Q_c}{\mu B_c} \left(\dfrac{h_{mc}}{\bar{h}_c} \right)^{\frac{5}{3}}}{E \bar{d}_c^{\frac{1}{6}}} \right]^{\frac{3}{5}} \tag{6-6}$$

式中 h_p——桥下河槽部分一般冲刷后的最大水深(m)，从设计水位算起；

B_c——桥下的河槽部分桥孔过水净宽（m），当桥下河槽扩宽至全桥时，B_c 即为全桥桥孔过水净宽；

h_{mc}——桥下河槽部分最大水深(m)；

$\bar{h}_c$——桥下河槽部分平均水深(m)；

A——单宽流量集中系数，$A=\left(\dfrac{\sqrt{B_d}}{\overline{H}}\right)^{0.15}$，其中 B_d、$\overline{H}$ 为造床流量时的河宽和水深，可按平滩水位计算；对于河槽宽浅的游荡河段、变迁河段，当 B_d 值过大和平滩水位不易确定时，可采用 $B_d/\overline{H} \leqslant 50$，即 $A \leqslant 1.8$；

E——与汛期含沙量有关的系数，可按表 6-1 选用；

表 6-1 E 值 表

含沙量 ρ(kg/m³)	<1	1~10	>10
E	0.46	0.66	0.86

注：含沙量 ρ 采用历年汛期月最大含沙量平均值。

$\bar{d}_c$——河槽土平均粒径(mm)；

μ——墩台侧面因漩涡形成滞流区而减少过水面积的折减系数，《铁路工程水文勘测设计规范》(TB 10017—2021) 给出的铁路桥梁桥下一般冲刷计算 $\mu=1.0$，公路桥梁桥下一般冲刷计算 μ 查表 6-2。

表 6-2 桥墩水流侧向压缩系数 μ

设计流速 v_s	单孔净跨径								
	≤10	13	16	20	25	30	35	40	45
<1.0	1.00	1.00	1.00	1.00	1.00	1.00	1.00	1.00	1.00
1.0	0.96	0.97	0.98	0.99	0.99	0.99	0.99	0.99	0.99
1.5	0.96	0.96	0.97	0.97	0.98	0.98	0.98	0.99	0.99
2.0	0.93	0.94	0.95	0.97	0.97	0.98	0.98	0.98	0.98
2.5	0.90	0.93	0.94	0.96	0.96	0.97	0.97	0.98	0.98
3.0	0.89	0.91	0.93	0.95	0.96	0.96	0.97	0.97	0.98
3.5	0.87	0.90	0.92	0.94	0.95	0.96	0.96	0.97	0.97
≥4.0	0.85	0.88	0.91	0.93	0.94	0.95	0.96	0.96	0.97

注：当单孔净跨径大于45 m时，可按 $\mu=0.375\dfrac{v_s}{L_0}$ 计算。对不等跨的桥孔可采用各孔 μ 值的平均值。单孔净跨径大于200 m时，取 $\mu=1.0$。

Q_c——桥下河槽部分通过的设计流量(m^3/s),当河槽能扩宽至全桥时取用 Q_p;当河槽不能扩宽至全桥时按式(6-7)计算:

$$Q_c=\frac{Q_1}{Q_1+Q'_t}Q_p \tag{6-7}$$

其中 Q_1——计算断面天然河槽流量(m^3/s),

Q'_t——天然状态河滩部分通过流量(m^3/s),$Q'_t=Q'_{t左}+Q'_{t右}$(图 6-2);

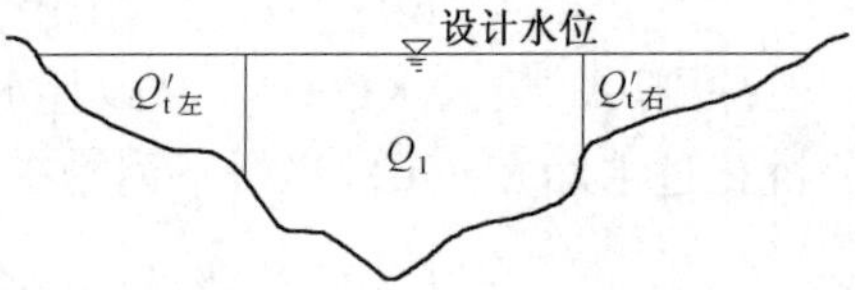

图 6-2 河槽不能扩宽至全桥时河床流量分配示意图

无实测资料时 Q_c 可按式(6-8)计算。

$$Q_c=\frac{\omega_c C_c\sqrt{\bar{h}_c}}{\omega_c C_c\sqrt{\bar{h}_c}+\sum\omega_t C_t\sqrt{\bar{h}_t}}Q_p \tag{6-8}$$

式中 ω_c,C_c——桥下河槽部分过水断面积(m^2)、谢才系数 $C_c=R^{\frac{1}{6}}/n$,其中 n 为粗糙系数,R 为水力半径;

ω_t,C_t,$\bar{h}_t$——桥下河滩部分过水断面积(m^2)、谢才系数(计算办法同 C_c)、平均水深。

(2)河滩及人工渠道部分

河槽中流速较大,大于床沙的起动流速,洪水发生时,总是处于泥沙运动状态;河滩上水浅,糙率大,流速很小,只有洪水漫滩后,才有水流,一般流速小于床沙起动流速,无推移质运动,冲刷后没有上游来沙的补偿,称为清水冲刷。桥下河滩冲刷后,只有当流速降低到土壤容许(不冲刷)流速时,才逐渐停止,其冲止流速为河滩土壤的容许不冲刷流速。桥下河滩部分的一般冲刷深度为

$$h_p=\left[\frac{A_t\dfrac{Q_t}{\mu B_t}\left(\dfrac{h_{mt}}{\bar{h}_t}\right)^{\frac{5}{3}}}{v_{H1}}\right]^{\frac{5}{6}} \tag{6-9}$$

式中 h_p——桥下河滩部分一般冲刷后的最大水深(m),从设计水位算起;

B_t——桥下的河滩部分桥孔过水净宽 (m);

h_{mt}——桥下河滩部分最大水深(m);

A_t——河滩流量非均匀分配系数,$A_t=1.0\sim1.15$;

Q_t——桥下河滩部分通过的设计流量(m^3/s),可按式(6-10)计算。

$$Q_t=\frac{Q'_t}{Q_1+Q'_t}Q_p \tag{6-10}$$

无资料时,按式(6-11)计算。

$$Q_t=\frac{\sum\omega_t C_t\sqrt{\bar{h}_t}}{\omega_c C_c\sqrt{\bar{h}_c}+\sum\omega_t C_t\sqrt{\bar{h}_t}}Q_p \tag{6-11}$$

v_{H1}——水深 1 m 时非黏性土的不冲刷流速,可按表 6-3 选用。

其余符号意义同前。

表 6-3　水深 1 m 时非黏性土不冲刷流速表

河床泥沙		$\bar{d}$(mm)	v_{H1}(m/s)	河床泥沙		$\bar{d}$(mm)	v_{H1}(m/s)
砂	细	0.05～0.25	0.35～0.32	卵石	小	20～40	1.50～2.00
	中	0.205～0.50	0.32～0.40		中	40～60	2.00～2.30
	粗	0.50～2.00	0.40～0.60		大	60～200	2.30～3.60
圆砾	小	2.00～5.00	0.60～0.90	漂石	小	200～400	3.60～4.70
	中	5.00～10.00	0.90～1.20		中	400～800	4.70～6.00
	大	10～20	1.20～1.50		大	>800	>6.00

2.黏性土河床桥下一般冲刷

按泥沙颗粒大小分类，一般认为粒径小于 0.05 mm 的泥沙，属于黏性土；粒径小于 0.005 mm的泥沙颗粒属于黏粒。按黏粒的质量含量不同，黏性土又分为黏砂土、砂黏土和黏土。

黏性土颗粒极细，颗粒表面形成很薄而且结合很牢的黏结水膜，黏滞性很大，颗粒间存在黏结力。黏性土的抗冲能力决定于黏结力的大小，黏结力越大，抗冲能力越强。

黏性土的物理状态可以用液性指数 I_L 来表示，其冲止流速与液性指数呈反比关系，河槽与河滩部分黏性土冲止流速的计算方法不同，根据桥下一般冲刷停止时的垂线平均流速与冲止流速相等的关系，可得到黏性土河床的桥下一般冲刷计算公式为

(1)河槽部分

冲止流速
$$v_z=0.33\left(\frac{1}{I_L}\right)h_p^{3/5} \tag{6-12}$$

将式(6-4)及式(6-12)代入式(6-1)并整理得

$$h_p=\left[\frac{A\dfrac{Q_c}{\mu B_c}\left(\dfrac{h_{mc}}{\bar{h}_c}\right)^{\frac{5}{3}}}{0.33\left(\dfrac{1}{I_L}\right)}\right]^{\frac{5}{8}} \tag{6-13}$$

式中　A——单宽流量集中系数，$A=1.0\sim1.2$；

I_L——冲刷范围内黏性土样的液性指数，其范围为 0.16～0.19。

其余符号意义同前。

(2)河滩部分

冲止流速
$$v_z=0.33\left(\frac{1}{I_L}\right)h_p^{1/6} \tag{6-14}$$

将式(6-4)及式(6-14)代入式(6-1)并整理得：

$$h_p=\left[\frac{\dfrac{Q_t}{\mu B_t}\left(\dfrac{h_{mt}}{\bar{h}_t}\right)^{\frac{5}{3}}}{0.33\left(\dfrac{1}{I_L}\right)}\right]^{\frac{6}{7}} \tag{6-15}$$

式中符号意义同前。

三、根据输沙平衡原理建立的一般冲刷计算公式(64-2 简化式)

对非黏性土河床，建桥后，当桥梁上游天然河槽断面输移来的泥沙数量 G_1 小于桥下断面急速水流冲走的泥沙数量 G_2 时，桥下断面就会出现冲刷。冲刷发生后，水深和桥下过水断面

逐渐增大,桥下流速逐渐减小,水流挟沙能力也逐渐降低,桥下冲刷随之减缓。最终,上游来沙量 G_1 和桥下输沙量 G_2 趋向平衡,即 $G_1=G_2$ 时冲刷趋于停止,达到最大冲刷深度。

按上述理论来研究河床冲刷,可以认为,桥下河槽的一般冲刷主要是通过推移质的运动来完成的。粒径很细的悬移质,悬浮在洪水中流向下游,难以实现桥位断面的泥沙交换,不影响桥位断面的河床变形。因而可以根据桥下河槽断面推移质输沙量的平衡条件,导出一般冲刷计算公式。

根据推移质输沙率的变化特点(见第二章第四节),推移质输沙率 g_s 与水流垂线平均流速的 4 次方成正比,可表示为 $g_s=\alpha v^4$,其中 α 为一个与多种影响因素有关的综合系数。

若桥位上游天然河槽断面的流量为 Q_1,河槽宽度为 B_{1c},河槽平均水深为 h_1,则上游天然断面来沙量为

$$G_1=B_{1c}g_{s1}=B_{1c}\alpha_1 v_1^4=\alpha_1 B_{1c}\left(\frac{Q_1}{B_{1c}h_1}\right)^4 \tag{6-16}$$

若桥下河槽断面的流量为 Q_c,河槽宽度为 B_2,有效输沙宽度为 $\mu(1-\lambda)B_2$,一般冲刷后的水深为 h_p,则桥下输沙量 G_2 为

$$G_2=\mu(1-\lambda)B_2 g_{s2}=\mu(1-\lambda)B_2\alpha_2 v_2^4=\alpha_2\mu(1-\lambda)B_2\left[\frac{Q_c}{\mu(1-\lambda)B_2 h_p}\right]^4 \tag{6-17}$$

令 $G_1=G_2$,整理后可得

$$h_p=\left(\frac{\alpha_2}{\alpha_1}\right)^{\frac{1}{4}}\left(\frac{Q_c}{Q_1}\right)\left[\frac{B_{1c}}{\mu(1-\lambda)B_2}\right]^{\frac{3}{4}}h_1 \tag{6-18}$$

式(6-18)中 Q_c/Q_1 和输沙宽度 B_{1c}/B_2 的指数随输沙率公式及推导中的一些资料不同而变化。在建立 64-2 公式的资料中,Q_c/Q_1 的指数变化在 0.84～0.97 之间;B_{1c}/B_2 的指数变化在 0.63～0.73 之间,最终采用了随相对粗糙率 h_1/d_{95} 而变化的指数。

另外,考虑到推移质输沙率沿河槽宽度的不均匀分布及河床特征,引入综合系数 K 和单宽流量集中系数 A,得到计算一般冲刷深度的公式(也即 64-2 式)为

$$h_p=K\left(A\frac{Q_c}{Q_1}\right)^{4m_1}\left[\frac{B_{1c}}{\mu(1-\lambda)B_2}\right]^{3m_1}h_{max} \tag{6-19}$$

式中 h_{max}——桥下河槽最大水深(m);

K——综合系数,其计算公式为

$$K=1+0.02\lg\frac{H_{max}}{\sqrt{H_d}}$$

其中 H_{max}——造床流量时的最大水深(m),

H_d——造床流量时的平均水深(m),对复式河床可取平滩水位时河槽平均水深;

m_1——与相对糙率 h_{max}/d_{95} 有关的指数,$m_1=0.216$～0.243。

从 1984 年至 1990 年,总结式(6-18)的使用经验,根据理论论证和我国实际资料分析,建立了 64-2 式的简化公式:

$$h_p=1.04\left(A\frac{Q_c}{Q_1}\right)^{0.90}\left[\frac{B_{1c}}{\mu(1-\lambda)B_2}\right]^{0.66}h_{max} \tag{6-20}$$

式中 h_p——桥下一般冲刷后的最大水深(m);

λ——设计水位下,在 B_2 宽度范围内,桥墩阻水总面积与过水面积的比值;

μ——桥墩水流侧向压缩系数,应按表 6-3 确定;

h_{max}——河槽最大水深(m);

Q_1——天然状态下河槽部分设计流量(m^3/s);

Q_c——桥下河槽部分通过的设计流量(m^3/s),当河槽能扩宽至全桥时取用 Q_p;

B_1——天然状态下河槽宽度(m);

B_2——桥长范围内河槽宽度(m),当河槽能扩宽至全桥时取用桥孔总长度;

A——单宽流量集中系数,$A=\left(\frac{\sqrt{B_L}}{H_d}\right)^{0.15}$,山前变迁、游荡、宽滩河段当 $A>1.8$ 时,A 值可采用 1.8;其中 B_L 为造床流量下的河槽宽度(m),对复式河床可取平滩水位时的河槽宽度。

对于河床一般冲刷的计算公式,《铁路工程水文勘测设计规范》(TB 10017—2021)规定采用 64-1 修正式,《公路工程水文勘测设计规范》(JTG C30—2015)规定采用 64-1 修正式、64-2 简化式均可。

第二节　局部冲刷

修建在河床内的桥墩和桥台,经受着桥位河段及桥下断面的一般冲刷,同时,桥墩阻挡水流,水流在桥墩两侧绕流,形成十分复杂的、以绕流旋涡体系为主的绕流结构,引起桥墩周围急剧的泥沙运动,形成桥墩周围局部冲刷坑。为了便于分析计算,假定桥墩局部冲刷是在一般冲刷后的基础上进行的。桥墩计算公式中的墩前水深和流速都是采用一般冲刷后的水深和流速。桥台的冲刷与桥墩不同,具体的计算参照相关的规定进行,这里只介绍桥墩的冲刷问题。

一、局部冲刷的机理

流向桥墩的水流受到墩身的阻挡,水流绕流,桥墩周围的水流发生急剧变化,形成复杂的旋涡流体。当水流接近桥墩时,因为桥墩阻水,一部分水流因为冲击墩的前端形成沿桥墩向上流动的水流,使墩前出现涌高(或称爬高);一部分水流沿桥墩迎水面向下直到河底,并在河底形成具有水平旋转轴流向与行进水流反向的旋涡,这底部的旋涡是局部冲刷的主要动力;另一部分水流绕墩而过,这部分水流在墩两侧的河床面附近形成马蹄形旋涡(斜轴漩涡)。另外,在墩后还有一对竖轴漩涡,如图 6-3 所示。

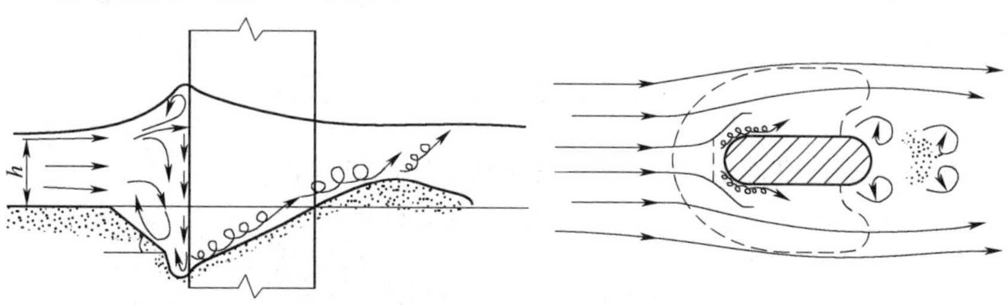

图 6-3　局部冲刷机理

水流遇到桥墩时形成的这种复杂水流结构,剧烈淘刷桥墩迎水端和周围的泥沙,形成局部冲刷坑,随着冲刷坑的不断加深,坑底流速逐渐降低,水流挟沙能力逐渐减弱,当上游进入冲刷坑的泥沙与水流冲走的泥沙相等时,冲刷深度不再增加,冲刷停止。

从图 6-3 可以看出,局部冲刷坑可分为两部分,其下部是河底向下反向旋涡淘刷形成的,边坡比较陡,坑的范围也不大;其上部是当下部冲刷坑形成后,床沙下塌形成的,其边坡接近于土壤水中的安息角 α,其范围随着下部冲刷坑的下降而加大。墩侧的冲刷深度从上游向下游逐渐减小。另外,在墩后还有一对竖轴漩涡,使得墩后的泥沙发生淤积。

二、局部冲刷的计算

局部冲刷深度 h_b 通常是以一般冲刷 h_p 完成后的高程算起,所表示的是桥墩垂线上的冲刷深度。冲刷坑的深度和大小与很多因素有关,除墩前行近流速外,主要的还有桥墩宽度、墩形、水深、床沙粒径等。这些因素与冲刷深度之间关系十分复杂。1964 年我国公路、铁路部门根据我国各类河段 52 座桥梁 99 站年的实桥观测资料和模型试验资料,制定了 65-1、65-2 局部冲刷计算公式。生产实践表明:这两公式结构较为合理,反映了冲刷深度随行近流速的变化关系,并考虑了底沙运动对冲刷深度的影响,计算数值比较稳定可靠。

对于非黏性土河床的局部冲刷计算问题,我国现行的《铁路工程水文勘测设计规范》(TB 10017—2021)中要求按照 65-1 修正式计算,《公路工程水文勘测设计规范》(JTG C30—2015)规定既可按 65-1 修正式计算,也可按 65-2 式计算。

1. 非黏性土河床

对于非黏性土河床,可按照下面的公式进行计算。

(1)65-1 修正式

当 $v \leqslant v_0$ 时:

当水流平均流速小于河床泥沙起动平均流速 v_0 时,非墩台周边床面泥沙处于静止状态,但墩台附近水流由于阻水效应流速迅速增大并在局部形成绕流漩涡,漩涡剧烈淘刷桥墩周边泥沙,引起泥沙推移、跳跃等运动,并跟随水流移动,最终带走泥沙形成明显的局部冲刷坑,随冲刷床面不断下切,坑内绕流流速逐渐降低至坑内泥沙起动流速,此时局部冲刷停止,这一冲刷过程称为清水冲刷,在清水冲刷条件下,主要考虑推移质输运。

$$h_b = K_\xi K_\eta B_1^{0.6}(v - v_0') \tag{6-21}$$

当 $v > v_0$ 时:

水流平均流速大于床沙起动平均流速 v_0 时,非墩台周边床面泥沙也会随水流运动上浮,部分泥沙运动一段时间后回落至床面,而另外部分悬浮于水流中,显然局部冲刷坑内将得到上游来沙的补给,且单位时间内上游落入冲刷坑内泥沙量与漩涡卷走泥沙量相等,局部冲刷即停止。

$$h_b = K_\xi K_\eta B_1^{0.6}(v - v_0')\left(\frac{v - v_0'}{v_0 - v_0'}\right)^{n_1} \tag{6-22}$$

式中 h_b——桥墩局部冲刷深度(m),从一般冲刷后床面算起;

v_0——河床泥沙起动流速(m/s),可按式(6-23)计算:

$$v_0 = 0.024\,6\left(\frac{h_p}{\bar{d}}\right)^{0.14}\sqrt{332\bar{d} + \frac{10 + h_p}{\bar{d}^{0.72}}} \tag{6-23}$$

v_0'——墩前泥沙起冲流速(m/s),可按式(6-24)计算:

$$v_0' = 0.462\left(\frac{\bar{d}}{B_1}\right)^{0.06} v_0 \tag{6-24}$$

其中 B_1——桥墩计算宽度(m),参照附表 4,

$\bar{d}$——河床泥沙平均粒径(mm);

K_ξ——墩形系数，参照附表 4；

K_η——河床颗粒影响系数，$K_\eta=0.8\left(\frac{1}{\bar{d}^{0.45}}+\frac{1}{\bar{d}^{0.15}}\right)$；

n_1——指数，$n_1=\left(\frac{v_0}{v}\right)^{0.25\bar{d}^{0.19}}$；

v——一般冲刷后的墩前行近流速(m/s，行近流速是指桥墩上游不远处，未受绕流影响的墩前天然流速)。由于假定局部冲刷是在一般冲刷完成后进行的，故取一般冲刷终止后的墩前流速作为墩前行近流速，相应的墩前行近水深也是取一般冲刷后的最大水深 h_p 来计算。

根据规范规定：v 的值与一般冲刷的计算公式相关。当按照式(6-20)计算一般冲刷深度时：

$$v=\frac{A^{0.1}}{1.04}\left(\frac{Q_c}{Q_1}\right)^{0.1}\left[\frac{B_{1c}}{\mu(1-\lambda)B_2}\right]^{0.34}\left(\frac{h_{max}}{h_c}\right)^{\frac{2}{3}}v_c \tag{6-25}$$

其中 v_c 为河槽平均流速(m/s)，h_c 为河槽平均水深(m)。

当按照式(6-6)计算一般冲刷深度时：

$$v=E\bar{d}^{1/6}h_p^{2/3} \tag{6-26}$$

当按照式(6-9)计算一般冲刷深度时：

$$v=v_{H1}h_p^{1/5} \tag{6-27}$$

当按照式(6-13)计算一般冲刷深度时：

$$v=\frac{0.33}{I_L}h_p^{3/5} \tag{6-28}$$

当按照式(6-15)计算一般冲刷深度时：

$$v=\frac{0.33}{I_L}h_p^{1/6} \tag{6-29}$$

《公路工程水文勘测设计规范》(JTG C30—2015) 中规定：非黏性土河床局部冲刷也可按 65-2 式计算。

(2)65-2 式

当 $v\leqslant v_0$ 时：

$$h_b=K_\xi K_{\eta2}B_1^{0.6}h_p^{0.15}\left(\frac{v-v_0'}{v_0}\right) \tag{6-30}$$

当 $v>v_0$ 时：

$$h_b=K_\xi K_{\eta2}B_1^{0.6}h_p^{0.15}\left(\frac{v-v_0'}{v_0}\right)^{n_2} \tag{6-31}$$

$$K_{\eta2}=\frac{0.002\,3}{\bar{d}^{2.2}}+0.375\bar{d}^{0.24} \tag{6-32}$$

$$v_0=0.28(\bar{d}+0.7)^{0.5} \tag{6-33}$$

$$v_0'=0.12(\bar{d}+0.5)^{0.55} \tag{6-34}$$

$$n_2=\left(\frac{v_0}{v}\right)^{0.23+0.19\lg\bar{d}} \tag{6-35}$$

式中　h_p——一般冲刷后最大水深(m)；

$K_{\eta2}$——河床颗粒影响系数；

n_2——指数。

其余符号意义同前。

2.黏性土河床

对于黏性土河床,可按照下面的公式进行计算。

当$\frac{h_p}{B_1}\geqslant 2.5$时,
$$h_b=0.83K_\xi B_1^{0.6}I_L^{1.25}v \tag{6-36}$$

当$\frac{h_p}{B_1}<2.5$时,
$$h_b=0.55K_\xi B_1^{0.6}h_p^{0.1}I_L^{1.0}v \tag{6-37}$$

式中 I_L——冲刷坑范围内黏性土的液性指数,适用范围为0.16~1.48。

其余符号的意义同前。

第三节 最低冲刷线及基础埋深

一、最低冲刷线

在桥梁设计时,桥墩或桥台处,全部冲刷完成后的河床面位置,称为最低冲刷线,如图6-4所示。

桥墩的最低冲刷线高程H_{min}(m)为

$$H_{min}=H_p-h_p-h_b \tag{6-38}$$

式中 H_{min}——桥墩的最低冲刷线高程(m);

H_p——设计水位(m);

h_p——一般冲刷后最大水深(m);

h_b——桥墩冲刷深度(m)。

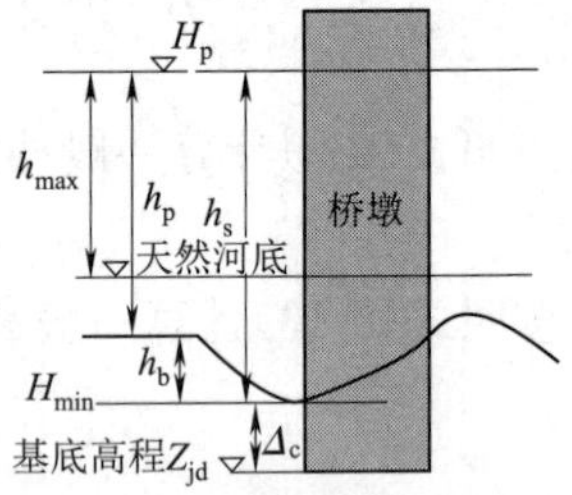

图6-4 冲刷与基底最小埋深示意图

二、公路桥梁基底最小埋深确定

在确定桥梁墩台基础埋置深度时,应根据桥位河段具体情况,取河床自然演变冲刷、一般冲刷和局部冲刷的不利组合,作为确定墩台基础埋深的依据。

根据《公路工程水文勘测设计规范》(JTG C30—2015),非岩石河床墩台基底埋深安全值可按表6-4确定;岩石河床墩台基底埋深安全值可参考表6-5的规定。

表6-4 《公路工程水文勘测设计规范》非岩石河床基底低埋深安全值

桥梁类别	总冲刷深度(m)				
	0	5	10	15	20
大桥、中桥、小桥(不铺砌)	1.5	2.0	2.5	3.0	3.5
特大桥	2.0	2.5	3.0	3.5	4.0

注:(1)总冲刷深度为自河床面算起的河床自然演变冲刷、一般冲刷与局部冲刷深度之和。

(2)表列数字为墩台基底埋入总冲刷深度以下的最小值;若设计流量、水位和原始断面资料无十分把握或河床演变尚不能获得准确资料时,其值可适当加大。

(3)若桥位上下游有已建桥梁或属旧桥改建,应调查旧桥的特大洪水冲刷情况,新桥墩台基础埋置深度应在旧桥最大冲刷深度上酌加必要的安全值。

表 6-5　《公路工程水文勘测设计规范》岩石河床基底埋深安全值(m)

岩石特征					调查资料		建议埋入岩石深度（按施工枯水季水位至岩面的距离分级）		
岩石类别		极限抗压强度（MPa）	调查到有冲刷的桥渡岩石特征		桥梁座数	最大冲刷深度（m）	$h<2$ m	$h=2\sim10$ m	$h>10$ m
			名称	特征					
Ⅰ	极软岩	<5	胶结不良的长石砂岩，炭质页岩等	成分以长石为主，石英凝灰碎屑，云母次之；以黏土及铁质胶结，胶结不良，用手可捏成散砂，淋滤现摩明显，但岩质均匀，节理、裂隙不发育。其他岩石如风化严重，节理、裂隙发育，强度小于 5 MPa，用镐、锹易挖动者	2	0.65～3.0	3～4	4～5	5～7
Ⅱ	软质岩Ⅱ-1	5～15	黏土岩、泥质页岩等	成分以黏土为主，方解石、绿泥石、云母次之；胶结成分以泥质为主，钙质铁质次之；干裂现象严重，易风化，处于水下岩石整体性好，不透遭水，暴露后易干裂成碎块，碎块较坚硬，但遇水后崩解成土状	10	0.4～2.0	2～3	3～4	4～5
	软质岩Ⅱ-2	15～30	砂质页岩、砂页岩互层、砂岩砾岩等	砂页岩成分同上，夹砂颗粒；砂岩以石英为主，长石、云母次之，圆砾石砂粒黏土等组成。胶结物以泥质、钙质为主，砂质次之，层理、节理较明显，砂页岩在水陆交替处易干裂、崩解	9	0.4～1.25	1～2	2～3	3～4
Ⅲ	硬质岩	>30	板岩、钙质砂岩、砂质岩、石灰岩、花岗岩、流纹岩、石英岩等	岩石坚硬，强度虽大于 30 MPa，但节理、裂隙、层理非常发育，应考虑冲刷，如岩体完整节理、裂隙、层理少，风化很微弱，可不考虑冲刷，但基底也宜埋入岩面 0.2～0.5 m	9	0.4～0.7	0.2～1.0	0.2～2.0	0.5～3.0

注：(1)在条件较好的情况下可选用埋深数值的下限，在条件较差的情况下可选用埋深数值的上限。情况特殊的桥，例如在水坝下游或流速特大等，可不受表列数值限制。

(2)表列调查最大冲刷值系参考桥中冲刷最深的桥墩，建议埋深值亦按此值推广使用。处于非主流部分及流速较小的桥墩，可按具体情况适当减少埋深。

(3)岩石栏内系调查到的岩石具体名称，使用时应以岩石强度作为选用表中数值的依据。

(4)表列埋深数值系由岩面算起包括风化层部分，已风化成松散砂粒或土状的除外。

(5)要考虑岩性随深度变化的因素，应以基底的岩石为准，并适当考虑基底以上岩石的可冲性质。

(6)表中建议埋深系指扩大基础或沉井的埋深，如用桩基可作为最大冲刷线的位置。

三、铁路桥梁基底最小埋深的确定

根据《铁路工程水文勘测设计规范》(TB 10017—2021)，墩台基础埋置深度应符合现行《铁路桥涵地基和基础设计规范》的相关要求。根据计算冲刷深度确定墩台基底埋置深度时应符合下列规定：

(1)在非岩石河床而无冲刷处或河床设有铺砌防冲处，基底埋在地面以下的深度不应小于 2.0 m；

(2)在有冲刷处，基底埋在墩台局部冲刷线下不应小于下列安全值：对于一般桥梁，安全值为 2.0 m 加冲刷总深度的 10%；对于技术复杂、修复困难或重要的特大桥、大桥，安全值为 3.0 m加冲刷总深度的 10%，见表 6-6。

(3)在深泓线可能摆动的范围内墩台基底埋置深度均应按最大可能冲刷考虑。

(4)对于岩石河床上墩台基底埋入岩面的深度,应考虑岩石的可能冲刷,根据岩石的坚硬度,胶结物类别,风化程度,节理、裂隙、层理发育情况等分析确定。

(5)桥台锥体填方的坡面应全高进行铺砌防护,在水流作用部分的防护类型还应按水流流速、流冰、流木等冲击情况确定。旱桥锥体防护的标准应根据边坡、填料和当地的具体情况决定。桥台锥坡基脚埋置深度应考虑冲刷的影响。护坡坡脚垂裙顶面应在桥台一般冲刷线以下不少于 0.25 m。

表 6-6 《铁路工程水文勘测设计规范》基底埋深安全值

冲刷总深度			0	5	10	15	20
安全值	一般桥梁		2.0	2.5	3.0	3.5	4.0
	技术复杂、修复困难或重要的特大桥、大桥	设计流量	3.0	3.5	4.0	4.5	5.0
		检算流量	1.5	1.8	2.0	2.3	2.5

注:冲刷总深度为自河床面算起的一般冲刷深度与局部冲刷深度之和,并考虑深泓线可能摆动的影响。

四、算 例 一

某铁路桥梁水文资料、河床断面及地质资料、通航要求与第五章第三节算例二相同,设计要求:确定基础埋深。

1.桥下河槽一般冲刷计算

根据地质资料,采用式(6-1)计算桥下一般冲刷,且用脚码 c、t 表示河槽和河滩,用式(6-2)划分河槽流量与河滩流量。依题意:

$Q_p=6\ 150\ m^3/s$,$\omega_c=2\ 230\ m^3$,$C_c=50$,$\bar{h}_c=\frac{2\ 230}{460}=4.85\ m$,$\omega_{t右}=451.6\ m^2$,$C_t=25$,$\bar{h}_t=\frac{451.6}{159.3}=2.84\ m$。

故

$$Q_c=\frac{\omega_c C_c\sqrt{\bar{h}_c}}{\omega_c C_c\sqrt{\bar{h}_c}+\sum\omega_t C_t\sqrt{\bar{h}_t}}Q_p=5\ 707.7(m^3/s)$$

$$Q_t=Q_p-Q_c=442.3(m/s)$$

$$A=\left(\frac{\sqrt{B_d}}{\bar{H}}\right)^{0.15}=1.44$$

其中

$$B_d=460\ m,\quad \bar{H}=\frac{2\ 230-1\ 380}{460}=1.85(m)$$

$$h_{mc}=7.0\ m,\quad h_{mt}=3.0\ m$$

$$\bar{d}_{Ⅱ}=0.5\ mm,\quad \bar{d}_{Ⅱ}^{\frac{1}{6}}=0.891\ mm$$

$$\bar{d}_{Ⅲ}=20.0\ mm,\quad \bar{d}_{Ⅲ}^{\frac{1}{6}}=1.65\ mm$$

$$E=0.66(查表 6\text{-}1 得)$$

$$B_c=(11\times32.7+2\times49.2)-12\times3.5-1.2=414.9(m)$$

其中,3.5 m 为墩在水中的平均宽度,12 为主槽中的墩数。

首先取 $\bar{d}_{Ⅱ}=0.5\ mm$ 作为平均粒径,则

$$h_p=\left[\frac{A\dfrac{Q_c}{B_c}\left(\dfrac{h_{mc}}{\bar{h}_c}\right)^{\frac{5}{3}}}{E\bar{d}_c^{\frac{1}{6}}}\right]^{\frac{3}{5}}=11.91(\text{m})$$

冲刷标高为 107.00－11.91＝95.09(m)＜98.00 m，表示冲刷已进入第三层土壤中，故以 $\bar{d}_{\text{Ⅲ}}=20.0$ mm 作为平均粒径重新计算，即

$$h_p=\frac{7.0}{4.85}\left(\frac{1.44\times\dfrac{5\ 707.7}{414.9}}{0.66\times1.65}\right)^{\frac{3}{5}}=8.23(\text{m})$$

冲刷标高 107.00－8.23＝98.77(m)＞98.00 m，表示冲刷又回到第二层土中，则冲刷停止在第二层与第三层土壤的界面上，冲刷标高为 98.00 m。

2. 桥下河滩一般冲刷计算

由于河滩表层为黏性土故采用式(6-6)，式中 I_L 取 1.0，$Q_{pt}=442.3\ \text{m}^3/\text{s}$；$B_t=159.28-1.2-5\times3.5=140.6(\text{m})$；$h_{mt}=3.0$ m；$\bar{h}_t=2.84$ m。

$$h_p=\left[\frac{\dfrac{Q_t}{B_t}\left(\dfrac{h_{mt}}{\bar{h}_t}\right)^{\frac{5}{3}}}{0.33\left(\dfrac{1}{I_l}\right)}\right]^{\frac{6}{7}}=\left[\frac{\dfrac{442.3}{140.6}\left(\dfrac{3.0}{2.84}\right)^{\frac{5}{3}}}{0.33\times1}\right]=7.5(\text{m})$$

冲刷标高为 107.00－7.5＝99.5(m)，表示冲刷已进入第二层土壤中，故用式(6-3)重新计算，A_t 取 1.0。

$$h_p=\left[\frac{A_t\dfrac{Q_t}{B_t}\left(\dfrac{h_{mt}}{h_t}\right)^{\frac{5}{3}}}{v_{H1}}\right]^{\frac{5}{6}}=6.0(\text{m})$$

冲刷标高为 107.00－6.0＝101.0(m)，冲刷停止在第二层土壤中。

3. 主槽内桥墩局部冲刷计算

主槽内桥墩局部冲刷计算采用 65-1 修正式。桥墩采用圆端型桥墩，基础为沉井基础，详见图 6-5。

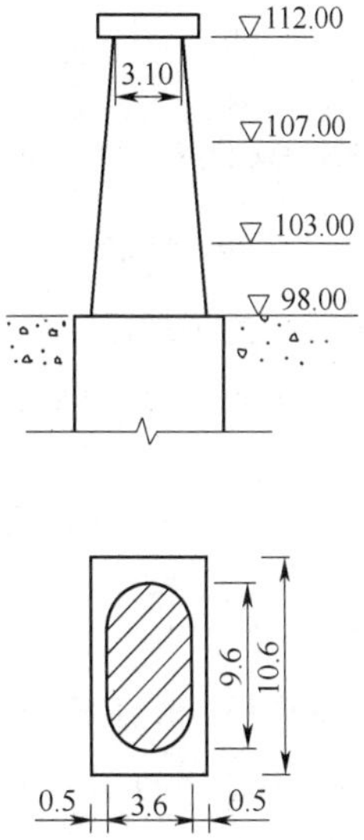

图 6-5　桥墩及基础尺寸(单位:m)

墩前行近流速计算

$$v=q/h_p$$

式中 q 为单宽流量集中系数，$q=A\dfrac{Q_c}{B_c}\left(\dfrac{h_{mc}}{\bar{h}_c}\right)^{5/3}=36.52$。

$$v=\frac{36.52}{9}=4.06(\text{m/s})$$

$$v_0=0.024\ 6\left(\frac{h_p}{\bar{d}}\right)^{0.14}\sqrt{332\bar{d}+\frac{10+h_p}{\bar{d}^{0.72}}}$$

$$=0.026\ 4\left(\frac{9}{20}\right)^{0.14}\sqrt{332\times20+\frac{10+9}{20^{0.72}}}=1.79(\text{m/s})$$

当 $v>v_0$ 时：

$$h_b=K_\xi K_\eta B_1^{0.6}(v-v_0')\left(\frac{v-v_0'}{v_0-v_0'}\right)^{n_1}$$

式中

$$K_\xi=0.92\times0.98=0.9$$

$$K_{\eta}=0.8\left(\frac{1}{20^{0.45}}+\frac{1}{20^{0.15}}\right)=0.718$$

$$B_1^{0.6}=\left(\frac{B'h_1+B'_2h_2}{h}\right)^{0.6}=\left(\frac{5.15\times 9+0}{9}\right)^{0.6}=2.67$$

其中 $B'_1=(L_1-b_1)\sin\alpha=(9.6-3.6)\times\sin 15°+3.6=5.15(\text{m})$

$$B'_2=L_2\sin\alpha+b_2\cos\alpha=10.6\times\sin 15°+4.6\cos 15°=7.19(\text{m})$$

$$h_1=9\ \text{m},\quad h_2=0$$

$$v'_0=0.462\left(\frac{\bar{d}}{B_1}\right)^{0.06}\cdot v_0=0.90(\text{m/s})$$

$$n_1=\left(\frac{v_0}{v}\right)^{0.25\bar{d}^{0.19}}=0.696$$

$$h_{bc}=0.9\times 0.718\times 2.67(1.79-0.9)\times\left(\frac{4.06-0.90}{1.79-0.90}\right)^{0.696}=3.71(\text{m})$$

局部冲刷标高 98.0−3.71=94.29(m),停止在第三层土壤中。

4.河滩内桥墩局部冲刷计算

采用 65-1 修正式:

(1)$v=\dfrac{q_t}{h_{pt}}=\dfrac{3.45}{6}=0.58(\text{m/s})$

(2)$v_0=0.0264\left(\dfrac{6}{0.5}\right)^{0.14}\sqrt{332\times 0.5+\dfrac{10+6}{0.5^{0.72}}}=0.48(\text{m/s})$

(3)$v>v_0$ 时:

$$h_b=K_{\xi}K_{\eta}B_1^{0.6}(v-v'_0)\left(\frac{v-v'_0}{v_0-v'_0}\right)^{n_1}$$

式中,$K_{\xi}=0.9$,$K_{\eta}=1.98$,$B_1^{0.6}=2.67$,$v'_0=0.193$,$n_1=0.96$。

$$h_{bt}=0.9\times 1.98\times 2.67(0.48-0.19)\times\left(\frac{0.58-0.19}{0.48-0.19}\right)^{0.696}=1.83(\text{m})$$

5.基础最小埋深

桥墩的最低冲刷线高程 H_{min} 为

$$H_{min}=H_p-一般冲刷深(h_p)-桥墩处局部冲深(h_b)$$

$$桥墩基底标高=H_{min}-安全值$$

五、算 例 二

某公路桥,根据桥位处水文资料推算得到设计水位 $H_p=63.65$ m,设计流量 $Q_p=3\,500\ \text{m}^3/\text{s}$;天然河槽宽 $B_c=108.38$ m,河槽最大水深 12.39 m,河槽流量 $Q_1=3\,193\ \text{m}^3/\text{s}$,桥孔净长 $L_j=115.2$ m,根据钻探资料,河槽床面以下 21 m 内为砂砾层,平均粒径 $d=2$ mm,河滩床面以下 12 m 内为中砂,再以下为砂砾;根据地质资料和地表形态判断,建桥后桥下河槽可扩宽至全桥孔;汛期洪水含沙量 $\rho=0.6\ \text{kg/m}^3$。

桥孔上部结构采用 4 孔 30 m 预应力钢筋混凝土箱形梁,双柱式桥墩,钢筋混凝土灌柱桩基础,桩径 1.40 m,墩柱直径 1.60 m。试计算桥墩的最低冲刷线高程。

1.桥下断面一般冲刷后水深 h_p

(1)按一般冲刷 64-2 简化公式计算

$$h_p=1.04\left(A\frac{Q_c}{Q_1}\right)^{0.90_1}\left[\frac{B_{1c}}{\mu(1-\lambda)B_2}\right]^{0.66_1}h_{max}$$

$$=1.04\left(1.06\times\frac{3\,500}{3\,193}\right)^{0.90}\left[\frac{108.38}{0.959\times(1-0.053)\times120}\right]^{0.66}\times12.39$$

$$=14.70(\text{m})$$

(2)按一般冲刷 64-1 修正式计算

$$h_p=\left[\frac{A\dfrac{Q_c}{\mu B_c}\left(\dfrac{h_{mc}}{\bar{h}_c}\right)^{\frac{5}{3}}}{E\bar{d}_c^{\frac{1}{6}}}\right]^{\frac{3}{5}}=\left[\frac{1.06\times3\,500}{0.959\times115.2\times2^{1/6}\times0.46}\right]^{3/5}\times\frac{12.39}{10.64}=14.26(\text{m})$$

2. 桥墩局部冲刷深度 h_b

桥墩为双柱墩,墩柱直径为 1.60 m,查墩形系数表 $K_\xi=1.0$,计算墩宽 $B_1=1.6$ m。利用 65-2 公式计算。

行近流速:$h_p=14.70$ m,$v=3.63$ m/s;

起动流速:$v_0=0.46$ m/s;

起冲流速:$v_0'=0.20$ m/s。

$v>v_0$ 为动床冲刷

$$h_b=K_\xi K_\eta B_1^{0.60}h_p^{0.15}\left(\frac{v-v_0'}{v_0}\right)^{n_2}$$

$$=1.0\times0.44\times1.6^{0.60}\times14.70^{0.15}\times\left(\frac{3.63-0.20}{0.46}\right)^{0.55}=2.65(\text{m})$$

3. 桥墩的最低冲刷线高程

$$H_{min}=H_p-h_p-h_b=63.65-14.70-2.65=46.30(\text{m})$$

第四节　导治建筑物

导治构造物的作用是调节水流整治河道,使通过桥孔的水流均匀顺畅,防止桥位附近河床和河岸产生不利变形,以确保附近农田免遭水害确保桥梁墩台和桥头引道的正常运用。合理布设调治构造物,是桥位勘测设计中的重要部分,它与桥孔设计有着相辅相成的作用。

一、导治建筑物的类型

(1)按照建筑材料和使用年限,导治建筑物可分为轻型(或临时性)和重型(或永久件)。

(2)按照与水位的关系导治建筑物又可分为淹没式与非淹没式。对于各级水位或设计水位都不被淹没的,称为非淹没式导治建筑物,否则称为淹没式导治建筑物。

(3)按照导治建筑物干扰水流的情况,还可分为护坡护脚工程、透水建筑物、非透水建筑物、环流导治建筑物等。

(4)护坡护脚工程是指用抗冲材料直接铺在岸坡和坡脚所做成的连续覆盖式的护岸工程。除抗御水流冲刷外,对水流基本上不起干扰作用。

(5)非透水建筑物系用土、石、混凝土、金属等材料修建的,只容许水流绕行和漫溢,不容许水穿流于内部的建筑物。它能挑流、导流或堵塞水流等,对水流有较大的干扰作用,也能导致较严重的局部冲刷,多用于永久性工程。

(6)透水导流建筑物系指用竹、木、树梢、苇、铁丝等材料建成的,除容许水流绕流和漫流外,还容许水穿流于建筑物内部。除可对水流起一定程度的挑流、导流或堵塞等干扰作用外,还起缓流落淤等作用。与非透水建筑物相比,其局部冲刷较弱,多用于轻型的临时性工程。

(7)环流导治建筑物又称为导流装置,是一种激起人工环流的建筑物,可用来控制泥沙运动,从而控制河床的冲淤。多用于灌溉渠引水口的整治、护岸、改善航道等。

(8)按照导治建筑物的外形和作用,分为(不管它是否透水或是否淹没):导流堤、锥体护坡、丁坝、顺坝、格坝以及各种护岸、护堤等(图 6-6)。

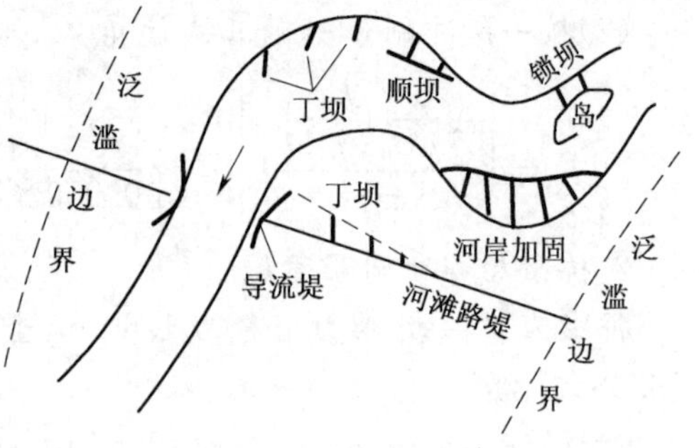

图 6-6　调治建筑图

二、导治建筑物的布设原则

(1)导治建筑物的布设要顺应水势,因势利导,因地制宜。

(2)导治建筑物的布设,应结合河段特性,水文、地形和地质等自然条件,桥头路堤位置,通航要求,水利设施等因素综合考虑,兼顾两岸、上下游、洪水枯水位,确定总体布设方案。

(3)水文及河床变形复杂的河段,桥孔和调治构造物布设应做水工模型试验,进行分析验证。

(4)导流堤的设计洪水频率应与桥梁的设计洪水频率相同。丁坝或其他调治建筑物的设计洪水频率应与所依托工程的设计洪水频率相一致。

三、导 流 堤

河滩流量较大时,桥上游应修建导流堤,引导上游水流和河滩水流逐渐改变方向,形成平行水流,平顺地通过桥孔,使桥下断面的流速、水深及输沙等分布都较为均匀,避免桥下和桥头出现过大的冲刷。

是否设置导流堤,应根据河滩流量占总流量的比例来确定。被桥头路堤阻断的河滩流量占总流量的 15%(单侧河滩)或 25%(双侧河滩)以上时,应设置导流堤;但当河滩部分流量较小、流速又小于 1 m/s 或地形有利汇水时,也可不设导流提。当桥位上游有支汊汇入,水流紊乱时,应视地形、流向及地质条件设置导流堤。

常见的导流堤有封闭式导流堤和非封闭式导流堤。导流堤比较短,而且上游堤端在泛滥界之内时,这种导流堤称为非封闭式导流堤;导流堤较长,而且将上游堤端伸出泛滥界之外时,这种导流堤称为封闭式导流堤。

1. 非封闭式导流堤

导流堤的组成有上游坝、下游坝两部分,如图 6-7 所示,上游坝的端部称为坝端,导流堤与桥梁连接处,称为坝根。坝端直接受水流的冲击,是保证导流堤稳定的关键部位,必须特殊加固。

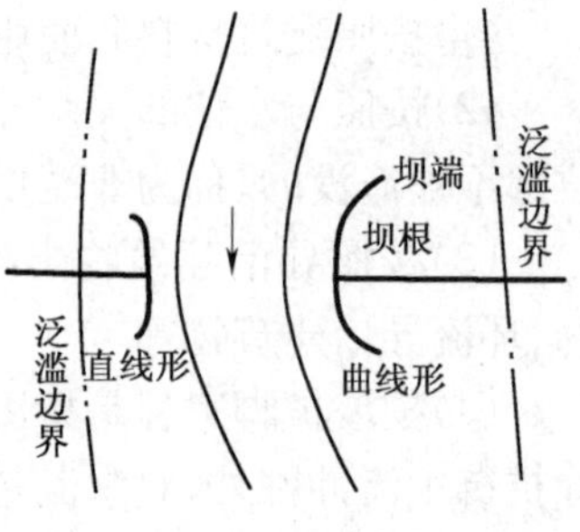

图 6-7　导流堤形状和组成部分

导流堤水流的绕流决定了导流堤合理的平面线形,其以与绕流流线吻合较好、堤长适当、设计施工简便的线形为最佳。

堤的平面形状有曲线形和直线形(两端为曲线、中间为直线)两种(图 6-7)。非封闭式导流堤可设计为曲线形,需要挑导水流时可采用直线形。

常用曲线形非封闭式导流堤有圆曲线组合导流堤和梨形导流堤:

(1)圆曲线组合堤

铁道科学研究院提出3个不同曲线半径的圆曲线所组成的非封闭式导流堤(图6-8),由于施工方便,土方较少,可在平原宽滩河流上参考使用。其曲线半径 R_0 为

$$R_0=\frac{B_{td}}{k}\left(1+\frac{1-E}{10}\right)\left(\frac{Q_{te}}{Q_{td}}\right)^{7/8} \tag{6-38}$$

$$E=1-\frac{Q_{xi}}{Q_{da}} \tag{6-39}$$

式中　B_{td},Q_{td}——导流堤所在一侧河滩宽度(m)和天然状态的河滩流量(m^3/s);

E——桥孔偏置率(偏置系数);

Q_{te}——导流堤所在一侧的路堤拦阻流量(m^3/s);

Q_{xi}——桥孔两侧河滩中,被阻挡较小一侧的天然流量(m^3/s);

Q_{da}——桥孔两侧河滩中,被阻挡较大一侧的天然流量(m^3/s);

k——与桥位河段水流宽深比有关的系数,见表6-7。

表6-7　*k* 值

B/h	>1 000	1 000～500	500～200	<200
k	30	25	20	15

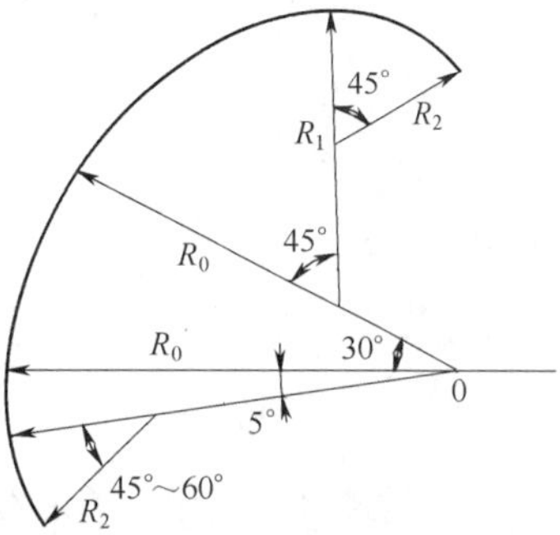

图6-8　曲线形导流堤平面图

图6-8中:

$$R_1=0.50R_0,\quad 圆心角\ \theta_1=45°$$

$$R_2=0.25R_0,\quad 圆心角\ \theta_2=45°\sim60°$$

(2)梨形导流堤

梨形导流堤是较常见的导流堤(图6-9)。当桥头引线顺着水流而斜交时,河滩水流沿河滩路堤而流动,采用梨形导流堤,其后支将水流导离路堤进入桥孔,避免水流冲击导流堤根部。

梨形导流堤的平面形状可为起自桥台头部的路堤上、下游侧各两段相切的反向圆弧线。上游侧桥台端圆弧 L_{u1} 半径为 R 凹向桥台,路堤端圆弧 L_{u2} 半径为 $2R$,与 L_{u1} 及路堤反向相切,下游侧桥台端圆弧 L_{d1} 半径为 $R/2\sim3R/4$,凹向桥台,路堤端圆弧 L_{d2} 半径为 $R\sim3R/2$,与 L_{d1} 及路堤反向相切。R 视路堤压缩水流情况而定。其平面形状如图6-10所示。

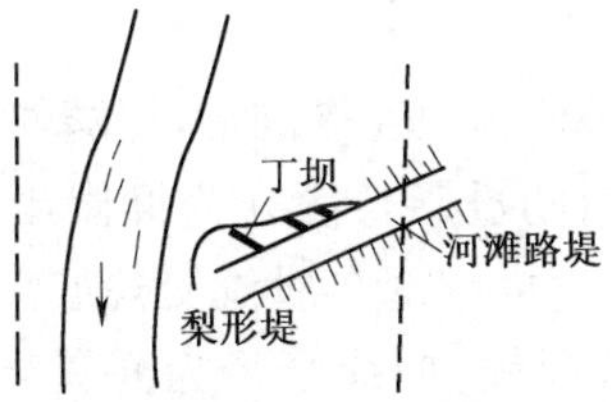

图6-9　梨形导流堤的平面布置

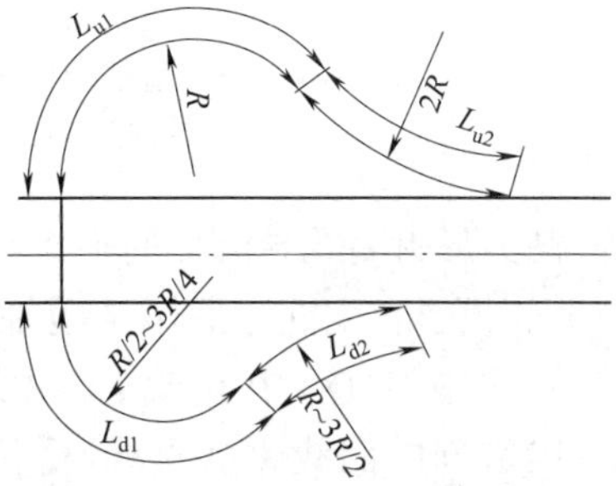

图6-10　梨形导流堤平面形式

以反向圆曲线与河滩路堤相连形成的半梨状堤,可结合地形、地貌和桥台锥体大小等情况进行布设。下游侧堤亦可设计成半梨状或曲线形短堤。

2. 封闭式导流堤

对于河槽摆动很大的变迁性和冲击漫流性河段,为了逐渐缩窄河槽的摆动幅度,使水流和泥沙平稳地通过桥孔,并保证农田和村镇的安全,往往设置较长的导流堤,并且将上游堤端伸出泛滥界之外,这种导流堤称为封闭式导流堤,如图 6-11 所示。

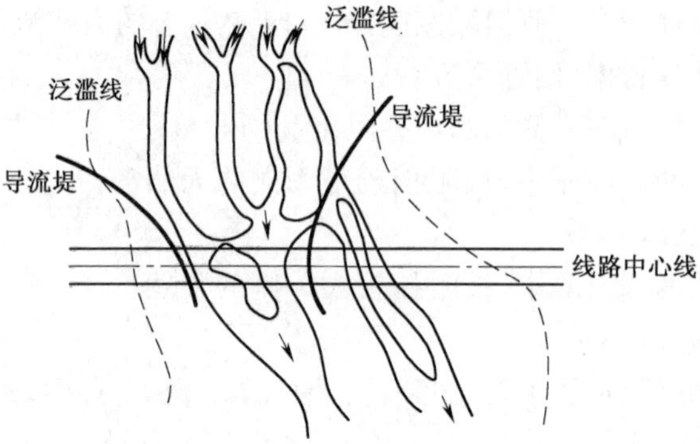

图 6-11　封闭式导流堤布置图

封闭式导流堤布设,是将全部洪水顺畅的导入桥孔,因此应使堤身曲线平顺,避免有过大折角。

平面形状有直线和圆曲线组合形或椭圆形。

(1)直线和圆曲线组合形(图 6-12)桥址上游段的圆曲线,其半径宜采用桥孔总长的 3～4 倍,圆心角采用 25°～30°;下游段曲线半径,宜采用桥孔总长的 1.5～2.0 倍,圆心角采用 15°～20°,上游宜与岸边衔接部分做成直线,直线与曲线相切连接,以求平顺。下游为使水流得到迅速扩散,宜作成曲线短堤。

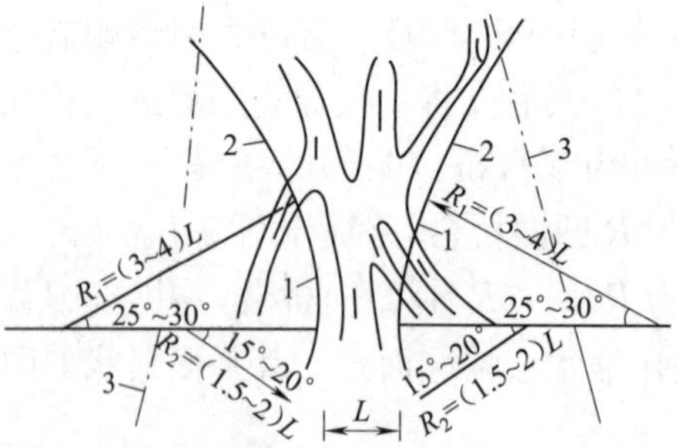

图 6-12　直线与圆曲线组合形封闭式导流堤的平面形状示意

1—圆曲线;2—直线(切于圆曲线);3—水流摆动边线

(2)椭圆形封闭式导流堤的平面尺寸:桥位上游段为 1/4 椭圆形,堤端伸入稳定河岸,在桥位方向上的投影长度 b 为椭圆半短轴,在水流方向的投影长度 a 为椭圆半长轴,a/b 值可取 1.5～2.25,椭圆中心设在桥梁上游边线上,当为减少堤端部与股流交角或需将水流逼向河心时,可将堤端部的曲线改为直线,桥位下游段为圆曲线,曲线半径为椭圆半长轴 a 的 1.5～2.25倍,圆心设在桥梁下游边线上,圆心角采用 7°～8°。其平面形状如图 6-13 所示。

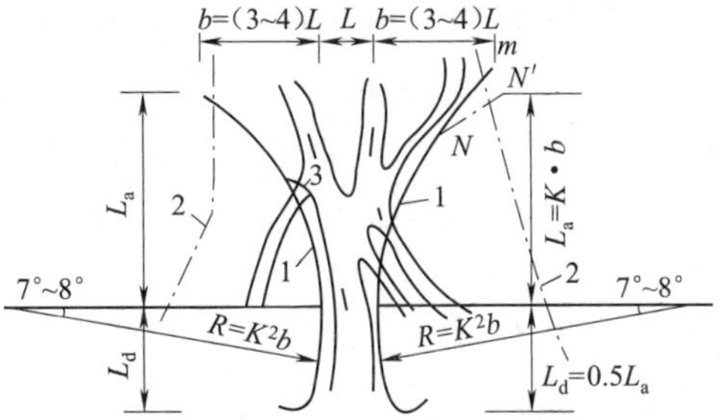

图 6-13　椭圆形封闭式导流堤平面形状示意

1—椭圆曲线；2—水流摆动边线；3—丁坝

3. 横断面和顶面高程

(1)横断面尺寸。导流堤横断面尺寸按照表 6-8 采用，当堤的高度大于 12 m 或者坡脚长期浸水时，应该专门设计。

表 6-8　导流堤顶宽和边坡

堤顶宽(m)		边　坡	
堤头	堤身	堤头	堤身
		迎水面	背水面
3～4	2～3	1∶1.5～1∶2	1∶1.5～1∶75

(2)堤顶高程。轴线处堤顶高程除了应考虑设计水位，还应该考虑桥前壅水高度、波浪爬坡高度(侵袭高度)、河床面淤积等引起水面升高影响，应该增加 0.25 m 的安全值。具体的高程计算参见相关水文设计规范进行。

①封闭式导流堤应设计为不没水的，其上游侧堤顶高程可按式(6-40)计算。

$$H_d = H_p + \Delta Z_M + \Delta h_p + L'_x I_0 + 0.25 \tag{6-40}$$

②封闭式导流堤下游侧堤顶应设计为水平的，堤顶高程可按式(6-41)计算。

$$H_d = H_p + \Delta h_p + 0.25 \tag{6-41}$$

式中　H_d——距桥头 L'_x 距离处的上、下游侧导流堤堤顶高程(m)；

L'_x——导流堤计算点到桥头的距离在水流轴线上的投影(m)；

Δh_p——除桥前壅水高以外的水位附加高度(m)，包括波浪侵袭高度和河床淤积等。

其余符号意义同前。

③非封闭式导流堤应设计为不没水的，上下游侧堤顶纵断面均应设计为水平的，上游侧堤顶高程可按下列公式计算：

a. 桥头台尾处至沿路堤上游侧形成最大壅水处的距离小于同一端台尾至岸边的距离时

$$L' < L_a \qquad H_d = H_p + \Delta H_{sh} + \Delta h_p + 0.25 \tag{6-42}$$

b. 桥头台尾处至沿路堤上游侧形成最大壅水处的距离大于同一端台尾至岸边的距离时

$$L' > L_a \qquad H_d = H_p + \Delta H'_{sh} + \Delta h_p + 0.25 \tag{6-43}$$

以上各式中符号意同第五章。

4. 导流堤的布置

(1)导治建筑物的布设与水流情况、河床演变等自然条件密切有关。因此通常结合河段特性、水文、地形和地质等不同情况来布设，按导治的目的设计出一条能兼顾左、右岸，上下游与洪中枯水位的导治线，经多方案比较，确定其总体布设。导治线应该顺应水势，根据水流的弯曲情况设置不同半径的导流堤、丁坝、顺坝、格坝等。平原蜿蜒河段由于中水位期间较长，按中水位设计的导治线可控制中水位时河床的演变，有利于防洪、护岸和通航；山区砂质河床段适合按中水位导治，这有利于较大流量通过桥孔；山区卵石河床段应该按洪水位导治，有利于防止洪水期卵石在桥渡附近的落淤。

(2)长大导治建筑物造价高，养护维修费工、费料，易遭破坏，故不宜设置。

(3)山区河流峡谷段一般均无河滩，桥孔原则上满布全河，无须设置导流堤。山区开阔段一侧或两侧有较开阔的台地，桥头路堤伸入河滩，或上游有支汊汇入，使水流紊乱，此时应设置牢固的导流堤。

(4)山前冲积扇中游扩散河段上，通常考虑布设一河多桥通过，尽量避免布设长大的封闭式导流堤，强行约束水流在一座桥中排泄。

(5)山前变迁河段上桥梁的导流堤，实质上是整治河道的导治建筑物，可修建封闭式导流堤以固定天然情况下摆动不定的河道，减小泛滥范围，约束漫溢的水流归槽，使全部水流逐渐而均匀顺畅地导入桥孔，对桥头路堤和两岸农田房舍起到保护作在摆动与稳定河段间的过渡段上，通常采用梨形导流堤。

(6)平原游荡河段上布设封闭式导流堤，主要为稳定河段，约束水流。其他各类河段可按河滩被压缩部分的流量与总设计流量的比例来确定。一般情况，若河滩被压缩部分的流量大于总设计流量的15%，则应该考虑布设导流堤；若小于15%且水流比较稳定，流速小于1 m/s，地形上也无必要修建导流堤时，可利用桥头锥体导流，不再设导流堤。

四、丁　坝

丁坝常设置在桥头引道的一侧或桥梁附近的河岸一侧，特别是在河流弯道凹岸的一侧，将水流挑离桥头引道或河岸，使泥沙在坝后淤积，形成新的水边线，达到对河岸及桥头路堤防护的目的。

1. 丁坝类型

(1)淹没式丁坝和非淹没式丁坝

根据设计洪水位和坝高的相对系数，可分为淹没式丁坝和非淹没式丁坝两类。坝顶高程高于设计洪水位，称为非淹没式丁坝，挑水能力强，相应地坝头冲刷也严重。坝顶高程低于设计洪水位的丁坝，称为淹没式丁坝。漫水丁坝的坝顶高程常取在相当于常水位或平均洪水位上下。洪水位时为淹没式丁坝，常水位及枯水位时为非淹没式丁坝。这样，除洪水期以外的大部分时间，丁坝工作在非淹没状态，有较大的调治水流和稳定河床的作用。大洪水期间，丁坝坝顶淹没，不会过多阻挡水流，避免坝头过深冲刷。被淹没的丁坝之间河底流速仍然很小，仍可发挥其护岸作用。为了加速坝群间的淤积使之形成新的水边线时，应设计为掩没式丁坝，为逃离水流避免水流直接冲击建筑物时，应设计为非淹没式丁坝。丁坝坝身宜短而坚固，在平面上可与水流斜交。

(2)上挑丁坝、下挑丁坝

丁坝轴线与水流方向交角大于90°者称为上挑丁坝(逆水流方向倾斜)；一般采用95°～105°；小于90°的称为下挑丁坝(顺水流方向倾斜)，一般采用60°～65°；等于90°者称为正挑丁坝。

淹没式丁坝应修成上挑式，$\beta=100°\sim105°$非淹没式丁坝应修成下挑式，$\alpha=60°\sim75°$，但此时坝头局部冲刷严重。

丁坝长度愈大，坝头冲刷愈深，挑水能力愈强，对上下游甚至对岸的影响也愈大。一般不宜采用过长的丁坝。不透水丁坝的长度(丁坝长度按垂直于流向的丁坝投影长度计)最大不应超过河槽宽度的 15％；桩、排架等组成的透水丁坝，透水性达到 80％时，丁坝长度不得超过河槽宽度的 35％。经验表明，山区河流桥头及沿河路堤的丁坝，长度不宜超过 10 m。

2. 丁坝群

若需要防护的路堤或河岸较长，可采用数个丁坝组成的丁坝群进行水流调治和河岸防护。丁坝间的距离 L，应达到充分发挥每个丁坝的作用，又能保证两坝间不发生冲刷。为此，要求绕过坝头之后所形成的扩散水流的边线大致达到下一个丁坝的有效长度 L_p 的末端，以避免冲刷河岸(图 6-14)。

$$L=\frac{2}{3}l\cos\alpha_1+L_p\sin\alpha_1\cot(\beta+\alpha_2-\alpha_1) \tag{6-44}$$

式中　β——水流扩散角(°)，一般为 7.5°～9.5°；

α_1——坝轴线与河岸的夹角(°)；

α_2——水流与坝轴线夹角(°)；

L_p——丁坝的有效长度 $L_p=\frac{2}{3}L$ (m)；

l——丁坝长度(m)。

丁坝间距一般凹岸较密，坝距为坝长的 1.5～3.0 倍；凸岸较稀，可以增大到 4～8 倍；直线河段为 3～4 倍，潮汐及倒灌水流河段为 1.5～3 倍。

将各个坝头的连线设计成一条平滑的曲线或直线，称为导治线。导治线是设计的水边线或弯道凹岸的深泓线。导治线两端应与河岸平顺连接(图 6-15)。

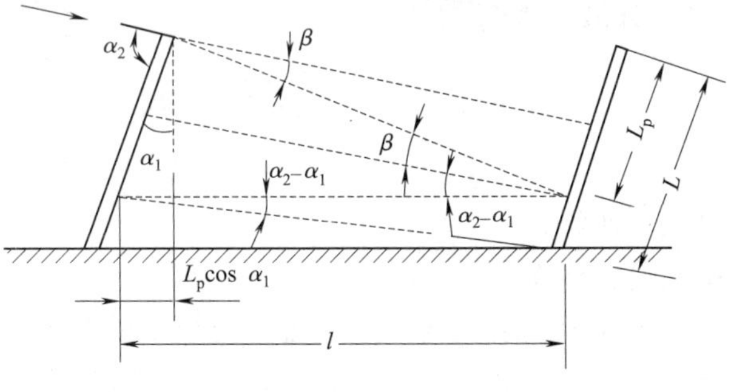

图 6-14　丁坝头扩散水流影响长度

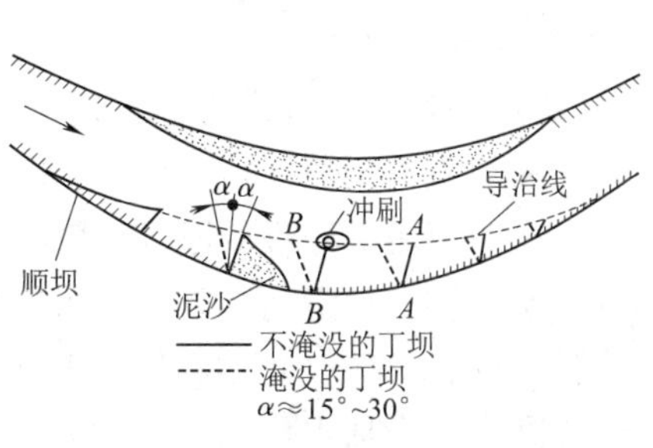

图 6-15　丁顶坝群和导治线

3. 丁坝设计原则

(1)加速丁坝群间的淤积使形成新的水边线时，应设计为没水式。

(2)挑离水流避免水流直接冲击建筑物时，应设计为不没水式。

(3)丁坝坝身宜短而坚固，在平面上可与水流斜交。

(4)没水丁坝应向上挑与水流成 95°～105°交角；不没水丁坝应向下挑与水流成 60°～75°交角，凹岸丁坝间距约为上一个丁坝长的 1.5～3.0 倍；直河段间距可适当加大。

(5)不没水丁坝坝顶可修成向河心下倾的坡度，使坝根在水面以上有较大的安全值。

(6)在感潮河段上的涨潮流速较大或有涌潮的地段修建丁坝不宜与水流正交,以采用垂直向上游偏约15°为宜;在涨落潮流速略相等的地段应使丁坝与水流正交。

4.丁坝的布设规定

(1)山区河流流速较大时不宜布设丁坝。

(2)桥址上游附近不得布设丁坝。

(3)靠近封闭式导流堤的边缘处如有强大集中股流顶冲时,可在堤身适当部位布设丁坝,坝头应向下游倾斜,坝根嵌入堤身。

五、勾头坝

它是一种特殊形式的丁坝,如图6-16所示。勾头的作用是为了改善丁坝坝头水流状况起导流作用。勾头长度为坝身垂直于整治线方向的投影长度的0.4倍。两坝间距为坝长的5～6倍。

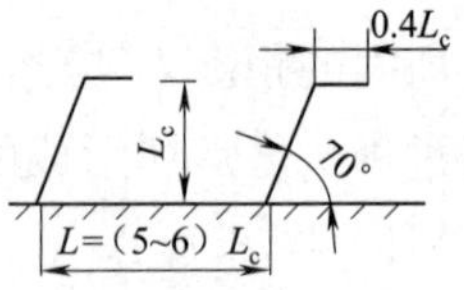

图6-16 勾头坝

六、顺坝、格坝和锁坝

顺坝是坝身顺着水流的一种坝,可用来束狭河道,以及引导水流向着指定的方向流动,顺坝也分淹没和非淹没两种。淹没的顺坝与河岸间,在汛期能够落淤。逐渐形成新河岸。但溢过顺坝的纵向水流,也可能引起冲刷。为了避免纵向水流的发生,在此间修建格坝,如图6-17所示。

格坝与河岸垂直,当坝身很长或河岸不平顺时,须建几个格坝,其间距以两坝间不产生纵向水流为原则,一股为坝长的1～3倍。格坝也可修成淹没和非淹没的两种。

顺坝高程可与丁坝一样,视其作用而异。顺坝主要是修建在整治河道上,起束狭河槽调整河岸的作用。在急弯、河汊、凹岸末端及河口等水流分散处可修建导流的顺坝。

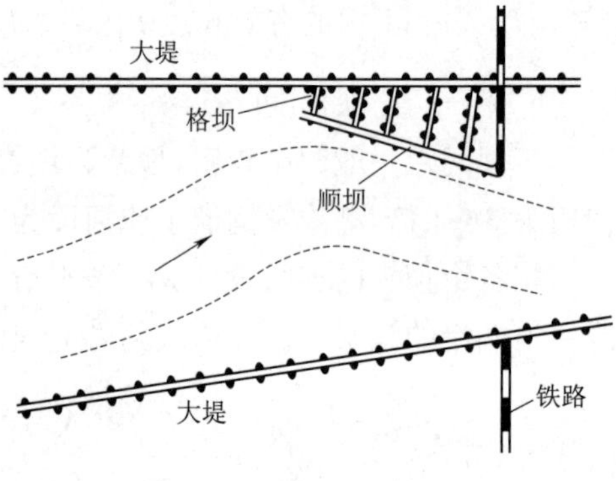

图6-17 顺坝和格坝

顺坝和格坝的布设应符合下列规定:

(1)顺坝应与水流平行,沿导治线布设;

(2)弯曲河段上布设的顺坝应随流势设成弯曲状;

(3)顺坝较长且距河岸较远时可在坝岸间设置格坝。

锁坝是用来堵塞串沟或汊道,以促进串沟或汊道的衰亡而加强主流。锁坝坝顶中部是水平的,并高出平均枯水位0.5～1.0 m,坝顶约以大于1/25的坡度向河岸两侧升高,使坝顶过水时,自中心逐渐向两侧发展并起一定导流作用。

复 习 题

1.桥渡附近河床变形有几种?计算中如何假定?

2.墩周局部冲刷的机理是什么?

3.基础埋深如何确定?

4.导治建筑物有哪些?各自有什么作用?

5.某二级铁路跨越一平原次稳定河段,基本资料如下:

(1)水文资料

①桥位附近水文站历年最大流量及相应水位资料(见本题表1)。1887年、1974年和1975年的流量是由调查得到的历史洪水位推求而得,其中1974年、1975年亦在实测期内。

②汛期含沙量$\rho<1.0\ kg/m^3$。

③河段基本顺直,桥位轴线与河道正交,属狭窄水面的河流,河槽内天然冲淤比较明显,主流在河槽内摆动,河槽水流天然平均流速为2.8 m/s。

④河槽粗糙率$1/n_c=41$,河滩粗糙率$1/n_t=30$。

⑤河床比降$i=0.14‰$。

⑥容许冲刷系数$p=1.1$。

(2)桥位断面及地质资料

①××江桥位断面测量资料(见本题表2);

②桩号K94+805、K95+073为滩槽分界点;

③河床土质情况:河床土壤为松软土壤(中砂);表层平均粒径为0.35 mm,厚=0.80 m;下层平均粒径为25 mm,厚8.00 m。

(3)设计计算要求

①设计流量和设计水位的推求;

②确定桥长及布孔;

③确定桥面最低标高;

④确定墩台基础最小埋深;

⑤设计计算说明书、$Q—H$关系曲线图、频率曲线图和桥孔布置图。

表1　年最大流量及水位

年份	年最大流量 $Q(m^3/s)$	相应最高水位 $H(m)$	年份	年最大流量 $Q(m^3/s)$	相应最高水位 $H(m)$	年份	年最大流量 $Q(m^3/s)$	相应最高水位 $H(m)$
1887	13 000	39.40	1977	3 800	34.67	1988	5 050	35.20
1967	3 450	34.38	1978	5 920	35.70	1989	3 900	34.70
1968	8 300	37.25	1979	5 900	35.68	1990	5 820	35.80
1969	7 900	37.13	1980	2 700	33.75	1991	5 750	35.50
1970	5 800	35.60	1981	5 700	35.56	1992	6 200	36.25
1971	6 300	36.18	1982	6 000	36.10	1993	5 850	35.61
1972	6 650	36.60	1983	3 300	34.10	1994	6 900	36.80
1973	6 700	36.65	1984	5 500	35.50	1995	4 630	35.10
1974	10 100	37.90	1985	4 500	35.00	1996	5 400	35.42
1975	11 400	38.55	1986	6 050	36.20			
1976	5 600	35.54	1987	6 000	36.00			

表2　桥 位 断 面

桩号	河床标高(m)	桩号	河床标高(m)	桩号	河床标高(m)
K94＋795	42.81	＋857	21.45	＋063	25.89
＋796	41.55	＋885	20.78	(槽)＋073	30.00
＋798	38.95	＋910	20.65	＋081	31.08
＋800	35.99	＋927	22.18	＋085	33.20
＋802	31.54	＋949	23.02	＋096	35.78
(槽)＋805	30.00	K94＋961	22.95	＋102	38.44
＋809	27.71	＋989	23.53	＋108	38.70
＋822	24.50	K95＋026	24.80	＋112	38.95
＋835	23.50	＋049	25.31	＋123	44.00
				＋134	45.00

第七章 特殊情况的桥渡设计

特殊地区的水文情势及规律不同于一般河流的水文特征，桥渡设计工作应根据其水文要素特点区别对待。

第一节　泥石流地区桥渡

一、泥石流概述

我国是泥石流较为发育的国家之一，天山、祁连山、昆仑山的前山地带，秦岭、太行山区、北京西山地区、江西山地、占林的长白山地、西藏东南部、横断山山区、滇西及滇北、四川西部山区等都有泥石流危害。有的暴发频繁，危害严重，如云南小江流域面积为 3 120 km^2，每年暴发 500～1 000 次泥石流。有的年份达到 2 000～3 000 次。

泥石流挟带大量顽石巨砾，具有较高流速(我国观测到的最大流速为 13.4 m/s)，破坏力极大(实测到的冲击力达 920 N/m^2 以上)。1981 年 7 月 9 日，成昆线利子依达沟暴发了灾害性泥石流，强大的黏性泥石流挟带 7～8 m 直径的巨石，龙头高 12 m，河弯超高 5 m，冲毁了利子依达大桥。

2006 年 7 月 4 日下午新疆吐鲁番境内一山区山洪暴发，由此引发的泥石流随即冲向兰新铁路吐鲁番段一座铁路桥。这座铁路桥一侧被冲出一段豁口，致使铁轨悬空，进疆列车被迫中断运行。

泥石流对桥梁危害往往非常严重，因而该特殊地区的桥渡设计应引起足够重视。

泥石流可以从不同角度来分类。如按产生泥石流地区的地质地貌特征分类；按泥石流活动状况和破坏强度分类；按泥石流所含物质分类；按泥石流形成的动力条件分类；按泥石流的物理力学性质分类等。我国《铁路工程水文勘测设计规范》中泥石流分类见表 7-1。

表 7-1　泥石流分类简表

类别	分类	内容及特征
流体性质	黏性	容重大于 16 kN/m^3，黏度大于 0.3 Pa·s，层流，有阵流，浆体浓稠，承浮和悬托力大，流体直进性强，补给量大
	稀性	容重 12～18 kN/m^3，黏度小于 0.3 Pa·s，有股流及散流现象，浆体混浊，悬托力弱，堆积物松散，补给量小
物质组成	泥流	颗粒均匀，由粒径小于 0.005 mm 的黏粒和小于 0.05 mm 的粉粒组成，偶夹砂和圆砾，有稀性和黏性
	泥石流	颗粒差异性大，由黏粒、粉粒、砂粒、圆砾、碎块石等大小不同的粒径混杂而成，有黏性和稀性
	水石流	堆积物分选性强，由圆砾、碎块石及砂粒组成，夹少量黏粒和粉粒，为稀性
危害程度	严重的	松散固体物质丰富，植被破坏，水土流失严重，河滩堆积和堵塞现象严重，坍方面积率大于 10%
	中等的	松散固体物质较丰富，植被部分遭到破坏，水土流失较严重，在河床局部地段形成较严重的坍塌堆积，坍方面积率为 5%～10%
	轻微的	流域内侵蚀情况明显减弱，河槽堆积物质甚少，冲刷下切为主，植被良好，坍方面积率小于 5%

二、泥石流流量计算简介

1. 雨洪修正法

$$Q_c = Q_p(1+\phi_c)D_c \tag{7-1}$$

$$\phi_c = \frac{\gamma_c - \gamma_s}{\gamma_H - \gamma_c}$$

式中 Q_c——泥石流流量(m^3/s);

Q_p——按一般河流计算,符合规范规定的设计洪水流量(m^3/s);

ϕ_c——泥石流修正系数;

γ_c——泥石流流体容重(kN/m^3);

γ_H——泥石流流体中固体物质(泥、沙、石各个个体)容重的平均值,可取 26~27 kN/m^3;

γ_s——水的容重,$\gamma_s = 10\ kN/m^3$;

D_c——泥石流堵塞系数,见表 7-2。

表 7-2 泥石流堵塞系数表

堵塞程度	特 征	堵塞系数 D_c
严重	沟槽弯曲,河段宽窄不均,卡口、陡坎多。大部分支沟交汇角度大。形成区集中,物质组成黏性大,稠度高,沟槽堵塞严重,阵流间隔时间长	>2.5
中等	沟槽较顺直、河段宽窄较均匀,陡坎、卡口不多,主支沟交汇角多数小于 60°。形成区不太集中,沟槽堵塞情况一般,流体多稠浆,稀粥状	1.5~2.5
轻微	沟槽较顺直均匀,主支沟交汇角小,基本无卡口、陡坎。形成区分散,物质组成黏稠度小,阵流间隔时间短而少	<1.5

2. 泥痕调查法

泥痕调查法与洪水调查法相同,由于泥石流冲淤变化大,在选择断面时,最好选择在冲淤变化较小的河段,选在流通段最宜。

$$Q_c = \omega_c v_c \tag{7-2}$$

式中 ω_c——泥石流过水断面前积(m^2);

v_c——泥石流流速(m/s^2),黏性泥石流按地区公式计算,稀性泥石流按式(7-3)计算:

$$v_c = \sqrt{\frac{\gamma_s}{\gamma_H \phi_c + \gamma_s}} \cdot \frac{1}{n} R^{\frac{2}{3}} \cdot I_c^{\frac{1}{2}} \tag{7-3}$$

其中 n——一般河流河槽粗糙率;

I——泥石流水面(或沟底)坡度。

其余符号意义同前。

三、其他水文计算简介

1. 孔径确定

泥石流沟宜采用桥梁通过,桥梁孔径不能单凭流量确定,应按其所在区段,结合地形条件、沟槽宽度、泥石流性质、流势及其发展变化的规律,综合考虑确定。

(1)流通区

桥孔不得压缩沟床,不宜在沟中设墩。

(2)山区泥石流堆积区

桥孔宜跨越泥石流的主要活动范围。

(3)山前泥石流堆积区

对稀性泥石流，在溢槽漫流的流量及流速不大的边缘地带，桥孔可适当压缩，压缩量不宜超过10%～20%，并应做一定的排导工程；对黏性泥石流，不宜压缩桥孔。

2. 桥下净空

桥下净空是泥石流地区桥梁设计的主要控制条件，桥下净空应在合理的沟床基准面及符合设计频率泥位的基础上，分别考虑设计年限内沟床基准面以上的总淤积高度、巨大石块超出设计泥位的高度、高大树木随山体块体运动拥出的超高值、泥石流遇阻冲高等因素。

青藏线西海段调查了20条沟，大都因净空不足而遭受泥石流灾害。1982年曾调查统计过历年铁路设备遭受破坏、车站股道和桥梁被淤埋、行车中断等灾害较大的泥石流达173起。所以一定要重视泥石流地区桥梁净空的确定。

3. 桥下冲刷

目前对泥石流冲刷桥基的机理尚不清楚，仍采用一般河流的冲刷公式，《铁路工程水文勘测设计规范》规定：泥石流沟桥下冲刷的一般冲刷和桥墩局部冲刷除按一般河流的冲刷公式计算外，还应结合现场调查分析确定。桥下河床面高程在一般堆积区可采用勘测断面的最低点。位于大河切割范围内的堆积区，还应考虑桥下床面下切的影响。在流通区应采用桥址附近调查到的最低点。

《公路工程水文勘测设计规范》规定：墩台冲刷可结合现场调查分析确定，对稀性泥石流可按下列公式计算：

(1)顺直河槽段

$$h_p=\frac{0.1q_s}{d^{\frac{1}{3}}h_m^{\frac{1}{6}}} \tag{7-4}$$

式中　h_p——一般冲刷后的水深；

q_s——泥石流最大单宽流量($m^3/s\cdot m$)；

h_m——最大泥深(m)；

d——沟床泥沙平均粒径(m)。

(2)弯道凹岸段

$$h_p=\frac{0.17q_s}{d^{\frac{1}{3}}h_m^{\frac{1}{6}}} \tag{7-5}$$

第二节　水库地区桥渡

水库地区桥涵设计，涉及的问题较多也比较复杂。例如水库的淤积，水库使水流和泥沙条件的改变，水库溃坝等，因此，当铁路沿水库边缘通过或穿过水库时桥涵设计必须考虑水库上述的影响。

一、设计流量

1. 位于水坝上游库区的桥梁

其设计流量的确定如下所述：

(1)水库设计洪水频率标准高于桥梁时

可采用相应于桥梁设计标准的水库计算流量。

(2)水库设计洪水频率标准低于桥梁时

桥梁设计尚应以溃坝时通过桥下最大流量进行检算。

2. 位于水坝下游库区的桥梁

其设计流量的确定如下所述:

(1)水库设计洪水频率标准高于桥梁时

当坝桥间径流量小时,可直接采用与桥梁设计标准相应的水库下泄流量。当有较大支流汇入,区间流量较大,桥址距水坝又较远时,除应计及区间流量外,并应考虑河槽调蓄对下泄流量的影响,求算桥址处的设计流量。当水库下泄流量控制设计时,尚应考虑水库有效库容逐年减少和下泄流量逐年增大的可能因素对桥梁的影响。

如官厅水库设计下泄流量从原来的 600 m^3/s 加大到 1 630 m^3/s,主要就是因库容逐年淤积减小所致,部分为设计流量的增大影响。因此,为安全计,应按水库考虑泥沙淤积的中级库容相应的下泄流量设计。

(2)水库设计洪水频率标准低于桥梁时

应与有关部门协商提高水坝校核洪水频率标准,如有困难,除按河流天然状况设计外,并应适当考虑溃坝流量对桥涵的影响。

二、溃坝流量计算

根据水库溃决条件可采用下列公式之一进行计算或分别按下列两公式计算,经分析比较后,确定采用值。

1. 理论公式

适用于坝体全溃或横向局部溃决($b_g<B_g$)的计算公式:

$$Q_g=K_0\sqrt{g_n}\,b_g\,H_s^{\frac{3}{2}} \tag{7-6}$$

式中 Q_g——坝址断面溃坝最大流量(m^3/s);

H_s——溃坝时坝体上游水深(m),对未溃决水库检算时,可采用坝高值;

K_0——系数,按表 7-3 采用;

b_g——坝体溃决口门平均宽度(m),对一般土坝和堆石坝,当库容量大于 10^6 m^3 时,按 $b_g=K_1K_2(W^{\frac{1}{4}}B_g^{\frac{1}{7}}H_g^{\frac{1}{2}})$计算;当库容量小于 10^6 m^3 时,按 $b_g=K_1K_3(WH_g)^{\frac{1}{4}}$ 计算,如计算得到的 b_g 值大于坝长 B_g 时,则按 $b_g=B_g$ 计算;混凝土重力坝溃决口门宽等于坝长。其中 K_1 为安全系数,取 $K_1=1.1\sim1.3$,按线路等级及坝体质量选定。K_2 为坝体建材系数,对于黏土类、黏土心墙或斜墙和土石、混凝土,$K_2=1.2$;对于均质壤土,$K_2=2.0$。K_3 为材质系数,质量好的用 6.6,质量差的用 9.1。W 为水库库容(10^4 m^3)。H_g 为坝高(m)。

表 7-3 系数 K_0 值表

$\frac{B_g}{b_g}$	$\frac{b_g}{B_g}$	K_0	$\frac{B_g}{b_g}$	$\frac{b_g}{B_g}$	K_0	$\frac{B_g}{b_g}$	$\frac{b_g}{B_g}$	K_0
1	1.000	0.296 3	3	0.333	0.410 1	5	0.200	0.460 3
2	0.500	0.368 7	4	0.250	0.438 2	6	0.167	0.475 9

续上表

$\frac{B_g}{b_g}$	$\frac{b_g}{B_g}$	K_0	$\frac{B_g}{b_g}$	$\frac{b_g}{B_g}$	K_0	$\frac{B_g}{b_g}$	$\frac{b_g}{B_g}$	K_0
7	0.143	0.489 5	14	0.071	0.544 5	21	0.048	0.572 6
8	0.125	0.500 8	15	0.067	0.549 8	22	0.045	0.575 0
9	0.111	0.510 5	16	0.063	0.554 1	24	0.042	0.581 0
10	0.100	0.520 6	17	0.059	0.558 4	26	0.038	0.587 4
11	0.091	0.526 6	18	0.056	0.562 5	28	0.036	0.592 4
12	0.083	0.533 1	19	0.053	0.566 0	30	0.033	0.596 0
13	0.077	0.541 0	20	0.050	0.569 2			

注：表中 B_g 系指坝长或坝址断面附近库区宽度(m)。

2. 经验公式

适用于坝体全溃($b_g=B_g, h'_b=0$)、横向局部溃决($b_g<B_g, h'_b=0$)、竖向局部溃决($b_g=B_g$, $h'_b>0$)；横、竖向局部溃决($b_g<B_g, h'_b>0$)等各种情况，计算公式为

$$Q_g=0.27\sqrt{g_n}\left(\frac{L_k}{B_k}\right)^{\frac{1}{10}}\left(\frac{B_g}{b_g}\right)^{\frac{1}{3}}b_g(H_s-K'_0h'_b)^{\frac{3}{2}} \tag{7-7}$$

式中　L_k——水库库区长(m)，可采用坝址断面至库区上游端部淹没宽度突然缩小处的距离，或近似的按 $L_k=\frac{W}{H_sB_g}$ 计算，当$\frac{L_k}{B_g}>5$ 时，按$\frac{L_k}{B_g}=5$ 计算；

h'_b——溃坝后坝体残留高度(m)，由于坝体系分层建筑，当某一高程以下坝体质量良好，该高程以下质量较差并有可能沿该高程溃决时，则取质量良好部分之高度为 h'_b；当无法确切估算时，可假定 $h'_b=0$，以策安全；

K'_0——修正系数，可按 $K'_0=1.4\left(\frac{b_gh'_b}{B_gH_s}\right)^{\frac{1}{3}}$ 计算；当 $\frac{b_gh'}{B_gH_s}>0.3$ 时，则按 $K'_0=0.92$ 计算。

3. 桥址断面溃坝最大流量

当桥址在坝址下游，泛区的洪水调蓄作用影响不大时，桥址处的溃坝最大流量可直接采用坝址的溃坝最大流量；泛区洪水调蓄作用影响较大时，则桥址处的溃坝流量可按式(7-8)计算。

$$Q'_g=\frac{W_c}{\frac{W_c}{Q_g}+\frac{L_{om}}{\bar{v}k''_0}} \tag{7-8}$$

式中　Q'_g——桥址断面溃坝最大流量(m^3/s)；

L_{om}——坝址至桥址间距离(m)；

$\bar{v}$——断面平均流速(m/s)，在有资料地区，可采用实测最大值；无资料地区，山区用3～5(m/s)；山前用2～3(m/s)；平原用1～2(m/s)；

W_c——水库溃坝后下泄的水量体积(m^3)，如无资料可按 $W_c=\frac{B_g(H_s-h'_b)L_k}{4}$式估算；

k''_0——调整系数，山区用1.1～1.5；山前用1.0；平原用0.8～0.9。

其余符号意义同前。

三、桥梁孔径设计

1. 位于水坝上游库区的桥梁孔径设计

(1)桥梁跨越水库时,桥梁长度可按建库前天然河宽设置。当库内修建长路堤在技术经济上属于不利时,应延长桥长。

水库蓄水深度一般远较天然水深为大,库内行洪道宽度一般比天然河道为窄,但为避免库内修建路堤的困难和因路堤的阻隔而加剧桥梁和桥头路堤的冲刷和桥址附近河道的冲淤变形,一般宜按天然河宽设置桥孔,如跨越官厅水库主流库区和支流妫水河库区的丰沙铁路永定河 8 号桥和京包铁路妫水河桥分别为 18 孔 28 m 和 20 孔 32 m 上承板梁桥,均基本按天然河宽布设桥孔。

(2)位于结冰河流水库变动回水区的桥梁,应考虑冰坝和冰塞可能造成水位抬高的影响。

严寒地区在水库回水末端附近往往容易形成冰塞,使其上游水位相应抬高远比天然河道严重。这是由于建库后水面比降变缓,流速减小,尤其是回水末端,在库内稳定封冻冰层下面,由于上游有一定流速,使冰花和碎冰潜入冰盖以下,形成冰塞,堵塞部分河道,使上游水抬高。如盐锅峡水库 1961 年～1962 年水库末端形成的冰塞,据小川水文站的观测资料,最高壅水达9.35 m,超过汛期千年一遇洪水位,给上游造成严重危害。刘家峡专用线 2 号黄河大桥也险遭淹没。东北丰满水库回水末端也发生冰塞壅水现象,据观测记录,抬高水位也达数米以上。

2. 位于水坝下游的桥梁孔径设计

应按设计流量进行孔径设计。

四、桥下冲刷

桥下冲刷采用与天然河流相同的计算方法,但应考虑下列因素:

1. 汛期水库最低蓄水位和设计洪水相遭遇的影响。

2. 水库溯源冲刷的影响。在水库造成壅水淤积后,若水库水位下降,使库区某一断面处的水深减小,水面比降变陡,流速加大到足以发生冲刷,则水库水位的进一步下降就会使这种冲刷逆流向上发展。这种自下而上发展的冲刷称为溯源冲刷。开始发生冲刷的位置大多在三角洲顶点附近,但也与地形特点、淤积物的形态及抗冲能力有关。如三门峡水库 1964 年汛后打开底孔后,库水位骤然下降,使库区发生溯源冲刷。在坝址上游附近,河床冲刷下降约 8 m,向上游逐渐递减,至坝址上游 80 m 附近,溯源冲刷平均为 2.8 m。溯源冲刷过程中,水流总是趋于集中,因而冲刷作用总是只限于主槽之内,这是和淤积不同的一个特点。

水库内溯源冲刷也会给桥梁带来危害。如南同蒲铁路 K449＋927 中桥,1977 年 8 月 17 日因下游拦河坝溃决,造成该桥河床产生溯源冲刷,使木排架桥基下沉,中断行车 16 h 33 min,因此位于既有水库内的桥渡,如水坝有溃决的可能时,必须考虑溯源冲刷的影响。

3. 建库后水沙条件变化所引起河道改变的影响。沿程冲刷和溯源冲刷不一样,不是因为库水位的升降和外界条件改变而引起,而是因来水来沙条件的变化,与河床不相适应而引起。其剧烈程度比不上库水位的升降所引起的变化,因而沿程冲刷强度较溯源冲刷低,但沿程冲刷的时间较长,所以沿程冲刷的总量不比溯源冲刷总量为小,水库中的沿程冲刷和溯源冲刷作用不一样,但互相影响,相辅相成。

4. 墩台基础埋深除按一般河流冲刷计算外，尚应考虑水库下泄清水冲刷的影响；桥位无法避开坝下局部冲刷范围时，应搜集水库设计部门水库运行条件及经验公式进行分析计算，必要时可进行水工模型试验确定。

第三节　一 河 多 桥

一河多桥桥渡设计，涉及桥孔布设、流量分配、防护工程等方面内容。

一、桥孔布设

一河多桥的布设，应结合河段的特点、地形、地质的因素，排洪、排涝和交通的要求，综合考虑比较确定。山区开阔地段和山前变迁河段均应考虑一河多桥与一河一桥方案的比选；对山前冲积扇扩散河段和平原分岔河段，则宜采用一河多桥；对于平原顺直微弯河段和蜿蜒河段，当泛滥宽广，河滩流量所占比重较大时，可考虑增设河滩桥。采用一河多桥时应布设必要的导治建筑物。

1. 成昆线府河大桥

府河大桥位于树枝河段上，如图 7-1 所示。但由于对河滩水流未加调治于 1961 年发生洪水水害，后扩大主槽，加大桥孔并在左右两岸修建防洪堤，保证了两岸农田村舍和桥涵路基的安全。

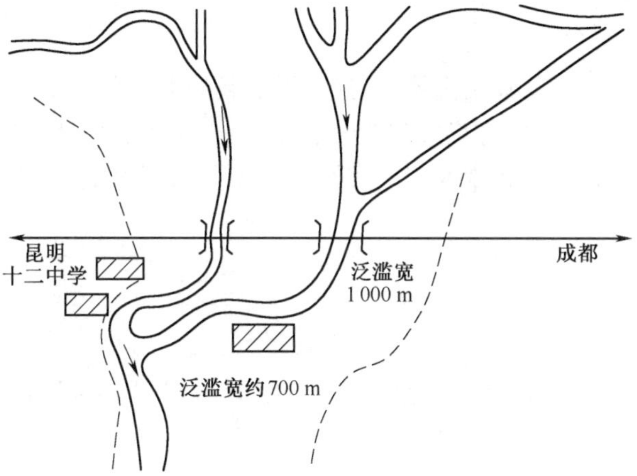

图 7-1　府河桥位布置图

2. 浙赣线南昌赣江铁路桥

图 7-2 为南昌赣江铁路桥的平面布置图。桥址处水流被扬子洲分为南北两支，高水位时水漫扬子洲上，南北支连成一片。流量分配为南支 60％，北支 40％。设一河二桥。考虑到上游 3.5 km 处公路桥断面由单式变复式，恐怕影响二支流流量分配，故设计时南北两桥均采用总流量的 80％，1962 年大洪水通过时情况良好。

一河多桥的布设，应使各桥桥址中线与洪水流向正交。

斜交角度过大的一河多桥桥渡，将产生沿路堤方向的横向水面坡度与横向水流，使桥渡过水状态恶化，这已为以往的勘测、既有桥渡运用以及水工模型试验所证实。横向水流对流量分配、桥孔确定的影响，目前尚无妥善的计算办法，重要的一河多桥桥渡可借水工模型试验来解决。从改善桥孔过水状态着眼,一河多桥的桥渡布设应使桥位与洪水水流正交。

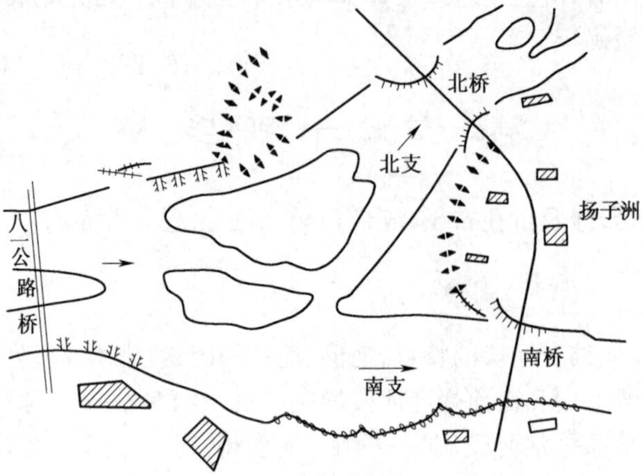

图 7-2　南昌赣江铁路桥

二、流量分配简介

一河多桥的各桥流量,不能单凭桥址断面来分配,应根据地形、地貌,主流分布情况,河槽变化的可能,水流摆动趋势以及历年实测洪水资料酌予加大。必要时,可通过水工模型试验获得数据。流量分配办法有以下几种。

1. 断面分配法

首先根据桥址河段地形图及断面图,寻找地形凸起的天然分水线,如天然分水线不明显可在两桥间适当划分分水线,然后将流量在断面上分配,具体做法又可分为:

(1)根据桥址断面,按设计频率的天然洪水位计算各桥通过的流量 Q_{M1i},并得各桥流量分配率 p_{1i}:

$$p_{1i}=\frac{Q_{M1i}}{\sum_{1}^{n}Q_{M1i}} \tag{7-9}$$

再分别用上游及下游辅助断面,按设计频率的天然洪水位计算各桥通过流量 Q_{M2i}、Q_{M3i} 并得各桥流量分配率 p_{2i}、p_{3i}:

$$p_{2i}=\frac{Q_{M2i}}{\sum_{1}^{n}Q_{M2i}} \tag{7-10}$$

$$p_{3i}=\frac{Q_{M3i}}{\sum_{1}^{n}Q_{M3i}} \tag{7-11}$$

若桥址附近(上下游各 1 倍泛滥宽度的范围内)有实测流量资料,可由大洪水时实测资料确定各桥的分配率 p_{4i}:

$$p_{4i}=\frac{Q_{M4i}}{\sum_{1}^{n}Q_{M4i}} \tag{7-12}$$

在以上流量分配率中,分别找出各桥的最大分配率,并据以计算各桥采用的设计流量。具体示例见表 7-4，总流量加强系数 $A=1.22$。

表 7-4　流 量 分 配

分 配 方 法	各桥占总流量百分数				共计(%)
	1 号桥	2 号桥	3 号桥	4 号桥	
桥址断面流量分配率 p_{1i}	31	18	43	8	100
上游辅助断面流量分配率 p_{2i}	30	26	35	9	100
下游辅助断面流量分配率 p_{3i}	32	20	38	10	100
历年实测最大流量分配率 p_{4i}	36	24	40	17	117
采用流量分配率	36	26	43	17	122
采用设计流量	$0.36\,Q_p$	$0.26\,Q_p$	$0.43\,Q_p$	$0.17Q_p$	

(2)当天然分水线的位置难以保证时，出于加强考虑，可重复计算一部分断面流量，以此重复部分流量作为加强流量，如双槽复式断面(图 7-3)。

计算 1 号桥流量 Q_1 时用分水线 1，计算 2 号桥流量 Q_2 时用分水线 2，分水线 1、2 之间流量为重复计算部分，则总流量加强系数

$$A=\frac{Q_1+Q_2}{Q_p} \tag{7-13}$$

(3)提高洪水频率标准的方法：

其一用不同频率的水位如 $H_{1/100}$、$H_{1/300}$、$H_{历史}$、$H_{实测}$ 及相应流量 $Q_{1/100}$、$Q_{1/300}$、$Q_{历史}$、$Q_{实测}$，类似于(1)的做法，求得各流量的最大流量分配率及总流量加强系数 A，亦可得各桥设计流量。

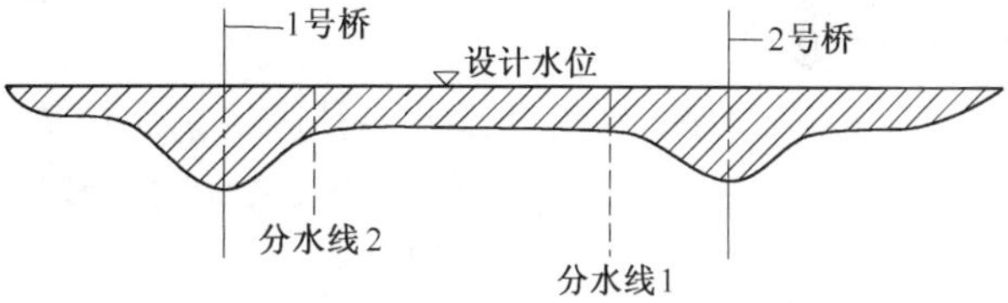

图 7-3　双槽复式断面

2. 增建第二线的一河多桥流量分配

增建第二线的一河多桥，应利用既有线一河多桥历史洪水调查资料。当既有线桥经多次洪水考验，流量分配比例已基本固定又无严重水害时，增建第二线各桥流量即可按既有桥历次洪水时相应的最大流量分配率 p_i 确定，得各桥设计流量 $Q_i=p_iQ_p$，总流量加强系数为

$$A=\sum_{1}^{n} p_i \tag{7-14}$$

河滩床面一般无推移质泥沙运动，因此河滩桥孔的桥下冲刷通常无泥沙补给，而且也不能形成汛后的泥沙回淤。河滩桥孔的冲刷在多次洪水期内一直增长，往往形成较大冲刷坑。例如东北平齐线洮儿河桥的河滩桥，原建有 9 孔 4.0 m 钢筋混凝土板涵于 1948 年冲毁，1952 年改建成 5 孔 20 m 上承板梁大桥，经 1957 年洪水冲刷，2 号墩向上游倾斜 3.2 m，桥下冲刷坑上游长 90 m，下游长 120 m，最深处 9～11 m，冲刷坑至今仍存在。

河滩桥孔的冲刷往往会引起流量重分配及河床剧烈变化，并常因此造成水害。故对河滩桥孔桥下流速、冲刷防护(一般都用全桥防护)等必须注意。

第四节　感潮河段桥渡

一、概　　述

感潮河段是受径流和潮流相互影响，相互消长的两向流河段，由于两者在不同区段具有不同的作用，故将感潮河段分为上、中、下 3 个区段。上段主要受陆地的径流作用，潮流对本区段的作用极为微弱，从上游来的径流大小是决定本区段的主要因素。中段是径流和潮流两种力量强弱交替变化的区段。随着不同的水文年度或年内洪、中、枯水季节及大小潮汛的变化，这两种力量相互消长，某些时间以潮水作用为主，另一些时间则又以径流作用为主。下段主要受制于海滨的条件，潮流的强弱是决定本区段水利条件的主要因素。因此在感潮河段建桥时，首先应弄清其所处区段的性质，视河段的具体情况从而考虑潮汐的影响。

二、设计频率

在感潮河段上的桥渡，由于所处区段不同，可能是洪水或是潮水为主，它们的组合属于既是非物理成因相同的关系、又是非纯粹的随机问题，但它们之间还存在着一定的相关关系。

当桥址处水流发生的频率 $p=1\%$时，桥址上游或下游的主要来水侧可能是 $p=1\%$，而另一侧 $p\neq1\%$，也不是 100%，而是 $p=i\%$，$1<i<100$；另一种条件也可以使桥址产生 $p=1\%$ 频率的水流，即主要来水侧 $p=y\%\neq1\%$，y 是略大于 1 的某值，而另一侧 $p=z\%$，有 $1\%<z\%<i\%$的关系。为简化，计算时可按桥渡河段主要来水(潮水或洪水)侧采用设计频率，另一侧采用可能与其遭遇的水流频率，两者组合后形成桥址处相当于一般无潮汐影响河段要求的设计频率。

位于感潮河段上桥渡的洪水设计频率与一般无潮汐影响的河段相同，但设计流量、设计水位和设计流速应视河段的具体情况，考虑潮汐及洪水对桥渡所在区段的不同影响分别计算确定。

三、设计流量、设计水位

设计中应对感潮河段上的潮汐现象及桥渡所在区段的特点进行调查，并考虑不同感潮河段的特点按以下原则办理：

1. 桥渡位于感潮河段上游段时，该段来水基本是河川径流，为洪峰流量控制。因此设计流量。流速可按一般无潮汐影响河流的办法计算确定。设计水位则应考虑潮汐的顶托影响，依上游来的设计流量与潮位相遇推求之。至于断面上各水深处的垂线平均流速则可按式(7-15)计算。

$$v_i=\bar{v}\left(\frac{h_i}{\bar{h}}\right)^n \tag{7-15}$$

式中 v_i——设计流量时最大或某一水深相应的垂线平均流速(m/s)；

$\bar{v}$——设计流量时断面平均流速(m/s)；

$\bar{h}$——设计流量相应水位时的断面平均水深(m)；

h_i——设计流量相应水位时的最大或某一垂线水深(m)；

n——指数，可根据实测资料统计分析求得，若无资料时，视具体情况在 1/6～2/3 之间采用；对于有涌潮和潮差大的河段，根据浙江省河口海岸研究所利用钱塘江河口的实测资料分析，可采用 $n=1.0$。

2. 桥渡位于感潮河段下游段（系指河口潮流段）时，有下列两种情况：

（1）位于潮流所控制的靠近河口的下游段，其水位、流量主要为潮流控制，因此典型潮型的选择至关重要。根据统计求得的设计值放大，求出设计潮位过程线后，需再与上游可能与潮位遭遇的流量过程线组合，求出桥址处各设计值。

（2）位于由潮流或径流所控制的靠近河口的下游段时，除进行上述计算外，尚需用上游来的设计流量过程线与河口可能与之遭遇的潮位过程线组合，求出设计值，两者比较，采取其不利者。

介于两者之间的中游，桥址处发生设计频率水流时，潮水或洪水谁占主导地位较难确定，因此两种组合都要计算。

四、桥下净空

通航感潮河段的最高通航水位可按下述方法推算：（1）具有不少于 20 年大潮期的逐时潮位资料时，宜选取 10 年一遇的实测全年潮位记录，以小时为单位作时潮位频率统计，采用通航保证率为 98％的相应潮位作为最高通航水位；（2）资料不足 10 年时，宜采用实测最高潮位年的全年潮位记录，并进行时潮位频率统计，保证率采用 98％的相应潮位作为最高通航水位；（3）仅有年最高潮位资料而无逐时潮位记录时，通航水位的最高值可采用历年高潮位的平均值。

感潮河段上通航桥孔的桥下净空应根据最高通航水位及通航要求，考虑浪高和壅水高度等因素确定。

感潮河段上不通航桥孔的桥下净空应根据桥梁设计频率的最高潮位，考虑浪高和壅水等因素确定。

五、感潮河段桥梁冲刷

感潮河段桥梁的一般冲刷和局部冲刷可按第 6 章有关公式计算，但还应考虑设计条件下最不利的水文、水力、泥沙等因素，以及潮汐水流和泥沙运动对冲刷的影响。水文条件复杂时可通过水工模型试验确定。

第五节　海湾地区桥渡

跨海大桥的桥渡设计尚处于进一步完善发展阶段，根据公路、铁路工程水文勘测设计规范结合已建跨海大桥桥渡设计，对该类桥梁桥位选择、设计水位，通航净空宽度确定及跨海桥渡冲刷等进行简要介绍。

一、水文调查与勘测

水文调查与勘测是进行海湾地区桥渡设计的基础，应包括下列内容：

（1）调查桥位区域海流现象的特点，包括流型、流速、流向、流量、潮位、风速、风向、余流、悬沙等。

（2）调查桥位区域历史最高潮水位、最低湖水位、平均高潮位，平均低潮位，及各潮位相应潮差，收集历年实测潮洪水位、流量、潮流速、风暴潮、观测断面等资料。无实测水位、流量等资料时,应在桥位断面附近进行水位连续观测,观测时间不宜短于 1 年。

(3)调查桥位区域海水的重度、盐度及化学组成。

(4)调查桥位区域历史海冰情况,包括海冰形成时间、厚度、抗压强度及范围,流冰时的冰块尺寸,冰层双向移动和上、下浮动资料。

(5)调查海水碎浪高度及风浪的侵袭高度。计算设计波浪时应收集每年实测的最大大波平均波高 $H_{1/10}$;波长、周期、波向、测波浮筒处的水深、海图。

最大波平均波高 $H_{1/10}$ 是指在一定时间的波浪观测中,测得 15～20 个大波的波高,从中选出 10 个较大的波高加以平均,由此得出的波高值称为 $H_{1/10}$。

(6)收集桥位区城历年水下地形图、航道图、航道标准。无水下地形图时,应按现行相关规范要求测绘,并调查历年海底变迁及冲淤情况。

(7)收集桥位附近水工建筑物的设计、现状和整治规划等资料。

二、桥位选择

海湾地区的桥位选择应符合规范规定(见第八章),多年工程实践表明,跨海大桥桥位的选择不仅取决于两岸接线及路网规划等方面,还要受到港口、通航及所跨海域地形条件等多方面条件制约。从航道和航运安全的角度明确指出,桥址应选择在航道顺直,海床、河床稳定,水深充裕,水流良好的航段上;同时,桥址应远离弯道、滩险、汇流口、港口作业区和锚地,其距离应保证船舶航行安全。但随着沿海城市的快速发展,大部分海岸线资源已被港口、工业和城市生活等利用,要选择出完全符合要求的桥位越来越困难。

目前,跨海大桥选址中最为突出的问题是不能完全满足现行规范中桥址与港口、锚地等建筑物的安全距离不得小于代表船型长度 4 倍的规定。该规定的制定主要是考虑到桥梁建成后影响船舶安全靠离泊码头或由于大风、大浪等原因致船舶脱缆而会对桥梁、船舶及码头造成安全隐患。设计时,通过实船试验、靠离泊船舶失控漂移研究、船舶安全性操纵靠离泊安全模拟试验等研究手段,科学地论证桥梁建设与港口之间的相互影响。研究结果表明:通过调整孔跨及墩位布置、采取拦船措施等手段完全可以保证桥梁、船舶及码头的安全。

三、设计水位

海湾地区桥渡设计水位应符合下列规定:

(1)海湾地区桥渡的设计水位频率《铁路工程水文勘测设计规范》(TB 10017—2021)规定采用 1/100 的高潮位,《公路工程水文勘测设计规范》(JTG C30—2015)规定采用重现期为 300 年一遇的高潮位。

(2)推算潮位时,应根据收集的附近测站历年的最高潮位值与各基准面间的相对高差值,不同重现期的高潮位值可采用耿贝尔方法即第Ⅰ型极值分布规律推算。

(3)设计潮(水)位频率统计,应有完整的一年或多年实测潮位资料。新建桥位若潮位实测资料不足一整年时,可与附近有一年以上验潮资料的港口或验潮站进行同步相关分析,可采用“短期同步差比法”求得设计潮位值,并应继续观测,对上述计算值进行校正。

四、设计波浪

海湾地区桥渡设计波浪应符合下列规定:

(1)设计波浪的重现期宜采用 100 年一遇。实测波高大于规定重现期的同一波列累积频率的波高时，可按实测波高计算。推算出的波高大于浅水极限波高时，可采用极限波高。

(2)桥位或其附近有较长期的波浪实测资料时，可采用分方向的某一累积频率波高的年最大值系列进行频率分析，确定不同重现期的设计波高。

(3)波高的频率曲线采用皮尔逊用Ⅲ型或极值Ⅰ型分布曲线，也可选配其他理论频率曲线确定不同重现期的设计波浪。

(4)桥位或其附近有完整一年或几年的短期波浪实测资料，且具有实测大波资料时，设计波浪可用全部观测次数不分方向的某一累积频率的波高，并与他方法计算的结果相互比较分析后确定。

(5)桥位及其附近均无测波资料时，对海湾和河口区域，设计波浪要素宜采用风速推算波浪的方法；对干敞式海岸区域宜采用外海波浪资料，通过浅水变形计算确定。

五、通航孔净空宽度

通航孔净空宽度一方面直接影响工程规模及造价，另一方面关系到船舶过桥航行安全和桥梁遭受船舶撞击的风险大小。目前对于通航孔净空宽度的确定主要有两种方法：①《通航海轮桥梁通航标准》(JTJ 311—97)中规定的计算方法，即采用航道有效宽度乘以扩大系数 K，K 一般取 1.5，10 万吨级以上通航标准取 1.8；②1993 年国际桥梁与结构工程协会出版的技术文献提出的另一种通航孔净空宽度取值方法，见表 7-5，该计算方法是在船舶碰撞风险基础上得出的，计算出的通航净宽相当大。

表 7-5　方法②通航孔净空宽度取值

船舶航速/(m・s^{-1})	通航孔净空宽度/m	
	单向通航	双向通航
限制航速 3～4	1.6L	(3.5～5.0)L
自由航速 5～8	3.2L	(6.7～8.2)L

注：L 代表船型船长。

有相关分析认为：仅从船舶通航角度考虑，桥梁通航净宽越大越好，但净宽越大，跨海大桥的投资将越大，因此，应科学地选择一种既能满足船舶航行安全，又能使投资最省的桥梁通航净宽方案，不应一味追求大跨。值得指出的是，现行国内标准主要是在对 5 万吨级以下通航标准的桥梁进行调查的基础上建立的，相关工程实践表明，对于 10 万吨级通航标准，国内规范通航净宽计算值偏小，而国际桥梁与结构工程协会提出的计算方法所得值偏大。据悉国内正考虑对规范进行修订。表 7-6 为对国内已建跨海大桥通航孔净空宽度设计标准的归纳，可为类似跨海大桥工程的建设提供参考。

表 7-6　国内已建跨海大桥通航孔净宽度设计标准

工程名称	通航标准	水流与桥轴线法线夹角/(°)	通航孔净空宽度设计标准/m	通航类型
杭州湾大桥	3.5 万吨级	15	325	单向
东海大桥	1 万吨级	20	336	双向
金塘大桥	3 万吨级	20	544	双向
青岛海湾大桥	1 万吨级海轮	18	190	单向
湛江海湾大桥	5 万吨级散货	13	383	双向
厦漳跨海大桥	3 万吨级集装箱	12	400	双向

六、桥面高程

桥孔设计除应符合公路、铁路工程水文勘测设计规范相关规定外,尚应符合现行《通航海轮桥梁通航标准》(JTJ 311—97)中相关规定。

1. 桥下不通航的桥梁,其桥面设计高程不应低于:

设计频率高潮位加设计波浪高加 0.5 m 安全值再加桥梁上部结构建筑高度。

2. 桥下通航的桥梁,其桥面设计高程不应低于:

设计最高通航水位加通航净空高度再加桥梁上部结构建筑高度。

七、桥渡冲刷计算

桥位的海床自然演变冲刷,应根据实测地形图分析近年来桥位附近海域的海床自然演变所引起的冲淤变化。一般冲刷和局部冲刷应同时考虑洪水与潮流作用下的冲刷和波浪与潮流共同作用下的冲刷,并取不利值。水文、水力条件复杂时,可通过水工模型试验确定。

由于跨海大桥和跨江大桥水动力条件不同,跨江大桥桥渡水文设计规范中的冲刷计算公式不适用于跨海大桥桥渡冲刷计算,跨海大桥的局部冲刷特性具有以下特点:

1. 潮流作用下的冲刷

与单向恒定水流相比,潮流具有双向往复运动,潮位、流速、流向均具有随时间发生变化的特点。2000 年美国制定了行业规范《潮汐河道冲刷》,提出潮流冲刷与单向流有着同样的冲刷机理,现行非潮汐水流冲刷计算公式虽然不能预测历时演变过程,但能够对最大冲刷深度进行预测。国内研究者对于潮流冲刷深度有两种不同的研究结论:①认为潮流作用下反向流供给了泥沙,使得潮流最大冲刷深度小于单向流作用,潮流最大冲刷深度为单向流冲刷深度的 75%～90%;②潮流作用和单向流作用相比,两者的最大冲刷深度基本是一致的,只是潮流需要更长的时间达到最大冲刷平衡深度。两种结论都认为潮流作用的机理与单向流相同,但两种结论到底哪种更准确还没有定论。根据多个工程的试验值与计算值对比,认为第①种结论更合理,但设计中潮流作用下的局部冲刷深度在单向流的基础上该如何折减、折减多少还没有明确的说法,在现阶段设计中,潮流最大冲刷深度还是采用单向流的计算方法。

2. 波浪对桥墩冲刷的影响

跨海大桥所处的海洋环境往往还具有较大的波浪,国内外关于波浪对桥梁基础冲刷的影响研究相对较少。现有研究表明:当水流动力相对较强时,波浪和水流共同作用下的桥墩局部最大冲刷深度与单纯水流作用下的值相差不大,冲刷形态也大致相同;当水流动力相对较弱时,波浪对桥墩局部最大冲刷深度的影响很大,圆柱周边床面大部分为冲刷区,最大冲刷点在圆柱侧前方范围,后方小部分为淤积区,呈明显“羊角”状堆积。通常情况下,由于单向水流流速远大于波浪传质速度,因此波浪在冲刷过程中主要起到掀沙的作用,而水流不仅对床面进行冲刷,还将波浪掀起的泥沙向后输移。目前,国内外对波浪、水流共同作用下的大型桥墩局部冲刷试验研究成果较少。青岛海湾大桥基础局部冲刷试验采用系列模型延伸法对各通航孔桥梁墩台结构在波浪、水流共同作用下局部冲刷进行了研究。

试验结果表明:当水流动力相对较强时,波浪＋水流作用下的桥墩局部最大冲刷深度与水流单独作用下的值相差不大,约增加 10%。因此,计算波浪与水流共同作用下的大型桥墩局部冲刷时,不应将两种动力条件进行简单的叠加,而应具体问题具体分析。不同冲刷深度下波浪、水流引起的作用，在哪些情况下波浪起控制作用，哪些情况下水流起控制作用，哪些情况下应同时考虑，是海湾地区桥渡设计值得进一步研究的课题。

复习题

1. 水库地区桥渡设计应考虑哪些因素？
2. 泥石流流量计算方法有哪些？
3. 一河多桥流量如何分配？
4. 海湾地区桥孔设计应考虑哪些因素？

第八章 桥位选择

跨越大江大河的特大桥，往往工程巨大，战时目标显著，是运输线上的要害所在。选择一个水文、地质条件较好，战略上和经济发展上都比较优越的桥位，对保证建桥质量，节约投资，发展经济和交通运输，具有决定性的作用。因此有必要在已定线路大方向的前提下，在较大范围内全面综合比较，择优选定。如枝城长江铁路大桥及九江长江铁路大桥的桥位都是在几十千米范围内比较选定的。但并不是所有特大桥都是如此，如工程技术上或其他因素都没有特殊困难和要求，则不必一定要在大范围内作比较研究。如武汉和南京长江大桥的桥位，根据线路的来路去向、城市布局、河流形势及地形条件，基本上已经定局，只需要在小范围内作水文和地质上的比较即可。

对于铁路线上的一般桥梁，线路的走向是根据国家拟定的某些控制点来进行定线的。原则上可按逢水修桥加以定位，至于具体位置，通常在适当范围内加以比选，择优确定。

综上所述，桥位选择应注意以下几点：

(1)水文、地质和技术复杂特殊大桥的桥位，应在已定线路大方向的前提下，根据河流形态、水文、地质、通航条件、地面设施、施工条件以及与地方经济发展的关系等，在较大范围内做全面的技术、经济比较后确定。当方案比选结果相仿时，应优先采用水文及地质条件较好的桥位。

(2)一般特大桥和大中桥的桥位，应配合线路走向，在适当范围内根据河段的水文、地质、地形、地物等特征，经综合比较确定。

(3)地震区的桥位选择，应按现行《铁路工程抗震设计规范》有关规定执行。

第一节 一般河段上的桥位选择

一、桥位选择对水文方面的要求

1. 桥位应选在河道顺直、槽深、主流稳定、河槽通过流量较集中的河段上，不宜选在不稳定的河汊、泥沙冲淤严重、水流汇合口、急弯卡口、旧河道和具有滞洪作用的河段或洼地上。

2. 在水深流急的山区峡谷河段上，桥位宜选在可以一孔跨越处。否则，桥位宜选在河谷比较开阔、水深较浅和流速较缓处。

3. 桥位选择应注意河流的自然演变和修桥后对天然河道的影响。

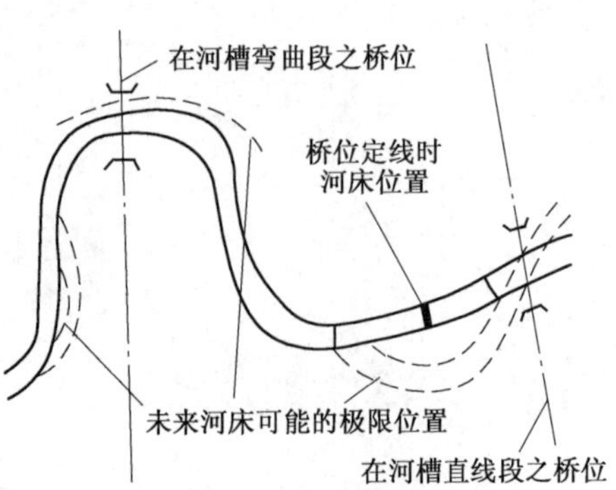

图 8-1 平原蜿蜒河段桥位

4. 在平原分汊河段上，应注意沙洲消长的范围，桥位选择在深泓线分汊点以上或深泓线汇合点以下处；平原蜿蜒河段上的桥位应注意河湾下移的可能，如图 8-1 所示。

5. 桥梁轴线宜与中、高水位时的流向正交，斜交时应考虑水流对孔径及墩台、基础设计的影响。

6. 城市和重要工业区有特殊防洪要求时，桥位宜选在其上游跨越。

7. 结冰河流上的桥位不宜选在容易发生冰塞、冰坝的河段上。

二、桥位选择对地形地貌方面的要求

1. 应利用山嘴、高地等不易冲刷的稳定河岸作为桥头的依托；对公铁两用的桥位，宜选在两岸地形较高并便于和既有公路或规划公路网连接的地点。

2. 桥位应避开上下游有山嘴、石梁等干扰水流畅通的地形。

3. 在冲积扇上选桥位时，宜选在上游狭窄河段或下游收缩河段上，不宜跨越中游扩散段。

4. 应考虑施工场地、材料运输和施工架梁等方面的要求。

三、桥位选择对地质方面的要求

1. 桥位应选在基岩或坚实土层埋深较浅处。

2. 不宜选在断层、滑坡、溶洞、盐渍土和泥沼等地质不良地段。

3. 特大桥引桥很长时，应探明引桥范围内的地质条件。

四、通航对桥位选择的要求

1. 桥位应选在航道比较稳定的河段上。

2. 桥位应远离滩险、弯道和汇流口。

3. 桥位应选在船队编组或排筏编组场的上游，应离开既有水工设施、港口作业区和锚地一定距离。

4. 桥位处应有足够的通航净空。

5. 内河航道新建桥梁与既有上下游桥梁的距离，应满足《内河通航标准》(GB 50139)的要求。

五、泥石流地区的桥位选择原则

1. 桥位应选在沟床固定、主流较稳定，水流较顺直处，并宜与主流正交。

2. 桥位不应选在沟床纵坡由陡变缓地段。

3. 严禁开挖设桥，不得改沟并桥。

4. 在泥石流发展强烈的形成区不应设桥、路基。

5. 线路跨越泥石流流通区时，桥位应选在流通区的直线段，并避开弯道的转折处，泥石流强烈发育的流通区不应在河道中设置桥墩。

6. 线路通过泥石流堆积区时，桥位宜避开扇腰、扇顶部位，宜选在扇缘或其扇尾部位。线路应沿等高线定线，桥梁宜分散设置。如堆积扇临近大河受到水流切割时，桥位选定应考虑切割的发展，留有安全的距离。

六、岩溶地区桥位选择

1. 线路跨越岩溶丘陵区峰间谷地时，桥位不宜设在漏斗、落水溶洞、溶泉、地下通道及暗河露头处。如经综合选线必须在该处设桥时，应探明岩溶的位置及水文条件，采取相应的工程措施。

2. 岩溶塌陷区的桥位应选在下列位置:

(1)工业或民用取水点所形成的地下水位下降漏斗范围以外处。

(2)覆盖土层较厚、土层稳固、洞穴和地下水位稳定处。如塌陷范围小,可用单跨桥跨越。

(3)暗河范围内不宜设桥,桥位也不宜靠近或与暗河平行,当不能避开时,应使桥位垂直或以较大斜交角度通过。

七、感潮河段的桥位

感潮河段的桥位选择应符合下列规定:

1. 不宜选在涌潮区段或紧邻挡潮闸的地段。

2. 应避开凹岸和滩岸消长多变地段。

八、水利化地区的桥位

水利化地区的桥位应符合下列规定:

1. 桥位不宜在地势低洼的蓄洪区、滞洪区和分洪区通过,否则应考虑桥渡受淹后的影响。

2. 桥位不宜选在水闸、引水或分洪口门等水利工程附近,当不可避免时,应考虑相互影响。

3. 河网地区应与当地水利和航运规划相配合,线位宜选在地形较高处,不宜选在淤泥或土质特殊松软的地段。

4. 桥位跨越灌溉网时,不宜破坏原有排灌系统,必要时可与当地水利部门相配合改造优化排灌系统。

九、水库地区的桥位

水库地区的桥位选择应符合下列规定:

1. 在水坝上游库区内,桥位宜选在库面较窄、岸坡稳定、泥沙沉积较小地段。在封冻地区,桥位不应选在回水末端、容易形成冰坝的地段。

2. 在水坝下游,桥位应离开坝址有相当距离,并注意坝下局部冲刷的影响。

十、海湾地区的桥位选择

海湾地区的桥位选择应符合下列规定:

1. 宜选在有岛屿相连的地段。

2. 宜选在桥轴线与海流流向接近正交的地段。

3. 宜选在海岸基本稳定,泥沙来源少、沿岸泥沙流弱的地段,不宜选在两股或多股泥沙流相汇的地段。

十一、车站范围内的桥位

车站范围内的桥位选择应符合下列规定:

1. 车站范围内的桥涵,应与站房、股道、排洪系统密切配合,不宜将天然水流一律改至站外。站内改沟合并应全面规划,使水流顺畅。

2. 在站内泥石流沟或流量较大的河沟上建桥时,桥上应尽量减少站房和股道的设置。

3. 车站范围内应考虑当地交通的合理需要,适当设置农业机械、人畜车辆通行的立交桥。

季节性的排洪桥涵，有条件时可兼作立交桥使用。

实际工作中，桥位选择往往难以同时满足上述各点要求，一般在同一条河流上选定几处桥位，再做方案比较，从中择优推荐。

十二、铁路增建第二线和改建既有线上的桥位选择

1. 既有线及增建第二线的线间距，应考虑通航和城市防洪要求、既有桥工作情况、桥梁基础结构状态、地质条件、施工和行车干扰等因素，必要时还应与有关部门协商后确定。

2. 改建既有线时，既有桥与既有线的平纵断面配合合理，且无显著缺陷时，又无足够依据时，不宜轻易改移位置、封闭或缩孔。

第二节 桥位选择实例

【例 8-1】 宝成线神龙河铁路大桥桥位选择。

图 8-2 为宝成线神龙河桥渡河段选线平面示意图。虚线为原定线两方案情况，实线为采用线路。从图中可见原定线路采用两座中桥跨过小溪河，且过神龙河时右岸出现一个大范围的三角形水囊。后经大范围线路比选后，采用一座 80 m 小隧道，省去了两座中桥的方案，在过神龙河时也避免了出现水囊。

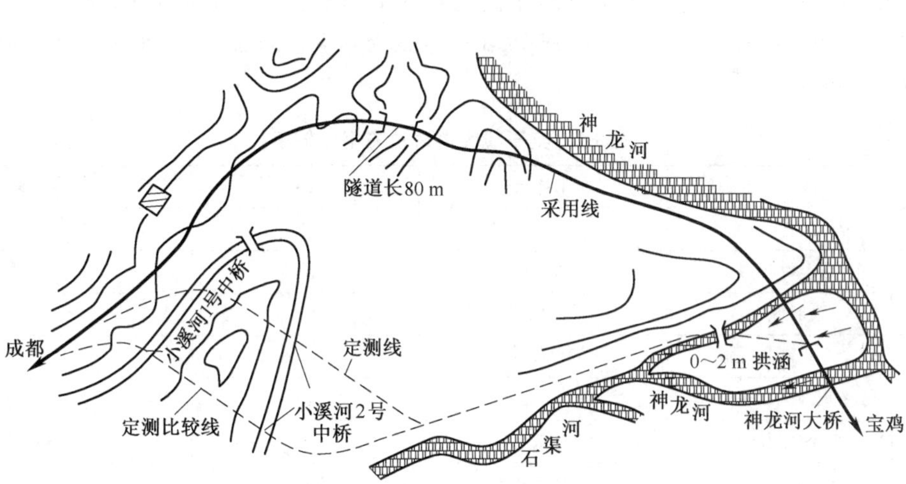

图 8-2 神龙河大桥河段平面

【例 8-2】 成昆线大渡河铁路大桥桥位选择。

大渡河是岷江最大的支流，两岸山势陡峻，洪水湍急。线路在乌斯河附近跨越大渡河，提出了 4 个渡河方案，如图 8-3 所示。

方案一桥位位于牛日河汇合口下游，河面窄、基岩外露，水文条件一般，但由于此处桥位高，工程量大，故未采用。

方案二铁路桥在乌斯河站中部跨河，两岸工程简易，右岸基岩外露，桥位甚佳，但由于与区段站位置干扰，也未能采用。

方案三桥位位于乌斯河车站南端，左岸有长 200 m、深 30 m 的卵漂石挟沙的挖方，与河流斜交角度大，桥墩多、水深流急，基础施工困难，故未能采用。

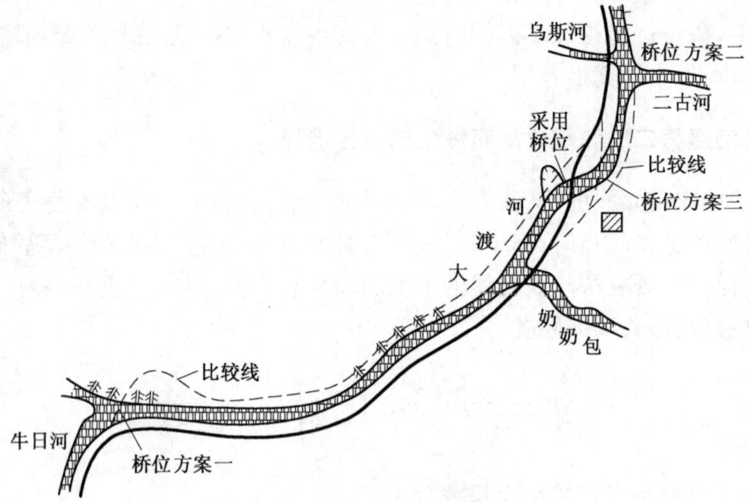

图 8-3 大渡河大桥桥位选线

采用桥位处的两岸基岩均有露头，与河流斜交角度小，河面窄，采用一孔大跨梁，免除了水下工程。

【例 8-3】 如图 8-4 所示为某公路干线上的渡口，初拟三个桥位方案，其各项指标见表 8-1，其中以第Ⅲ桥位最佳：占田少，拆迁少，工程费及营运费之和最低，符合推荐桥位的基本要求，故做推荐桥位。

表 8-1 某干线大桥桥位方案比较表

序号	项 目	Ⅰ桥位	Ⅱ桥位	Ⅲ桥位
1	拆迁(m^2)	15 152	29 203	10 597
2	占田(亩)	97.1	66.5	23.6
3	河槽宽(m)	510	750	740
4	覆盖层厚(m)	>100	>100	20
5	河槽基础施工水深(m)	17	18	20
6	全长(km)	500	710	730
7	工程运营费(万元)	100.8	97.5	112
8	建桥工程费(万元)	587.8	630.5	570.6
9	配合城市规划	好	较好	较好
10	水文地形条件	①河道顺直，水流稳定 ②河面最窄，桥长最短 ③拆迁、占田数目较大 ④与老路接线长	①与老路接线好 ②距离下游沙洲近，不能满足通航要求 ③拆迁面积大 ④工程费用高	①符合线路总方向 ②与老路接线长 ③拆迁、占田少 ④河槽基本顺直稳定 ⑤与下游沙洲距离符合通航要求 ⑥工程费最低 ⑦桥长较长，施工水深较大

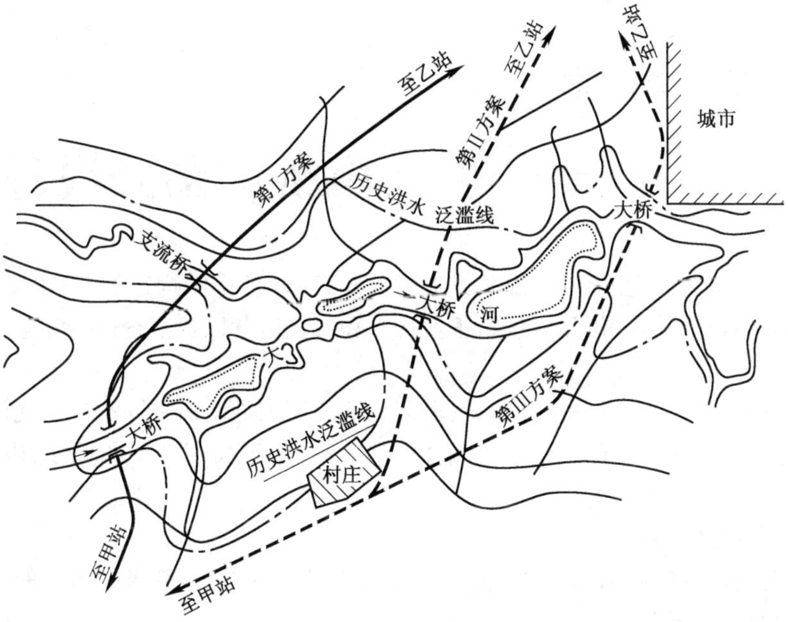

图 8-4　初拟桥位方案图

复　习　题

1. 桥位选择应考虑哪些因素？
2. 桥位选择对水文方面有哪些具体要求。
3. 泥石流地区的桥位选择应遵循哪些原则。

第九章 小桥涵勘测设计

铁路、公路在跨越河沟、溪谷和灌溉渠道时，需修建各种排水构造物，其中以小桥、涵洞居多。小桥、涵洞的设计是否得当，对线路正常排水和安全运营以及工程造价和施工养护都有很大的影响。

小桥、涵洞孔径大小应根据设计流量、河床特征及河床进出口加固类型所允许的平均流速等来确定。通过孔径计算合理地确定桥涵孔径的大小、河床加固类型和尺寸、壅水高度、桥涵处路基和桥涵顶面的最低标高。

小桥涵的设计原则有：

(1)符合安全、经济、适用、美观的统一，适应铁路或公路等级、任务及未来的发展；

(2)因地制宜，就地取材，便于施工养护；

(3)密切配合当地农田水利，满足农田排灌要求，避免淹田、毁田、破坏排灌系统。

第一节 小桥涵勘测设计内容

一、小桥和涵洞勘测的主要任务

小桥和涵洞勘测包括外业勘测和内业设计两部分。通过对公路或铁路沿线的地形、地质、水文、气象及农田水利设施等情况进行勘测和调查，为桥涵设计以及水力计算提供必要的资料和依据。

小桥涵勘测工作内容包括资料搜集、小桥涵测绘、水文调查和水文测绘等工作内容。

1. 资料搜集

勘测设计之初应搜集小桥涵所在区域的地形资料，获得必要的流域面积、主河沟平均纵坡度等资料；搜集地质资料，以获得区域地质特征资料、地形图及土质类别；搜集水文资料，以获得小桥涵所在地附近水文站历年实测最大流量及其相应的洪水位或历史洪水位痕迹、沿河沟上下游河床变迁情况、水工构造物等资料；搜集气象资料，以获得当地气象站年、月平均降雨量，暴雨强度和所持续时间，年内最高、最低气温，主导风向和风力等；搜集其他资料，若为改建或修复工程，尚需向原设计、施工和养护部门搜集有关工程的测设、施工及竣工资料，了解该工程的使用、养护、水毁等情况，并征询小桥涵改建的意见。

2. 小桥涵测绘工作

(1)初测

①汇水面积图：可利用既有地形图和航摄像片沿线路连续勾绘，定测时成图。

②泄水隧洞平面图：可利用线路平面图加宽，其范围应能满足确定泄水隧洞长度、出入口和附属建筑物的设置。

③既有小桥涵丈量：可结合竣工图或工务台账，丈量其外露部分的主要尺寸。

(2)定测

①桥(涵)址平面图:凡地形、水文或附属工程较复杂的工点均应测绘,测绘范围根据实际需要确定。增建第二线的桥(涵)址平面图,还应测绘既有线路的中心线、既有桥涵和附属工程位置。改建既有线的桥(涵)址平面图,需要时才进行测绘。

②泄水隧洞洞口平面图:测绘范围应能满足确定洞口位置和设置出入口附属建筑物的需要。

③桥址纵断面图:对既有的可能改为涵洞的小桥,应同时测绘涵洞轴向断面。地质复杂时应加绘工程地质资料。

④桥址辅助断面图:当地面坡度大于 1∶3或地质复杂的小桥,应在平行于线路中心线上、下游各 3～5 m 处加绘辅助纵断面图,并在墩台基础范围内测绘辅助横断面图和加绘工程地质资料。

⑤涵洞轴向断面图:新建涵洞在洞身长度范围内可按直线施测,当测取足够长度后,即可转向与原沟沟心顺接。出口排水困难时,施测范围应予以加长。地质复杂时应加绘工程地质资料。对于陡坡涵洞的轴向断面长度,应能满足陡坡建筑物的设置。增建第二线的涵洞轴向断面图,除应按新建涵洞要求施测外,尚应测出其相应的既有涵洞轴向断面位置关系。既有涵洞轴向断面图应注明与线路的平面关系、斜交角度、既有涵洞在线路上下游的长度、路肩宽度以及路肩、帽石顶、出入口流水面及沟底高程。

⑥泄水隧洞洞身纵断面图及出入口横断面图:在陡峻山坡及地形复杂时,应测绘垂直于轴向断面的横断面图。

⑦既有小桥涵丈量图:可利用初测资料进行核对补充;既有涵洞接长时,应详细丈量其接长端结构细部尺寸;既有小桥改建时应按既有大中桥改建要求丈量各部尺寸。

⑧改河、改沟和灌溉渠平面、纵断面和横断面图:在平坦地区,断面图可在平面图上点绘。

3.小桥涵水文测量原则

(1)汇水区流域特性调查应符合规范相关条文规定。

(2)搜集沿线地区的雨量等有关资料,对选用的流量计算公式(包括地区性计算公式)进行验证。验证时采用水文调查或间接推算等办法,必要时可进行水文观测。

(3)沟槽明显的河沟有条件调查历史洪水位时,应实测沟床或水面坡度和沟床横断面,调查沟岸和岸壁情况,推算设计水位、流量和流速。

二、小桥涵布设

沿线小桥涵布设应符合下列原则:

(1)具有排洪功能的小桥涵布设应根据沿线地形、地质、水文等条件,结合全线排水系统,满足规范规定的设计洪水频率的排洪能力。

(2)每个汇水区或每条排水河沟都宜设置小桥涵。

(3)小桥涵距下游汇入河道较近时,应考虑下游河道的设计水位、倒灌、冲淤变化对桥涵净高和基础埋深的影响。

(4)冲积扇地区小桥涵应分散设置,不应改沟引至低洼处。两冲积扇间洼地应布设小桥涵。

(5)小桥涵应与农田排灌系统相配合。局部改变原有排灌系统时,不应降低原有排灌功能。

(6)寒冷地区的小桥涵孔径及高度应考虑冰凌的影响。

(7)涵洞宜设计为无压涵。涵洞宜设计成单孔或双孔。

三、小桥和涵洞类型选择

小桥和涵洞类型的选择应根据路线等级,结合当地的地形、水文、材料、施工等条件,按照安全、适用、经济、就地取材、便于施工与养护的原则来选用。

1. 小桥和涵洞的选择

小桥和涵洞的选用,主要根据设计流量、路堤高度、河床纵坡以及建筑材料等确定。当跨越常年有水但流量较少,或季节性水流且漂浮物和上游泥沙运动较少,路堤高度能够满足壅水高度和宣泄设计流量的要求时,宜采用涵洞。当设计流量较大,或河道漂浮物和泥沙运动较多,或河沟地处陡峭深谷并填土过高时,均应采用小桥。

2. 涵洞类型的选择

涵洞由洞身、洞口、基础三个部分组成,洞身主要承受涵洞上填土的垂直与侧向的土压力以及活载压力。洞口用以连接洞身与上下游水道,使水流能顺畅地通过洞身,并保证洞口周围的路基边坡免遭冲刷。基础把涵洞所受的荷载均匀地分布和传递到地基上,并使地基免受水流的直接冲刷。

根据涵洞洞身的构造形式不同,涵洞可分为圆管涵、拱涵、盖板涵和箱涵等。

(1)圆管涵

圆管涵孔径一般为0.5～1.5 m,最小填土厚度50 cm,受力情况良好,圬工数量小,造价较低,多孔时不宜超过3孔。

(2)盖板涵

由于盖板涵建筑高度较低,适于低路基地段使用,一般用作明涵。在盛产条石的地方,采用石盖板涵较经济,但一般只适用于小跨径的明涵或暗涵。当跨径要求较大时,可采用钢筋混凝土盖板涵。

(3)拱涵

一般超载潜力较大,砌筑技术易掌握,养护费用低,便于就地取材。

(4)箱涵

适用于软土地基,但施工困难,造价较高,一般不常采用。高速公路的通道多采用箱涵。

(5)倒虹吸管

在路基填土不高、路线两侧水深高于路基高度,或在浅路堑处,可采用倒虹吸管。

3. 涵洞洞口形式的选择

涵洞洞口建筑形式必须根据涵洞类型、河床及洞口附近的地形和地质条件、水流特征等合理选择。最常用的建筑形式有:八字翼墙式、锥形护坡式、一字墙护坡、跌水井式及流线型洞口等,如图9-1所示。

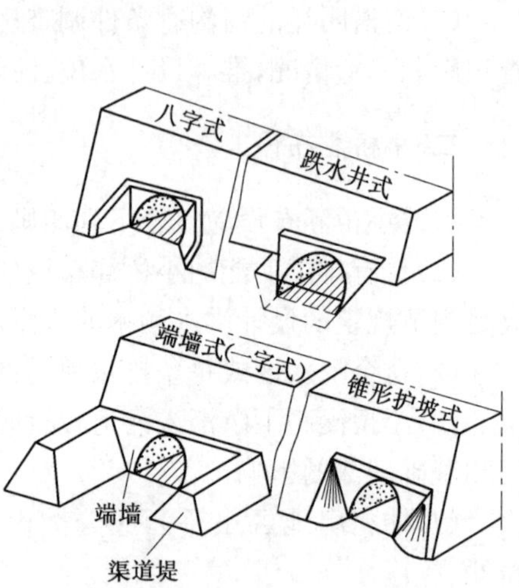

图9-1 涵洞洞口形式

(1)八字翼墙式或锥形护坡式洞口

这种洞口形式适用于平坦顺直、河沟较宽、纵断面高差变化不大的河沟和孔径有一定压缩的情况。它们具有水力条件较好、工程量小、施工简单、经济等优点，因而是经常采用的洞口形式。当涵洞高度在5 m以下时，八字翼墙式较锥形护坡式更为经济。

(2)一字墙护坡洞口

这种洞口形式具有构造简单、工程量小的特点，适用于边坡规则的人工渠道或在窄而深、河床纵断面变化不大的天然河沟上采用。

(3)跌水井式洞口

在排出傍山较长距离内的边沟及截水沟的水时，由于进水口涵底低于边沟底，就需设边沟跌水井洞口。它具有消能和沉淀泥沙的作用。

(4)流线型洞口

将涵洞进水口端节升高，立面上形成流线型。当用于压力式涵洞时，可使涵内充满水；当用于无压力式涵洞时，可有效地提高涵洞的泄水能力这种洞口形式多用于盖板涵和拱涵。

(5)斜交涵洞洞口

当涵洞与路线斜交时，洞口布置常见的形式有两种，如图 9-2 所示。

斜交正做洞口[图 9-2(a)]：洞口断面 N-N 与涵洞中心线相垂直，与路线的中心线斜交。对圆管涵及斜度较大的拱涵，为了减少涵洞端部施工的困难，多采用这种涵洞。

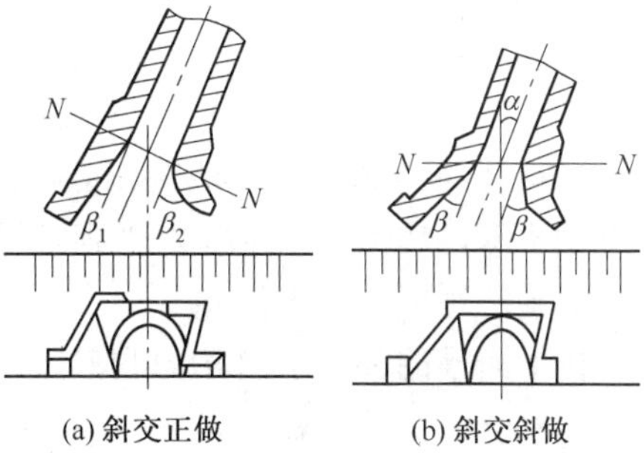

图 9-2　斜交涵洞的洞口布置

斜交斜做洞口[图 9-2(b)]：洞口断面 N-N 与路线中心线平行，与涵洞中心线斜交。这种洞口比较美观，泄流条件较好，采用较多。

第二节　小桥孔径计算

铁路、公路线上的小桥孔径计算方法相同，值得注意的是，孔径是桥下需要的过水净宽，确定桥长时需加上墩台阻水部分的宽度。

一、水流通过小桥的图式

当桥孔压缩河槽时，水流受到桥头路堤和墩台的约束，桥前水位抬高，产生壅水，桥下水面降低，出现收缩断面。

小桥桥下河槽一般都进行铺砌加固，不会冲刷。通过小桥桥下的水流图式与宽顶堰相似，按下游天然水深的大小可分为自由式出流与淹没式出流两种。

1. 自由式出流

小桥下游天然水深 $h_t \leqslant 1.3h_k$ 时，桥下水流图式如图 9-3 所示，桥下水深为桥下河槽的临界水深 h_k。这种图式称为自由式出流。

2. 淹没式出流

小桥下游天然水深 $h_t > 1.3h_k$ 时，桥下的临界水深被下游天然水深的水面所淹没，桥下水流图式如图 9-4 所示，桥下水深为天然水深 h_t。这种图式称为淹没式出流。

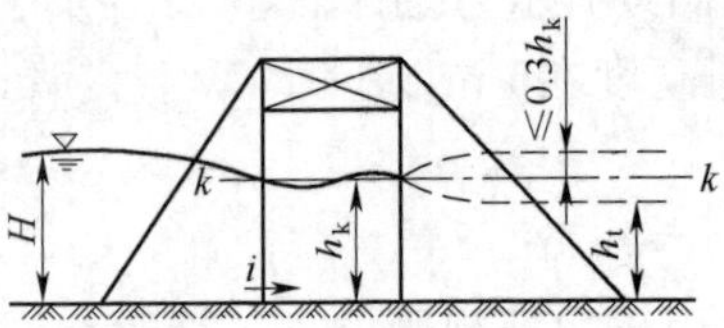

图 9-3　小桥自由式出流图式

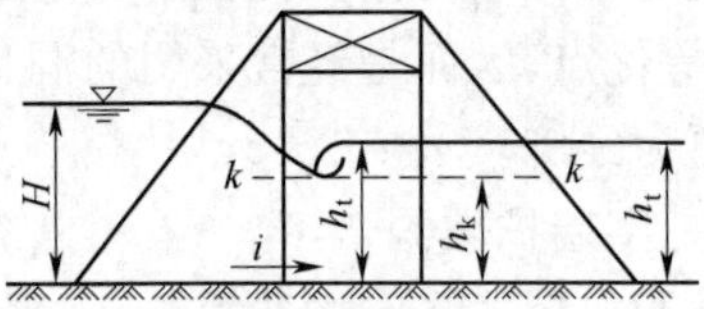

图 9-4　小桥淹没式出流图式

二、判别桥下水力图式

1.确定河槽天然水深 h_t

河槽天然水深 h_t,可根据已知的设计流量及河槽特征,按明渠均匀流公式,经试算法确定。先假设一个水深,从河槽横断面图上求得过水面积 A 和水力半径 R,按式(9-1)计算相应的流量 Q:

$$Q = A\frac{1}{n}R^{2/3}i^{1/2} \tag{9-1}$$

若计算的 Q 值与设计流量相差一般不超过±5%时(应用计算机计算应不超过±1%),则假定的水深可作为天然水深。否则,需要重新假定水深进行计算,直至符合要求为止。

2.确定桥下临界水深 h_k

桥下河槽的临界水深 h_k,可按临界水深函数求得

$$\frac{\omega_k}{B_k}=\frac{\alpha Q_p^2}{g} \tag{9-2}$$

式中　ω_k——桥下河槽临界水深对应的过水断面面积(m^2);

B_k——临界断面 A_k 的水面宽度(m);

g——重力加速度(m/s^2);

α——流速分布系数,小桥取 $\alpha=1.0$。

因此,任意形状断面的平均临界水深 h_k 为

$$\bar{h}_k=\frac{\omega_k}{B_k}=\frac{Q_p^2}{\omega_k^2 g}=\frac{v_k^2}{g} \tag{9-3}$$

式中　$\bar{h}_k$——平均临界水深(m);

v_k——临界流速(m/s),计算时可采用河床的容许(不冲刷)流速。

其他符号意义同前。

对于矩形断面的桥孔,桥下临界水深等于平均临界水深,即 $h_k=\bar{h}_k$;对于宽浅的梯形断面,也可以取 $h_k\approx\bar{h}_k$;对于窄而深的梯形断面,临界水深 h_k 可按过水面积相等的关系近似求得,见图 9-5 所示。

由图 9-5 可得:

$$B_k\bar{h}_k=(B_k-2mh_k)h_k+mh_k^2$$

则

$$h_k=\frac{B_k-\sqrt{B_k^2-4mB_k\bar{h}_k}}{2m} \tag{9-4}$$

式中　m——梯形断面边坡系数。

其他符号意义同前。

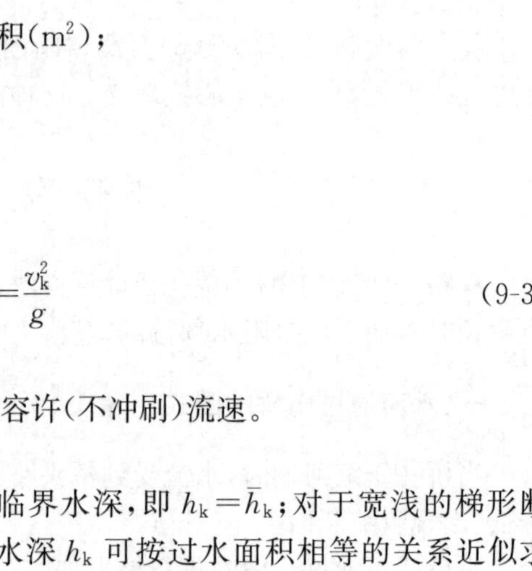

图 9-5　梯形断面临界水深的计算图示

临界断面水面宽度 B_k 由式(9-2)得:

$$B_k=\frac{\omega_k^3 g}{Q_p^2}=\frac{Q_p g}{v_k^3} \tag{9-5}$$

3. 水流图式判别

当 $h_t \leqslant 1.3h_k$ 时，自由式出流；当 $h_t > 1.3h_k$ 时，淹没式出流。

三、小桥孔径计算

小桥涵孔径设计必须保证设计洪水、漂流物安全通过，满足排灌需求，避免对上下游房舍农田的不利影响，并考虑工程造价的经济合理。

在孔径计算中，小桥涵与大中桥有不同特点。大中桥允许河床发生一定的冲刷，一般采用天然河槽平均流速作为设计流速。小桥涵一般不允许河底发生冲刷，可以根据河床加固铺砌的类型，选择适当的容许流速作为设计流速。

一般采用试算法确定小桥孔径。先根据河床实际情况，拟定河床加固类型，确定桥下河床的容许流速；再根据容许流速与设计流量，通过计算确定孔径大小与壅水高度，并与允许的壅水高度进行比较，从而判断是否需调整孔径值，直至达到允许的壅水高度。

1. 自由式出流

考虑桥台和桥墩侧向挤压水流对桥下过水面积减小的影响，在计算需要的桥下水面宽度 B 时，应引进水流侧向收缩系数 ε。

$$B=\frac{Q_p g}{\varepsilon v_p^3} \tag{9-6}$$

式中　B——通过 Q_p 需要的桥下水面宽度(m)；

v_p——设计流速(m/s)，可根据河床铺砌类型选用相应的容许流速；

ε——侧向收缩系数，有锥体护坡的单孔桥时可采用 0.9，多孔桥时，可采用 0.8。

若桥孔断面为矩形，则小桥长度 $L=B+Nd$；若桥孔断面为梯形(图 9-6)，则小桥桥长度为

$$L=B+Nd+2m\Delta h \tag{9-7}$$

式中　L——小桥的孔径长度(m)；

m——桥台处锥坡的边坡系数；

N——桥墩个数；

d——桥墩宽度(m)。

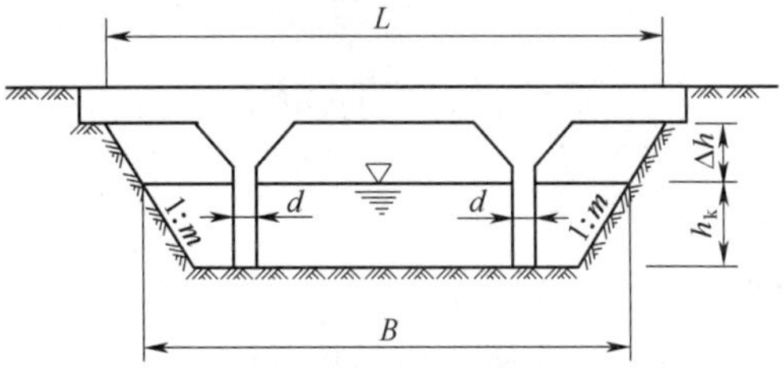

图 9-6　小桥的自由出流

2. 淹没式出流

下游天然水深 $h_t > 1.3h_k$ 时，桥下河槽被下游水淹没，桥下过水断面的水深为 h_1，则桥下过水断面平均宽度$\left(即\frac{1}{2}h_t 处\right)$为

$$B_0=\frac{Q_p}{\varepsilon h_0 v_p} \tag{9-8}$$

式中　B_0——桥下过水断面的平均宽度(m)；

v_p——设计流速(m/s)，可根据河床铺砌类型选用相应的容许流速；

h_0——天然情况下河道水深(m)。

若桥孔断面为矩形，则桥长 $L=B_0+Nd$；若桥孔断面为梯形(图 9-7)，则桥长为

$$L = B_0 + Nd + 2m\left(\frac{1}{2}h_t + \Delta h\right) \tag{9-9}$$

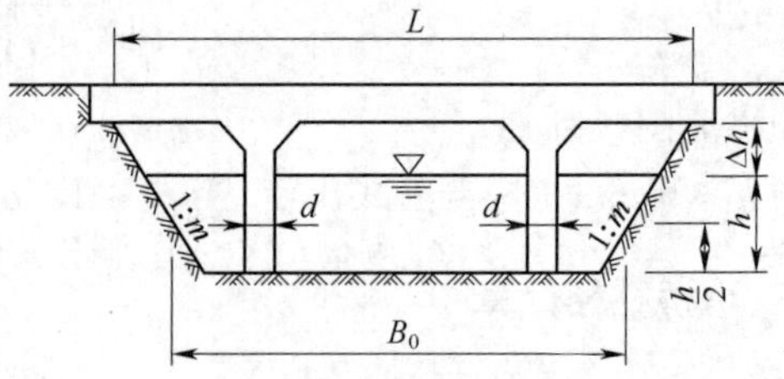

图 9-7　小桥的淹没出流

如果桥孔轴线与水流方向斜交，交角为 α，则斜交桥孔长度(L_α)为

$$L_\alpha = \frac{L}{\cos\alpha} \tag{9-10}$$

根据计算得到的桥长 L 选用标准跨径，两者相差应小于或等于 10%，否则，需根据确定采用的桥孔长度反求桥下流速和临界水深，复核水流图式。

《铁路工程水文勘测设计规范》(TB 10017—2021)规定：桥下沟床设置防冲铺砌的小桥，临界流过水状态时孔径按(9-6)式计算；缓流过水状态时按(9-8)式计算。《公路工程水文勘测设计规范》(JT G C30—2015)规定：小桥宜设计为非自由出流状态，按不同水文分区利用地区性流量经验公式或数理统计法确定小桥(涵)设计流量，小桥涵孔径设计必须保证设计洪水、漂流物安全通过，满足排灌需求，避免对上下游房舍农田的不利影响，并考虑工程造价的经济合理。

四、确定桥前水深 *H*

桥前水深 H 根据能量方程来计算。

1. 桥下沟床设置防冲铺砌的小桥，临界流过水状态时将桥下需要的净孔宽度进至标准梁跨的净孔宽度 B，桥下的临界流速 v_k 可按式(9-11)计算。

$$v_k = \left(\frac{Q_p g}{\varepsilon B}\right)^{\frac{1}{3}} \tag{9-11}$$

桥下临界水深 h_k 可按式(9-12)计算。

$$h_k = \frac{v_k^2}{g} \tag{9-12}$$

桥前积水后的水深 H_0 可按式(9-13)计算。

$$H = h_k + \frac{v_k^2}{2g\varphi^2} - \frac{v_0^2}{2g} \tag{9-13}$$

式中　H——桥前水深(m)；

φ——小桥流速系数，有锥体护坡的单孔桥可采用 0.9，多孔桥时可采用 0.85；

v_0——桥前水流行进流速(m/s)，可用桥前积水断面积去除设计流量求得，当 $v_0 \leqslant$ 1.0 m/s时，式(9-13)中 $\frac{v_0^2}{2g}$ 项可略去不计。

其他符号意义同前。

2. 桥下沟床设置防冲铺砌的小桥，缓流过水状态时，桥前水深 H 按式(9-14)计算。

$$H = h_0 + \frac{v_p^2}{2g\varphi^2} - \frac{v_0^2}{2g} \tag{9-14}$$

式中符号意义同前。

3. 桥下沟床设置防冲铺砌的小桥，急流过水状态下，其孔径宜按沟槽的天然宽度设置，桥前水深即为天然情况下的河道水深。桥孔压缩沟槽时，计算采用缓流过水状态公式。

五、确定路基和桥面最低标高

小桥附近的路肩标高应高出设计水位(连同壅水)高度 H 至少 0.5 m,即

$$H_{肩}=H+0.5 \tag{9-15}$$

同时桥下净空应符合不通航情况及无流筏情况的规定值,与大中桥相同,对铁路桥即

$$H_{肩}=H+h_{净}+c-a \tag{9-16}$$

式中　H——设计水位加壅水高后的标高(m);

$h_{净}$——桥下净空安全值(m);

c——梁底至轨底建筑高度(m);

a——轨底至路肩高度(m)。

式(9-13)与式(9-14)计算结果中以高者控制设计。当路肩最小高度过高时,需适当加大桥孔降低桥前水深 H。

$$小桥桥面最低标高=H+h_{净}+D \tag{9-17}$$

式中　D——桥梁上部结构建筑高度(m)。

其余符号意义同前。

第三节　涵洞孔径计算

涵洞与小桥相比,特点是孔径小、孔道长,河底往往具有较大的纵坡,涵前水深可以高于涵洞高度,洞内水流可呈有压流和无压流;对于无压涵洞,其泄流特征还与洞长、底坡及涵洞的断面形状、尺寸、材料等因素有关。因此,涵洞的水流图式比小桥更为复杂。

一、水流通过涵洞的水力图式

根据涵洞出水口是否被下游水面淹没,可分为自由式出流与淹没式出流两类。实际工程中绝大多数为自由式出流。

按涵洞进水口建筑形式不同与涵前水头的高低,水流通过涵洞可分为无压力式、半压力式和压力式三种水力计算图式。

1. 无压力式

当水流在涵洞全长内均保持自由水面时,称为无压力式水流状态。如图 9-8 所示,其出口流速小,对路基有利,故在铁路、公路工程中被广泛应用。无压涵洞的水力条件为:

(1)涵洞的进水口建筑为普通型(端墙式、八字式、平头式),涵前水深 $H\leqslant 1.2h_T$(h_T 为涵洞洞身净高)。

(2)进水口建筑为流线型(喇叭形、抬高式),涵前水深 $H\leqslant 1.4h_T$。

2. 半压力式

当 $H>1.2h_T$ 时,进口被水流封住,但全涵洞内保持自由水面,称为半压力式水流状态。这类涵洞的水力条件难以稳定,通常极少应用。必要时,应采用涵底纵坡 $i\geqslant i_k$(临界坡度),即使涵洞底坡为急坡,如图 9-9 所示。

3. 压力式

洞内整个涵洞的断面都充满水流时,称为压力式水流状态。其孔径可按短管计算求解,常见的倒虹吸管属此类。设涵前水深为 H,涵洞净高为 h_T,底坡为 i,则有压涵洞的水力条件为:

(1)涵洞的进水口建筑为流线型，$H>1.4h_{T}$。

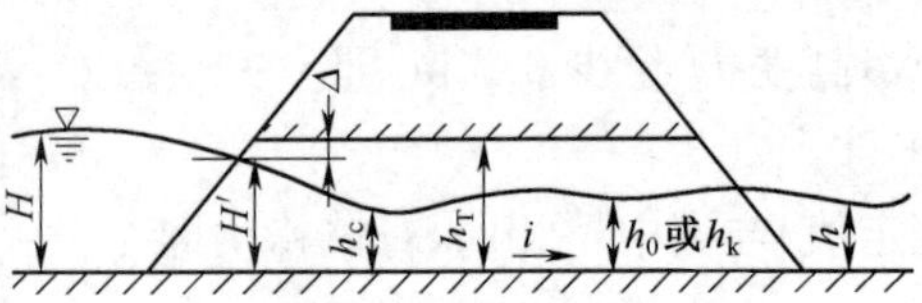

图 9-8　无压力式涵洞水力图式

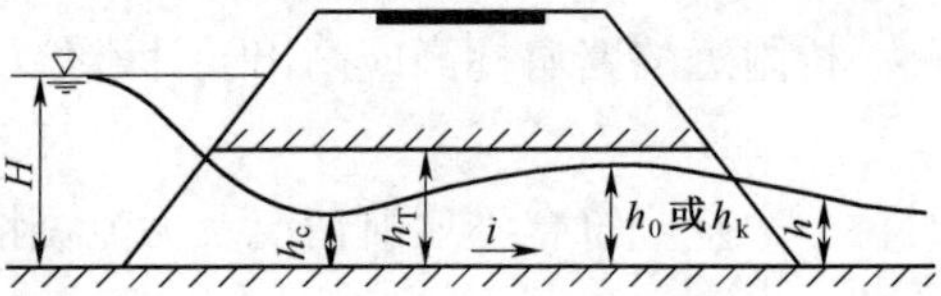

图 9-9　半压力式涵洞水力图式

(2)涵底纵坡

$$i<i_{w}=\frac{Q^{2}}{A^{2}C^{2}R} \tag{9-18}$$

式中　i_{w}——摩阻坡度；

Q——过涵流量(m^{3}/s)；

A——涵身断面全面积(m^{2})；

C——谢才系数($m^{1/2}/s$)，$C=\frac{1}{n}R^{1/6}$；

R——涵身断面的水力半径(m)。

(3)下游洞口被淹没

满足上述三个条件时，虽涵洞出口为自由流，洞内亦将出现有压流。若出口被下游水位淹没，自然亦成有压流涵洞，如图 9-10 和图 9-11 所示。

有压涵洞的不足之处是洞内及出口流速大，对下游农田冲刷破坏大；洞内压力高，洞身构造段之间的防渗漏困难；涵前积水深，对涵洞及路基不利，因此这类涵洞一般很少采用。

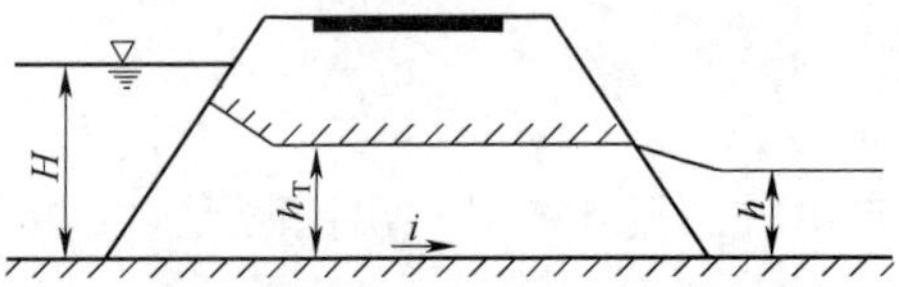

图 9-10　压力式涵洞自由出流

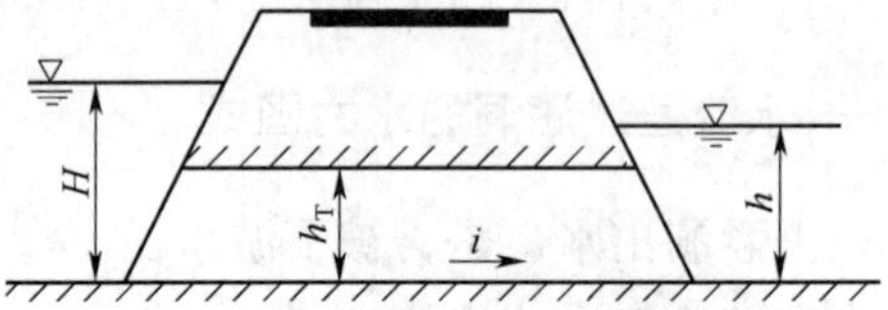

图 9-11　压力式涵洞淹没出流

二、涵洞孔径计算

1. 无压力式涵洞

铁路、公路一般都采用无压力式涵洞，在特殊情况下，且当地质、地形、路基条件许可时，才采用半压力式或压力式涵洞。

(1)最小净空高度

无压力式涵洞进水口处，涵内的最高水面与涵洞顶之间要保持一个最小净空高度。《铁路工程水文勘测设计规范》(TB 10017—2021)和《公路工程水文勘测设计规范》(JTG C30—2015)中对净空值规定见表 9-1。

表 9-1　涵洞洞内净空高度

净高 H(m)	涵洞类型		
	圆　涵	拱　涵	矩形涵
≤3	$\geq\frac{1}{4}H$	$\geq\frac{1}{4}H$	$\geq\frac{1}{6}H$
>3	≥0.75	≥0.75	≥0.5

(2)孔径计算

①曲线形流水断面

可先假定洞内临界水深 h_{k} 值，并采用涵洞的标准孔径按下式试算，选其合适者。

$$\frac{Q_p^2}{g}=\frac{\varepsilon^2\omega_k^2}{B_k} \tag{9-19}$$

由于

$$v_k=\sqrt{g\frac{\omega_k}{B_k}} \tag{9-20}$$

式(9-20)又可写成：

$$Q_p=\varepsilon\omega_k v_k \tag{9-21}$$

式中 Q_p——过涵流量(m^3/s)；

v_k，ω_k——涵洞进口附近临界断面的流速(m/s)和过水面积(m^2)；

ε——压缩系数，可取 $\varepsilon=1$；

g——重力加速度，取 9.8 m/s^2。

②矩形流水断面

矩形流水断面可直接用下式计算：

$$B_k=\frac{Q_p g}{\varepsilon v_k^2} \tag{9-22}$$

$$h_k=\sqrt[3]{\frac{Q_p^2}{\varepsilon^2 B_k^2 g}} \quad 或 \quad h_k=\frac{v_k^2}{g} \tag{9-23}$$

(3)涵前积水深 H_0

$$H_0=h_c+\frac{v_c^2}{2g\varphi^2}-\frac{v_0^2}{2g} \tag{9-24}$$

式中 v_0——涵前行进流速(m/s)，可用涵前积水断面积去除设计流量求得，当 $v_0\leqslant 1.0$ m/s 时，流速水头$\frac{v_0^2}{2g}$可忽略不计；

v_c——洞口收缩断面处流速(m/s)，可取 $v_c=\frac{v_k}{0.9}$；

H_0——涵前积水深(m)；

h_c——洞口收缩断面处水深(m)，可取 $h_c=0.9h_k$；

φ——流速系数，见表 9-2。

表 9-2 流 速 系 数

入口情况	断面形状		流速系数 φ
涵前积水不淹没八字翼墙的前墙	矩 形		0.90
	曲线形	圆形	0.85
		其他	
涵前积水淹没八字翼墙的前墙或端墙式进口	矩 形		0.85
	曲线形	圆形	0.80
		其他	

2. 半压力式涵洞

常以涵前断面和进口收缩断面作为计算断面，根据能量方程来推算流量和涵前水深。其基本公式为

$$v_c=\varphi\sqrt{2g(H-\varepsilon h_T)} \tag{9-25}$$

$$Q=\varepsilon A\varphi\sqrt{2g(H-\varepsilon h_T)} \tag{9-26}$$

式中 v_c——收缩断面的流速(m/s);

Q——过涵流量(m^3/s);

ε——半压力式涵洞的挤压系数,一般采用0.60;

φ——流速系数,流线型洞口为0.95,普通洞口为0.85;

H——涵前水深(m);

h_T——涵洞净高(m);

A——涵洞断面的全部面积(m^2);

g——重力加速度,取9.8 m/s^2。

3.压力式涵洞

为了充分利用断面,达到缩小孔径的目的,压力式涵洞一般采用进水口升高式(流线型)的洞口建筑,使涵顶与水流线形基本一致。其基本公式为

$$v=\varphi\sqrt{2g[H-L(i_w-i)-h_T]} \tag{9-27}$$

$$v=A\varphi\sqrt{2g[H-L(i_w-i)-h_T]} \tag{9-28}$$

式中 v——涵内流速(m/s);

Q——过涵流量(m^3/s);

φ——考虑进水口局部水头损失的流速系数,进口升高式 $\varphi=0.95$,不升高式 $\varphi=0.85$;

H——涵前水深(m);

h_T——涵洞洞身净高(m);

A——涵洞洞身断面的全部面积(m^2);

L——涵洞的长度(m);

i_w——涵洞的摩擦坡度;

i——涵洞的实际底坡;

g——重力加速度,取9.80 m/s^2。

涵洞处的路基最低标高应高出涵前水深(H)以上至少50 cm。

目前,为避免涵洞进口路基浸水和进出口流速及冲刷过大,一般不采用压力式涵洞。

4.排洪涵洞

排洪涵洞的最小孔径不应小于1.25 m。城市或车站范围内有污水流入的涵洞可根据需要加大孔径。为路基或站场排水而设的、无天然沟槽的涵洞孔径可根据具体情况确定。改建既有线和增建第二线时,如需延长既有线上的涵洞,则涵洞孔径和长度可根据具体情况确定,但孔径不应低于现行标准。

三、涵洞的长度

涵洞的长度应根据净高(或内径)H确定:

1. $H=1.25$ m时,涵洞长度不宜超过25 m。
2. $H\geqslant 1.5$ m时,涵洞长度可不受限制。

四、涵洞标准图的使用

各种类型涵洞的标准图都列有水力特性表,表中给出了各种涵洞、各种孔径通过不同流量

时的水流状态、涵前水深、临界水深、临界流速、临界坡度。使用时，在确定选用涵洞形式后，由设计流量在表中查出相应孔径，再按路基标准的设计流量查找该孔径的涵前水深 H，检查路基高度要求不低于 $H+0.5$ m，并应满足涵洞结构要求的最小路堤高度。若路基高度不足或涵前水位太高，应另选大孔径，重新检算。

第四节　小桥涵防护简介

小桥涵的设计流速一般均大于天然流速，所以要根据需要设置防冲铺砌。

小桥涵上下游一定范围内的沟床可根据设计需要设置防冲铺砌，并根据允许流速确定铺砌类型。

(1)铺砌形式随沟形而定，铺砌末端应设直立式垂裙。

(2)出口流速小于土的容许不冲刷流速或沟床为岩石时可不铺砌。

(3)小桥基底埋置深度满足冲刷要求时可不铺砌。

一、防护范围

小桥防护范围为桥下河床、桥头锥体。涵洞防护为其进出口以外一定范围的河床、路基边坡和锥体，防护高度为路基设计水位(上、下游)加 0.25 m，均不得低于锥体高度，锥体为全高防护。一般小桥涵铺砌范围和类型可采用标准图规定的尺寸，即“标准铺砌”。

二、进出口防护加固

(1)桥涵入口与天然沟槽相连接时，应注意铺砌与沟槽断面一致，采用标准铺砌。

(2)为了防止铺砌末端淘刷引起整个铺砌破坏，应在其末端修建一定深度的垂裙。垂裙一般采取直墙式，厚度为 0.5 m 的浆砌片石。

上游垂裙深度，小桥为 0.6 m，涵洞为 1.0 m；下游垂裙深度应根据铺砌末端可能淘刷的深度确定，一般在沟床铺砌浆砌片石时，垂裙深度为 1.5～2.5 m。

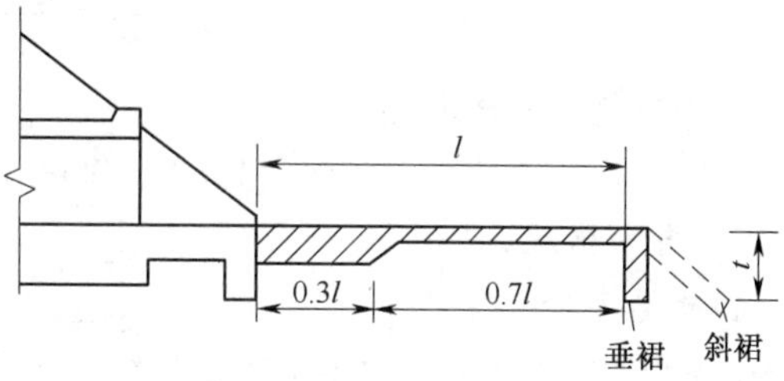

图 9-12　涵洞出口铺砌示意

小桥涵防护的重点在于下游防冲。图 9-12 是涵洞下游铺砌示意图。

(3)各种铺砌材料的允许流速见表 9-3。

表 9-3　涵洞铺砌类型

出口流速 v(m/s)	≤1.0	1.0～2.0	2.0～6.0	>6.0
铺砌种类	无铺砌	干砌片石	浆砌片石	混凝土

(4)不同出口流速所需垂裙深度见表 9-4。

表 9-4　垂 裙 深 度

出口流速 v(m/s)	1.0	2.0	3.0	4.0	5.0	6.0
垂裙深度(m)	0.5	0.9	1.32	1.7	2.0	2.2

第五节 计算实例

【例 9-1】 1. 原始资料

某铁路跨一小河，河床断面如图 9-13 所示。主河沟坡度 5‰，粗糙率 $n=0.05$，最低点标高 100.00，路基设计标高 104.00，设计流量 $Q_p=30\ m^3/s$，线路与河流正交，拟用矩形桥孔。

2. 计算要求

确定小桥孔径。

3. 计算步骤

(1) 求算天然水深

假定天然水深 $h_0=1.3\ m$，由河床断面图可求得过水面积 $\omega=23\ m^2$，湿周 $\chi=26\ m$，水力半径 $R=0.88\ m$，则

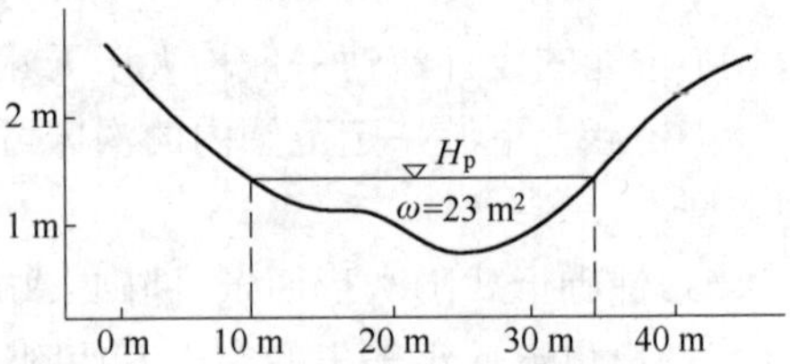

图 9-13 河床断面图

$$v_0=\frac{1}{n}R^{2/3}i^{1/2}=20\times0.88^{2/3}\left(\frac{1}{200}\right)^{1/2}=1.3(m/s)$$

流量

$$Q=\omega v_0=29.9(m^3/s)$$

计算流量 Q 与设计流量 Q_p 相差很小(相差不超过 10%)，可不重新计算，即 $h_0=1.3\ m$，$v_0=1.3\ m/s$。

(2) 求算临界水深

选用碎石垫层上铺砌厚度为 20 cm 的单层片石加固河床，由 $h_0=1.3\ m$，查有关表得 $v_k=3.5\ m/s$。

$$h_k=\frac{v_k^2}{g}=\frac{3.5^2}{g}=1.25(m)$$

(3) 判断桥下水流状态

$$1.3h_k=1.3\times1.25=1.63(m)>h_0=1.3\ m$$

故桥下为自由出流。

(4) 确定桥跨长度

选用单孔有八字墙式桥台，由定型图可查得 $\varepsilon=0.85$。

$$B=\frac{Q_p g}{\varepsilon v_k^3}=\frac{30\times9.8}{0.85\times3.5^2}=8.07(m)$$

拟采用 1—10.0 m 钢筋混凝土梁，T 形桥台，查有关梁及桥台标准图，可以得出实际孔径为：

$$B=10-1.58=8.42(m)$$

(5) 检查水流状态

桥下实际流速：

$$v_k=\sqrt[3]{\frac{gQ_p}{\varepsilon B}}=\sqrt[3]{\frac{9.8\times30}{0.85\times8.42}}=3.45(m/s)$$

$$h_k=\frac{v_k^2}{g}=\frac{3.45^2}{g}=1.21(m)$$

$$1.3h_k=1.3\times1.21=1.57(m)>h_0=1.3\ m$$

桥下为自由出流，与原来计算孔径所依据的状态相同，不需重新计算。

(6)计算桥前水深

由相关表格查得 $\varphi=0.90$。

$$H=h_k+\frac{v_k^2}{2g\varphi^2}-\frac{v_0^2}{2g}=1.21+\frac{3.45^2}{2\times9.8\times0.9^2}-\frac{1.3^2}{2\times9.8}=1.87(\mathrm{m})$$

由河流断面图知，水深为 1.87 m 时，$\omega=37.4\ \mathrm{m}^2$，则

$$v_0=\frac{Q_p}{\omega}=0.80(\mathrm{m/s})$$

与原设 $v_0=1.3$ m/s 相差较大，故重新假定 $v_0=0.80$ m/s：

$$H=h_k+\frac{v_k^2}{2g\varphi^2}-\frac{v_0^2}{2g}=1.93(\mathrm{m})$$

水深为 1.93 m 时，$\omega=41.0\ \mathrm{m}^2$，则

$$v_0=\frac{Q_p}{\omega}=0.73(\mathrm{m/s})$$

与原设 $v_0=0.8$ m/s 相差小于 10%，可以采用。

(7)确定桥头路肩标高

$$H_{肩}=H+0.5=2.43(\mathrm{m})<4\ \mathrm{m}$$

$$H_{肩}=H+h_{净}+c-a$$

由定型图或手册中查得 $h_{净}=0.5$ m，采用木枕 $a=0.78$ m，由“叁标桥 1023”得 $c=1.90$ m。故

$$H_{肩}=1.93+0.5+1.90-0.78=3.55(\mathrm{m})<4\ \mathrm{m}$$

故路基设计标高为 104.00 m(可行)。

复　习　题

1. 小桥孔径如何确定?
2. 按水力性质涵洞可分为哪几种类型？各自有何特点?

附录 1

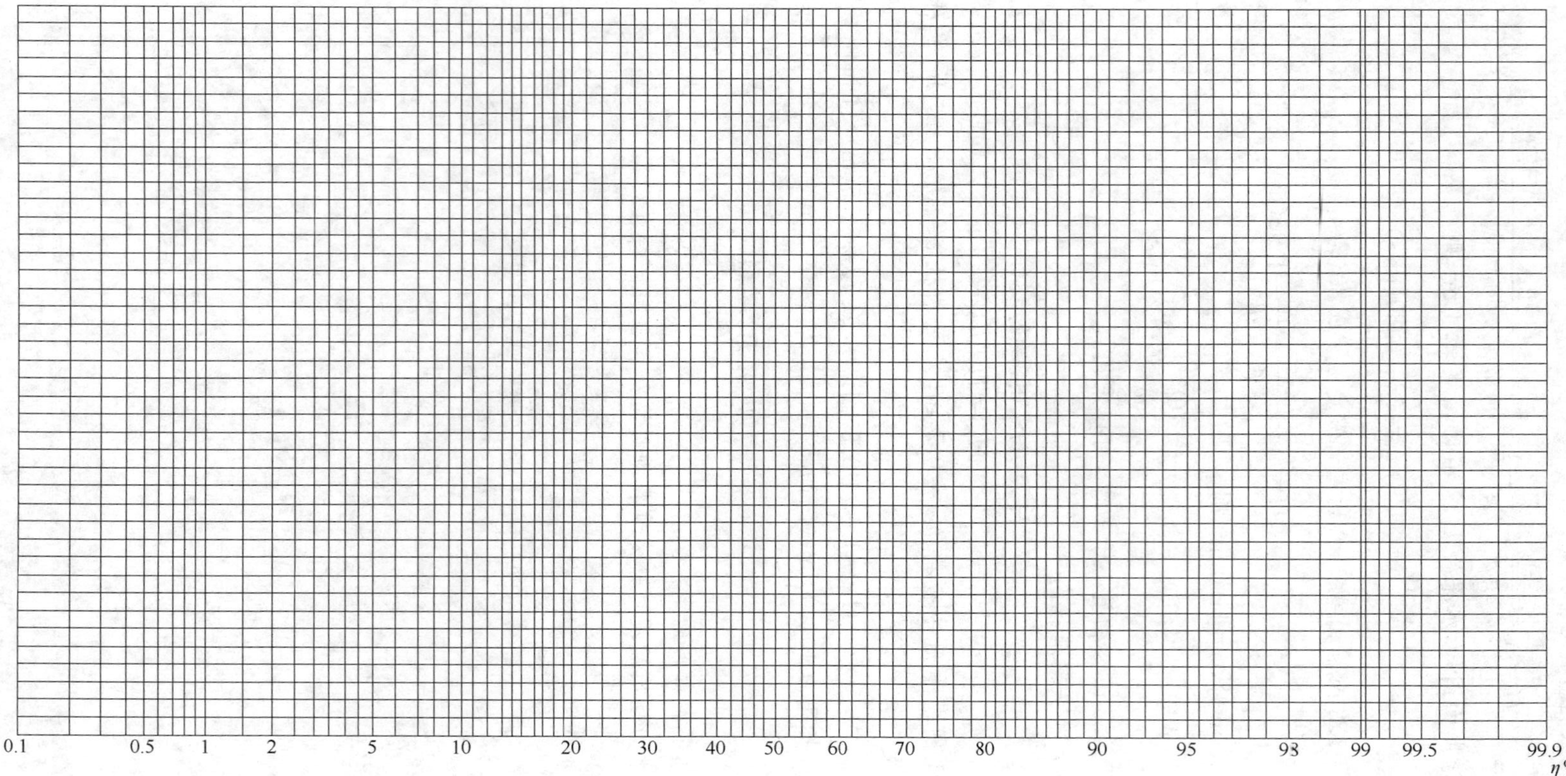

附图 1　海森几率格纸

附录 2

附表 1　耿贝尔曲线分布(极值Ⅰ型分布)的 λ_{pn} 值表

n	频 率 p(%)							
	0.1	0.2	0.5	1	2	4	5	10
8	7.103	6.336	5.321	4.551	3.779	3.001	2.749	1.953
9	6.909	6.162	5.174	4.425	3.673	2.916	2.670	1.895
10	6.752	6.021	5.055	4.322	3.587	2.847	2.606	1.848
11	6.622	5.905	4.957	4.238	3.516	2.789	2.553	1.809
12	6.513	5.807	4.874	4.166	3.456	2.741	2.509	1.777
13	6.413	5.723	4.802	4.105	3.405	2.699	2.470	1.748
14	6.337	5.650	4.741	4.052	3.360	2.663	2.437	1.724
15	6.265	5.586	4.687	4.005	3.321	2.632	2.408	1.703
16	6.196	5.523	4.634	3.959	3.283	2.601	2.379	1.682
17	6.167	5.471	4.589	3.921	3.250	2.575	2.355	1.664
18	6.087	5.426	4.551	3.888	3.223	2.552	2.335	1.649
19	6.043	5.387	4.518	3.860	3.199	2.533	2.317	1.636
20	6.006	5.354	4.490	3.836	3.179	2.517	2.302	1.625
22	5.936	5.288	4.435	3.788	3.139	2.484	2.272	1.603
24	5.870	5.232	4.387	3.747	3.104	2.457	2.246	1.584
26	5.816	5.183	4.346	3.711	3.074	2.433	2.224	1.568
28	5.769	5.141	4.310	3.680	3.048	2.412	2.205	1.553
30	5.727	5.104	4.279	3.653	3.026	2.393	2.188	1.541
35	5.642	5.027	4.214	3.598	2.979	2.356	2.153	1.515
40	5.576	4.968	4.164	3.554	2.942	2.326	2.126	1.495
45	5.522	4.920	4.123	3.519	2.913	2.303	2.104	1.479
50	5.479	4.881	4.090	3.491	2.889	2.283	2.087	1.466
60	5.410	4.820	4.038	3.446	2.852	2.253	2.059	1.446
70	5.359	4.774	4.000	3.413	2.824	2.230	2.038	1.430
80	5.319	4.738	3.970	3.387	2.802	2.213	2.022	1.419
90	5.287	4.710	3.945	3.366	1.784	2.199	2.008	1.409
100	5.261	4.686	3.925	3.349	2.770	2.187	1.998	1.401
200	5.130	4.568	3.826	3.263	2.698	2.129	1.944	1.362
500	5.032	4.481	3.752	3.200	2.645	2.086	1.905	1.333
1 000	4.992	4.445	3.772	3.174	2.623	2.069	1.889	1.321
∞	4.936	4.395	3.679	3.137	2.592	2.044	1.886	1.305

续上表

n	频　率　p(%)							
	25	50	75	90	95	97	99	99.9
8	0.842	−0.130	−0.897	−1.458	−1.749	−1.923	−2.224	−2.673
9	0.814	−0.133	−0.879	−1.426	−1.709	−1.879	−2.172	−2.609
10	0.790	−0.136	−0.865	−1.400	−1.677	−1.843	−2.129	−2.556
11	0.771	−0.138	−0.854	−1.378	−1.650	−1.813	−2.095	−2.511
12	0.755	−0.139	−0.844	−1.360	−1.628	−1.788	−2.065	−2.478
13	0.741	−0.141	−0.836	−1.345	−1.609	−1.769	−2.040	−2.447
14	0.729	−0.142	−0.829	−1.331	−1.592	−1.748	−2.018	−2.420
15	0.718	−0.143	−0.823	−1.320	−1.578	−1.732	−1.999	−2.396
16	0.708	−0.145	−0.817	−1.308	−1.564	−1.716	−1.980	−2.373
17	0.699	−0.146	−0.811	−1.299	−1.552	−1.703	−1.965	−2.354
18	0.692	−0.146	−0.807	−1.291	−1.541	−1.691	−1.951	−2.338
19	0.685	−0.147	−0.803	−1.283	−1.532	−1.681	−1.939	−2.323
20	0.680	−0.148	−0.800	−1.277	−1.525	−1.673	−1.930	−2.311
22	0.669	−0.149	−0.794	−1.265	−1.510	−1.657	−1.910	−2.287
24	0.659	−0.150	−0.788	−1.255	−1.497	−1.642	−1.893	−2.266
26	0.651	−0.151	−0.783	−1.246	−1.486	−1.630	−1.879	−2.249
28	0.644	−0.152	−0.779	−1.239	−1.477	−1.619	−1.866	−2.03
30	0.638	−0.153	−0.776	−1.232	−1.468	−1.610	−1.855	−2.219
35	0.625	−0.154	−0.768	−1.218	−1.451	−1.591	−1.832	−2.191
40	0.615	−0.155	−0.762	−1.208	−1.438	−1.576	−1.814	−2.170
45	0.607	−0.156	−0.758	−1.198	−1.427	−1.564	−1.800	−2.152
50	0.601	−0.157	−0.754	−1.191	−1.418	−1.553	−1.788	−2.138
60	0.591	−0.158	−0.748	−1.180	−1.404	−1.538	−1.770	−2.115
70	0.583	−0.159	−0.744	−1.172	−1.394	−1.526	−1.756	−2.098
80	0.577	−0.159	−0.740	−1.165	−1.386	−1.517	−1.746	−2.085
90	0.572	−0.160	−0.737	−1.160	−1.379	−1.510	−1.737	−2.075
100	0.568	−0.160	−0.735	−1.155	−1.374	−1.504	−1.720	−2.066
200	0.549	−0.162	−0.723	−1.134	−1.347	−1.474	−1.94	−2.023
500	0.535	−0.164	−0.714	−1.117	−1.326	−1.451	−1.668	−1.990
1 000	0.529	−0.164	−0.710	−0.110	−1.318	−1.442	−1.657	−1.976
∞	0.520	−0.164	−0.705	−1.110	−1.306	−1.428	−1.641	1.957

附表 2 三点法用表——S 与 C_s 关系

S	0	1	2	3	4	5	6	7	8	9
(1)p=1%—50%—99%										
0.0	0.00	0.03	0.05	0.07	0.10	0.12	0.15	0.17	0.20	0.23
0.1	0.26	0.28	0.31	0.34	0.36	0.39	0.41	0.44	0.47	0.49
0.2	0.52	0.54	0.57	0.59	0.62	0.65	0.67	0.70	0.73	0.76
0.3	0.78	0.81	0.84	0.86	0.89	0.92	0.94	0.97	1.00	1.02
0.4	1.05	1.08	1.10	1.13	1.16	1.18	1.21	1.24	1.27	1.30
0.5	1.32	1.36	1.39	1.42	1.45	1.48	1.51	1.55	1.58	1.61
0.6	1.64	1.68	1.71	1.74	1.78	1.18	1.84	1.88	1.92	1.95
0.7	1.99	2.03	2.07	2.11	2.16	2.20	2.25	2.30	2.34	2.39
0.8	2.44	2.50	2.55	2.61	2.67	2.74	2.81	2.89	2.97	3.05
0.9	3.14	3.22	3.33	3.46	3.59	3.73	3.92	4.14	4.44	4.90
(2)p=3%—50%—97%										
0.0	0.00	0.04	0.08	0.11	0.14	0.17	0.20	0.23	0.26	0.29
0.1	0.32	0.35	0.38	0.42	0.45	0.48	0.51	0.54	0.57	0.60
0.2	0.63	0.66	0.70	0.73	0.76	0.79	0.82	0.86	0.89	0.92
0.3	0.95	0.98	1.01	1.04	1.08	1.11	1.14	1.17	1.20	1.24
0.4	1.27	1.30	1.33	1.36	1.40	1.43	1.46	1.49	1.52	1.56
0.5	1.59	1.63	1.66	1.70	1.73	1.76	1.80	1.83	1.87	1.90
0.6	1.94	1.97	2.00	2.04	2.08	2.12	2.16	2.20	2.23	2.27
0.7	2.31	2.36	2.40	2.44	2.49	2.54	2.58	2.63	2.68	2.74
0.8	2.79	2.85	2.90	2.96	3.02	3.09	3.15	3.22	3.29	3.37
0.9	3.46	3.55	3.67	3.79	3.92	4.08	4.26	4.50	4.75	5.21
(3)p=5%—50%—95%										
0.0	0.00	0.04	0.08	0.12	0.16	0.20	0.24	0.27	0.31	0.35
0.1	0.38	0.41	0.45	0.48	0.52	0.55	0.59	0.63	0.66	0.70
0.2	0.73	0.76	0.80	0.84	0.87	0.90	0.94	0.98	1.01	1.04
0.3	1.08	1.11	1.14	1.18	1.21	1.25	1.28	1.31	1.35	1.38
0.4	1.42	1.46	1.49	1.52	1.56	1.59	1.63	1.66	1.70	1.74
0.5	1.78	1.81	1.85	1.88	1.92	1.95	1.99	2.03	2.06	2.10
0.6	2.13	2.17	2.20	2.24	0.28	2.32	1.36	2.40	2.44	2.48
0.7	2.53	2.57	2.62	2.66	2.70	2.76	2.81	2.86	2.91	2.97
0.8	3.02	3.07	3.13	3.19	3.25	3.32	3.38	3.46	3.52	3.60
0.9	3.70	3.80	3.91	4.03	4.17	4.32	4.49	4.72	4.94	5.43
(4)p=10%—50%—90%										
0.0	0.00	0.05	0.10	0.15	0.20	0.24	0.29	0.34	0.38	0.43
0.1	0.47	0.52	0.56	0.60	0.65	0.69	0.74	0.78	0.83	0.87
0.2	0.92	0.96	1.00	1.01	1.08	1.13	1.17	1.22	1.26	1.30
0.3	1.34	1.38	1.43	1.47	1.51	1.55	1.59	1.63	1.67	1.71
0.4	1.75	1.79	1.83	1.87	1.91	1.95	1.99	2.02	2.06	2.10
0.5	2.14	2.18	2.22	2.26	2.30	2.34	2.38	2.42	2.46	2.50
0.6	2.54	2.58	2.62	2.66	2.70	2.74	2.78	2.82	2.86	2.90
0.7	2.95	3.00	3.04	3.08	3.13	3.18	3.24	3.28	3.33	3.38
0.8	3.44	3.50	3.55	3.61	3.67	3.74	3.80	3.87	3.94	4.02
0.9	4.11	4.20	4.32	4.45	4.59	4.75	5.96	5.20	5.56	—

例(1)组中，S=0.43 时，C_s=1.13。

附表 3　三点法用表——C_s 与 ϕ_p 关系

C_s	$\phi_{50\%}$	$\phi_{1\%}-\phi_{99\%}$	$\phi_{3\%}-\phi_{97\%}$	$\phi_{5\%}-\phi_{95\%}$	$\phi_{10\%}-\phi_{90\%}$
0.0	−0.000	4.562	3.672	3.290	2.564
0.1	−0.017	4.648	3.756	3.287	2.560
0.2	−0.033	4.645	3.750	3.284	2.557
0.3	−0.055	4.641	3.743	3.278	2.550
0.4	−0.068	4.637	3.736	3.273	2.543
0.5	−0.137	4.633	3.732	3.266	2.532
0.6	−0.100	4.629	3.727	3.259	2.522
0.7	−0.116	4.624	3.718	3.246	2.510
0.8	−0.132	4.620	3.709	3.233	2.498
0.9	−0.148	4.615	3.692	3.218	2.483
1.0	−0.164	4.611	3.674	3.204	2.468
1.1	−0.179	4.606	3.656	3.185	2.448
1.2	−0.194	4.601	3.638	3.167	2.427
1.3	−0.208	4.595	3.620	3.144	2.404
1.4	−0.223	4.590	3.601	3.120	2.380
1.5	−0.238	4.586	3.582	3.090	2.353
1.6	−0.253	4.586	3.562	3.062	2.326
1.7	−0.267	4.587	3.541	3.032	2.296
1.8	−0.272	4.588	3.520	3.002	2.256
1.9	−0.294	4.581	3.499	2.974	2.232
2.0	−0.307	4.594	3.477	2.945	2.198
2.1	−0.319	4.603	3.469	2.918	2.164
2.2	−0.330	4.613	3.440	2.890	2.130
2.3	−0.340	4.625	3.421	2.862	2.095
2.4	−0.350	4.636	3.403	2.833	2.060
2.5	−0.359	4.648	3.385	2.806	2.024
2.6	−0.367	4.660	3.367	2.778	2.987
2.7	−0.370	4.674	3.350	2.749	2.949
2.8	−0.383	4.687	3.333	2.720	2.911
2.9	−0.389	4.701	3.318	2.695	2.876
3.0	−0.395	4.716	3.303	2.670	1.840
3.1	−0.399	4.732	3.288	2.645	1.806
3.2	−0.404	4.748	3.273	2.619	1.772
3.3	−0.407	4.765	3.259	2.564	1.738
3.4	−0.410	4.781	3.245	2.568	1.705
3.5	−0.412	4.796	3.225	2.543	1.670
3.6	−0.414	4.810	3.216	2.518	1.635
3.7	−0.415	4.824	3.203	2.494	1.600
3.8	−0.416	4.837	3.189	2.470	1.570
3.9	−0.415	4.850	3.175	2.446	1.536
4.0	−0.414	4.863	3.160	2.422	1.502
4.1	−0.412	4.876	3.145	2.396	1.471
4.2	−0.410	4.888	3.130	2.372	1.440
4.3	−0.407	4.901	3.115	2.348	1.408
4.4	−0.404	4.914	3.100	2.325	1.376
4.5	−0.400	4.924	3.084	2.300	1.345
4.6	−0.396	4.934	3.067	2.276	1.325
4.7	−0.392	4.942	3.050	2.251	1.286
4.8	−0.388	4.949	3.034	2.226	1.257
4.9	−0.348	4.955	3.016	2.200	1.229
5.0	−0.379	4.961	2.997	2.174	1.200
5.1	−0.374		2.978	2.148	1.173
5.2	−0.370		2.960	2.123	1.145
5.3	−0.365			2.098	1.118
5.4	−0.360			2.072	1.090
5.5	−0.356			2.047	1.063
5.6	−0.350			2.021	1.035

附表4 墩形系数

<table>
<tr><th>序号</th><th>墩形示意图</th><th>墩形系数 k_ξ</th><th>墩形计算宽度 B_1</th></tr>
<tr><td>1</td><td>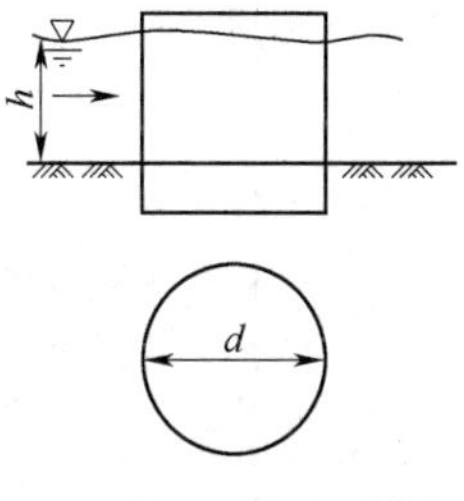</td><td>1.00</td><td>$B_1=d$</td></tr>
<tr><td>2</td><td>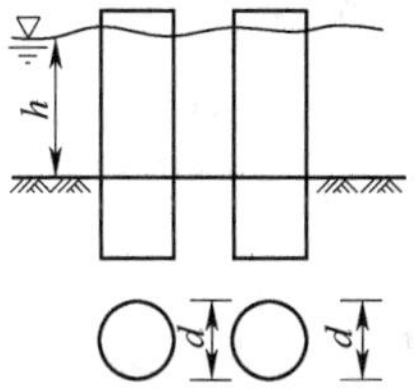</td><td>不带联系梁：$k_\xi=1$
带联系梁的 k_ξ 值<table><tr><td>α</td><td>0°</td><td>15°</td><td>30°</td><td>45°</td></tr><tr><td>k_ξ</td><td>1.00</td><td>1.05</td><td>1.10</td><td>1.15</td></tr></table></td><td>$B_1=d$</td></tr>
<tr><td>3</td><td>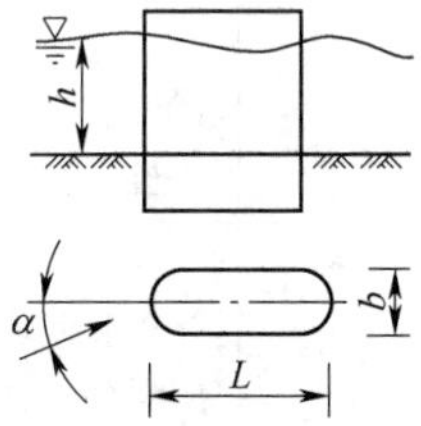</td><td>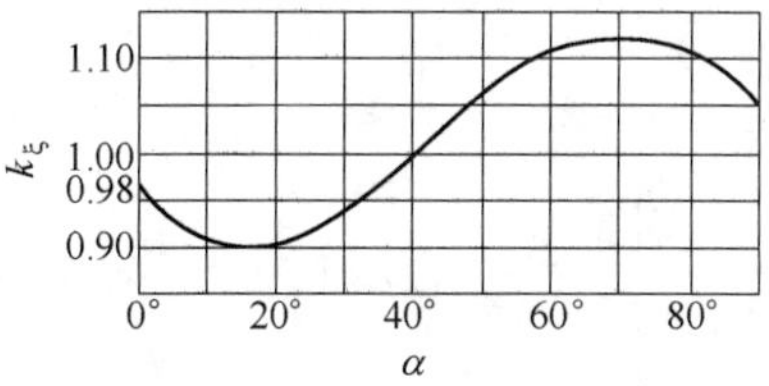</td><td>$B_1=(L-b)\sin\alpha+b$</td></tr>
<tr><td>4</td><td>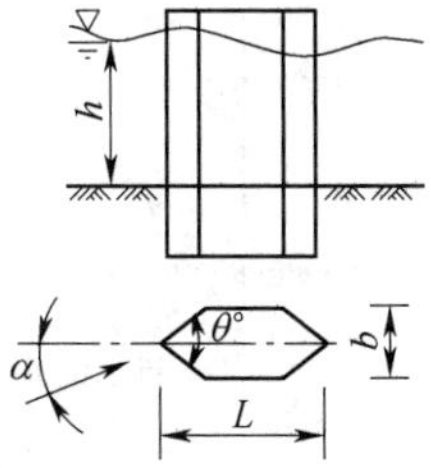</td><td>与水流正交时各种迎水角系数<table><tr><td>θ</td><td>45°</td><td>60°</td><td>75°</td><td>90°</td><td>120°</td></tr><tr><td>k_ξ</td><td>0.70</td><td>0.84</td><td>0.90</td><td>0.95</td><td>1.10</td></tr></table>与水流斜交时迎水角系数 k_ξ
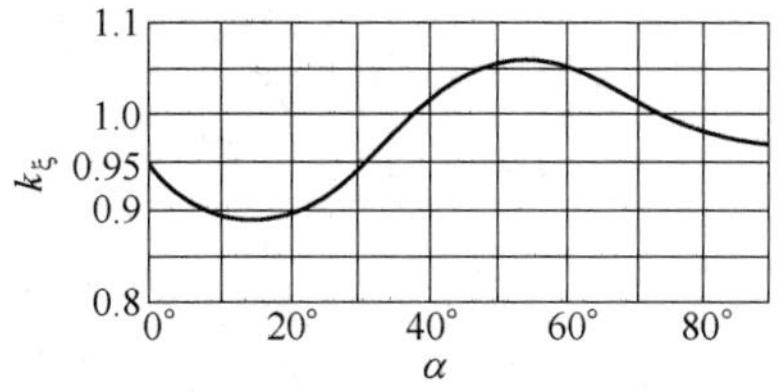</td><td>$B_1=(L-b)\sin\alpha+b$
（为了简化，可按圆端形墩计算）</td></tr>
<tr><td>5</td><td>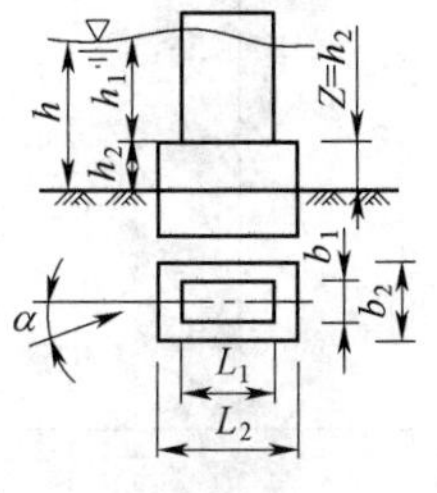</td><td>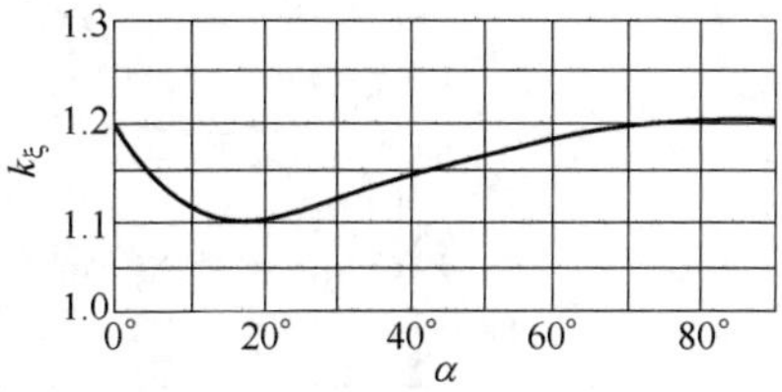</td><td>与水流正交时：
$B_1=\dfrac{b_1h_1+b_2h_2}{h}$
与水流斜交时：
$B_1=\dfrac{B_1'h_1+B_2'h_2}{h}$
$B_1'=L_1\sin\alpha+b_1\cos\alpha$
$B_2'=L_2\sin\alpha+b_2\cos\alpha$</td></tr>
</table>

续上表

序号	墩形示意图	墩形系数 k_ξ	墩形计算宽度 B_1
6	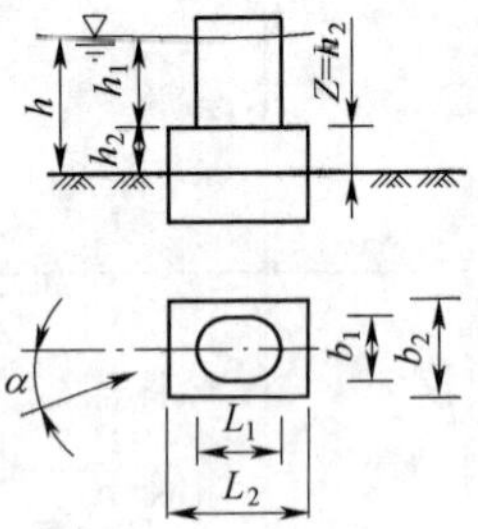	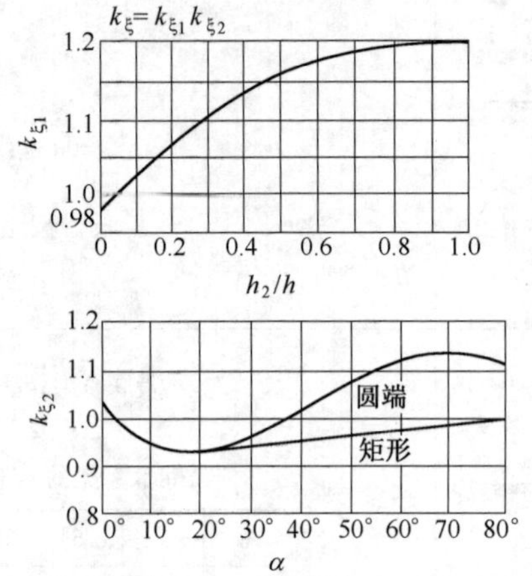注：沉井与墩身的 k_ξ 相差较大时，根据 h_1、h_2 的大小，在两线间按比例定点取值	与水流正交时： $B_1=\dfrac{b_1h_1+b_2h_2}{h}$ 与水流斜交时： $B_1=\dfrac{B'_1h_1+B'_2h_2}{h}$ $B'_1=(L_1-b_1)\sin\alpha+b_1$ $B'_2=L_2\sin\alpha+b_2\cos\alpha$
7	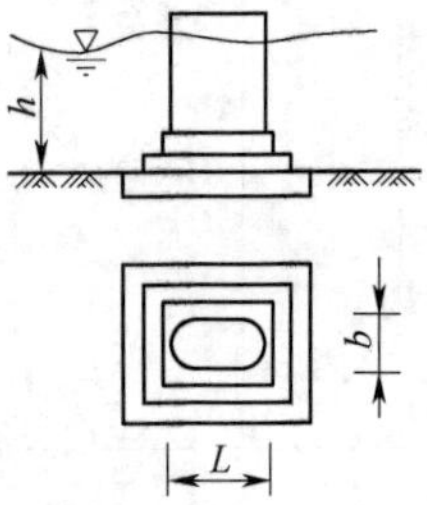	扩大基础采用与水流正交时的墩身形状系数	与水流正交时： $B_1=b$ 与水流斜交时： $B_1=(L-b)\sin\alpha+b$
8	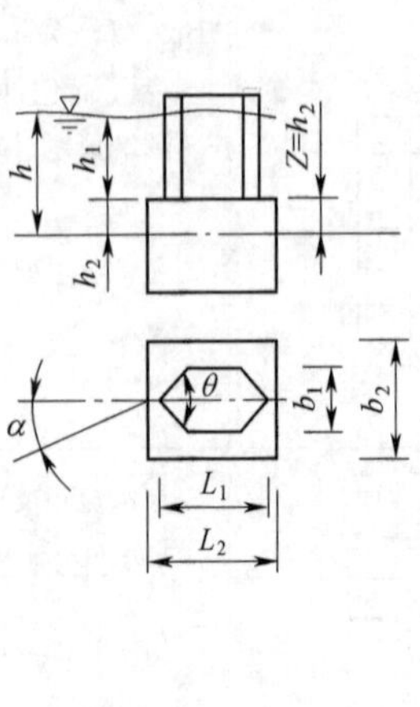	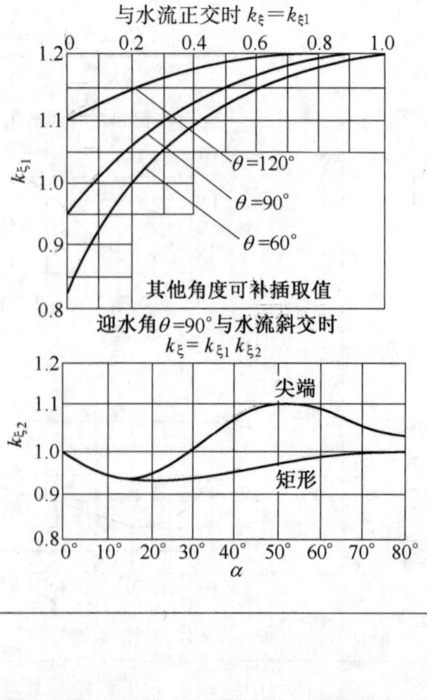	与水流正交时： $B_1=\dfrac{b_1h_1+b_2h_2}{h}$ 与水流斜交时： $B'_1=(L_1-b_1)\sin\alpha+b_1$ $B'_2=L_2\sin\alpha+b_2\cos\alpha$

续上表

序号	墩形示意图	墩形系数 k_ξ	墩形计算宽度 B_1
9	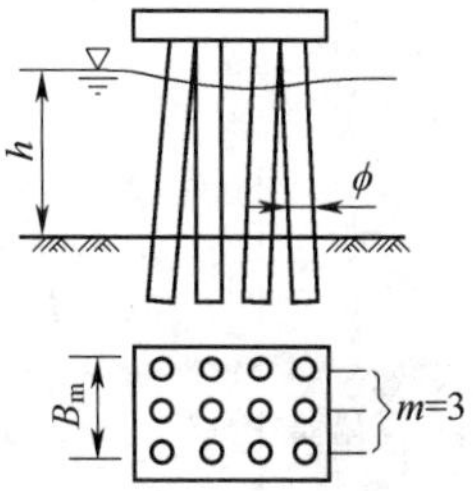	$k_\xi=k'_\xi k_{m\phi}$ 式中　k'_ξ——单桩形状系数按序号 1，2，3，5 的墩形确定（如多为圆桩，$k_\xi=1.0$ 可省略）； $k_{m\phi}$——桩群系数； $k_{m\phi}=1+5\left[\frac{(m-1)\phi}{B_m}\right]^2$ 其中 B_m 为桩群垂直水流方向的分布宽度；m 为桩的排数	$B_1=\phi$
10	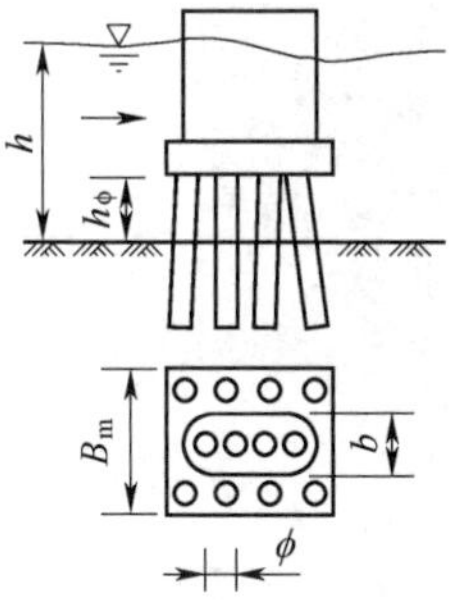	桩承台桥墩局部冲刷计算方法： 当承台底面低于一般冲刷线时，按上部实体计算； 承台底面高于水面，应为上述排架墩，承台底面相对高度在$0\leqslant h_\phi/h\leqslant1.0$时，冲刷深度 h_b 按下式计算： $h_b=(k'_\xi k_{m\phi}k_{h\phi}\phi^{0.6}+0.85k_{\xi1}k_{h2}B_1^{0.6})\times k_\eta(v_0-v'_0)\left(\frac{v-v'_0}{v_0-v'_0}\right)^n$ 式中　$k_{h\phi}$——淹没桩体折减系数，$k_{h\phi}=1.0-\frac{0.001}{(h_\phi/h+0.1)^3}$； $k_{\xi1}$，B_1——按承台底位于一般冲刷线处计算； k_{h2}——墩身承台减少系数。 其他符号意义同前。 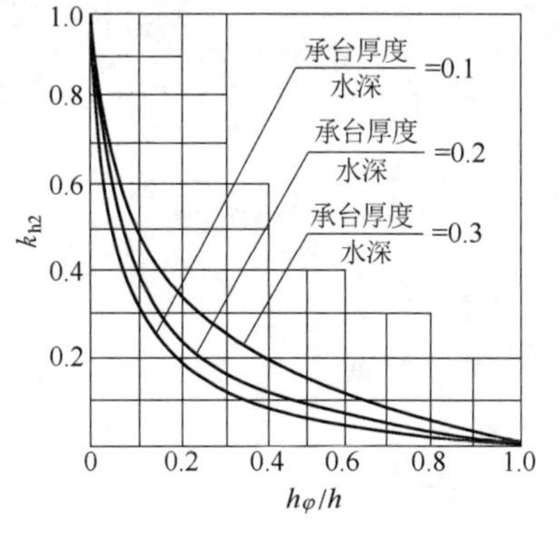	
11	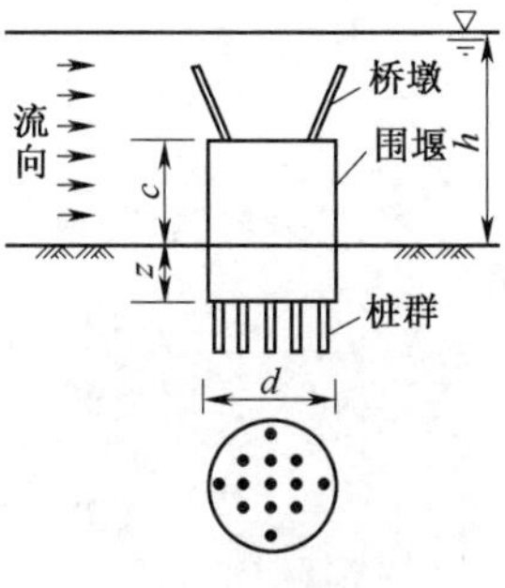	按下式计算局部冲刷深度 h_b： $h_b=k_{cd}h_{by}$ $k_{cd}=0.2+0.4\left(\frac{c}{h}\right)^{0.3}\left[1+\left(\frac{z}{h_{by}}\right)^{0.6}\right]$ 式中　k_{cd}——大直径围堰群桩墩形系数； h_{by}——按序号(1)墩形计算的局部冲刷深度，适用范围： $0.2\leqslant\frac{c}{h}\leqslant1.0$，　$0.2\leqslant\frac{z}{h_{by}}\leqslant1.0$	$B_1=d$

续上表

序号	墩形示意图	墩形系数 k_ξ	墩形计算宽度 B_1
12	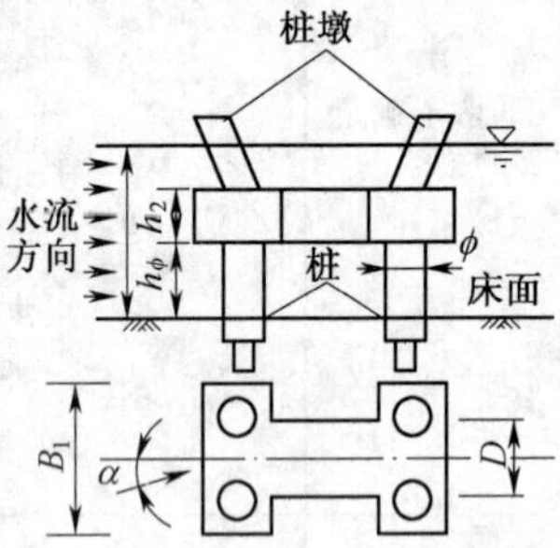	按下式计算局部冲刷 h_b： $$h_b=k_\alpha k_{zh} h_{by}$$ $$k_{zh}=1.22k_{h2}\left(1+\frac{h_\phi}{h}\right)+1.18\left(\frac{\phi}{B_1}\right)^{0.6}\times\frac{h_\phi}{h}$$ $$k_\alpha=-0.57\alpha^2+0.57\alpha+1$$ 式中 h_{by}——按序号1墩形计算的局部冲刷深度； k_{zh}——工字承台大直径基桩组合墩墩形系数； α——桥轴法线与流向的夹角(以 rad 记)，适用范围：$D=2\phi$ $0.2\leqslant\frac{h_2}{h}\leqslant0.5$， $0\leqslant\frac{h_\phi}{h}\leqslant1.0$； $\alpha=0\sim0.785$	B_1

参考文献

[1] 国家铁路局. 铁路工程水文勘测设计规范：TB 10017—2021[S]. 北京：中国铁道出版社有限公司，2022.

[2] 中华人民共和国交通运输部. 公路工程水文勘测设计规范：JTG C30—2015[S]. 北京：人民交通出版社股份有限公司，2015.

[3] 铁道部第三勘测设计院主编. 桥涵水文(设计技术手册)[M]. 北京：中国铁道出版社，1990.

[4] 中国铁路桥梁史编委会. 中国铁路桥梁史[M]. 北京：中国铁道出版社，2009.

[5] 高冬光，王亚玲. 桥涵水文[M]. 5 版. 北京：人民交通出版社股份有限公司，2016.

[6] 文雨松. 桥涵水文[M]. 2 版. 北京：中国铁道出版社，2015.

[7] 叶镇国. 水力学与桥涵水文[M]. 3 版. 北京：人民交通出版社股份有限公司，2019.

[8] 尚久驷. 桥渡设计[M]. 北京：中国铁道出版社，1992.